国家出版基金项目
NATIONAL PUBLICATION FOUNDATION

"十三五"国家重点
图书出版规划项目

中华印迹

——中国印章功用和美学通史

上

周晓陆　王锐　主编

广西美术出版社

图书在版编目（CIP）数据

中华印迹：中国印章功用和美学通史：上中下卷 / 周晓陆，王锐主编. —南宁：广西美术出版社，2021.1

ISBN 978-7-5494-2325-5

Ⅰ. ①中… Ⅱ. ①周…②王… Ⅲ. ①印章学—研究—中国 Ⅳ. ①J292.4

中国版本图书馆CIP数据核字（2020）第271336号

中华印迹——中国印章功用和美学通史（上、中、下卷）

ZHONGHUA YINJI—ZHONGGUO YINZHANG GONGYONG HE MEIXUE TONGSHI（SHANG ZHONG XIAJUAN）

主　　编：周晓陆　王　锐

执行主编：朱　棒

副 主 编：崔　璨　林泽洋　朱　琪

策划编辑：梁秋芬

责任编辑：钟志宏　卫颖涛

美术编辑：张文昕

助理编辑：覃　祎

装帧设计：阿　东

校　　对：梁冬梅　吴坤梅　卢启媚

审　　读：肖丽新　马　琳

责任印制：王翠琴

终　　审：邓　欣

出版发行：广西美术出版社有限公司

地　　址：广西壮族自治区南宁市青秀区望园路9号

邮　　编：530023

网　　址：www.gxfinearts.com

制　　版：广西朗博文化发展有限公司

印　　刷：雅昌文化（集团）有限公司

版次印次：2021年1月第1版第1次印刷

开　　本：635 mm×965 mm　1/8

印　　张：122.5

字　　数：2370千字

书　　号：ISBN 978-7-5494-2325-5

定　　价：800.00元（全三卷）

本书编委会

主　　编　周晓陆　王　锐
执行主编　朱　棒
副 主 编　崔　璨　林泽洋　朱　琪
编　　委　付　威　孙志强　邝以明
　　　　　邹典飞　张　今

我们奉献给读者的这套书叫作《中华印迹——中国印章功用和美学通史》，是经过几年的考虑，在众多书名中反复斟酌，由全体编委和出版社同仁一致接受的命名。书名大概含有以下几个方面的意义：

首先是印章的"印"。印章是人类文化史上一种特殊的文物，它的特殊性在于它所表达的文化和艺术的含义。印章一般有固体的印体，以图形或文字的形式，先凹凸地表现在硬面上，然后再反向地拍打在多种载体上，例如泥、陶、绢帛、纸张等。这就是印章文物或印章文化的特殊性所在。印章这种文物在人类社会中是一种普遍存在的事物，在亚洲、欧洲、美洲、非洲都有所发现，较明确的发现表明印章起源于八千年前甚至更早。

其次是关于"中国印章"这个词。从上面可以看到，人类最早的印章有八千年以上的历史，而目前已发现的中华民族所用的印章还达不到这么久远，但是中国印章在四五千年的发展历程中，已形成了自己鲜明的特色。首先从商周时代开始，中国印章中就出现了汉字印，并且方形的印面与方形的汉字相适应，使得以方形为正宗的印面设计达到了最为和谐的效果。与之相比，无论是楔形字、古埃及字，还是沿用至今的拉丁字，其文字之美和印面之美并不能很好地和谐共处于一体。中国印尤其是公印，数千年来表现了中国古代的政治职官、区域地理、军事外交、经济文化等多方面的内容，几乎组成了东周以后中国社会百科全书式、纲目式的结构，这在其他国家和地区还极为罕见。中国印章是在浓厚的以儒家文化为纲的社会氛围当中形成的，中国印章的内容不仅是以公印为代表，反映了中国大一统的政治架构，也在私印和部分社会用印当中表达了中华民族的喜好、向往和集体主义的价值观。中国印一开始以实用性为第一性，以审美性辅助实用性的表达，反映了历朝历代的基本审美趋向。但是从隋唐开始，中国的知识分子逐渐深入地介入印章的刊刻和改造，从印材、印面处理、印文内容、用印文字等方面促成了中国实用印章和艺术印章越来越大的分裂。到了元明时代，艺术印章完成了和实用印章的决裂，成为具有东方色彩的独立的艺术门类。以上所讲的诸点，是中国印章和世界上其他地区印章明显不同的地方，中国印章由此成为中华民族文化和艺术的杰出（或鲜明）的代表之一。

最后是"中华印迹"。中国印章和世界上其他地方的印章一样，也有它自身的共同点，在各个民族发展的历史中留下了鲜明的印迹。中华印迹是指印章本身作为一种文化而存在，作为一种中华民族特色的文物而存在，同时这种存在也拓展到了中华文化发展的几乎每一个方面。笔者在这里只举一个例子，谈到中华文化对世界文明的贡献，很明确地要提及印刷术的产生和活字印刷术的诞生。多字的印章块面是印刷术的直接源头，单字的印章是活字印刷术的直接源头。早在西周时期，单个字钉在青铜器铭文上以组合成文，实际上已昭示活字印刷术原理的出现。当然，中华印迹反映在中华民族的各个方面，直到现当代的生活中，中国印章的作用还普遍存在，如人民币上还清晰地印着图章——行长之章，这个与世界上主要以签字为主的方式有明显区别。直到2008年北京奥运会以中国印章作为醒目的徽记，中国印迹的作用也越来越为全世界各个民族和地区所重视。

由以上的讨论可见，我们呈现给读者的这套书就是历史性的、艺术性的讨论——什么是印、什么是中国印章、什么是在中国历史社会上有重大作用的中华印迹。

这套书分为三个大的部分，第一部分讨论中国实用印章的历史进程，首先大略地讨论世界印章的起源和发展，接着以考古学、文物学分期的方法对中国数千年的实用印章进行讨论。这个讨论的时间下限到中华民国时期为止，我们把这之后公用印章的发展视为将来再加以讨论的阶段。其次，在讨论当中，我们将逐段、逐期地对实用印章进行分析，以明确其性质、材料、基本功用以及社会影响。本书的第二部分，将讨论中国艺术印章的发展，先指出在宋代以前实用印章所包含的审美价值及其对以后艺术印章的启示。本部分试图用文物学和艺术史学的方法对中国印章艺术的发展进行分析，同时还要讨论印章艺术的基本理论。在这部分当中我们要分析中国艺术印章发展的基本流派，要重点介绍有重要影响力的若干位印人。第三部分介绍所谓的"印迹问题"，就是印章的直接载体和间接载体。首先介绍印材、印钮、薄意、款式等直接的载体，这部分显得广博而具体。然后介绍以印谱为主的传播性的载体。

综上所述，我们作为作者团队，自认为已经鸟瞰式地对中国印章文化和艺术做了一次巡礼，当然我们还要经得起三个方面的考验：第一，考古学、文物学新发现的考验；第二，当代和未来印学家的考验；第三，读者的考验。我们并不期望这本著作是一本百分之百正确或准确的著作，我们只希望这套书能代表我们这个团队在20世纪后期到21世纪前期的最高认识水准。在这里，我们必须提到作为我们团队导师辈的、同仁辈的以及一些年轻的当代印学家的贡献。毋庸置疑，这本《中华印迹——中国印章功用和美学通史》实际上采用了他们多年的研究成果，我们也是把这套书作为学说的心得总结向各位做一个汇报，希望各位指出我们的缺点、不足和错误。有关的征引，我们都做了具体的注释。

撰稿人的基本想法是强调材料的逻辑性、连贯性，在各个材料之间会有一些看似并不连贯的知识点出现，我们对这些知识点都做了知识链接的处理，知识链接长短不一，有的短至几十个字，有的长达几百字。

这套书的各个章节都附有相当数量的图录，所以完全可以把这套书看作一本特殊的印史印谱，看作一部中国艺术印章发展史的印谱，看作中华印迹及载体的图谱。

在《导读》的最后，编者对本套书的图片、图注做了相关说明，以便读者阅读理解：

一、图片序号为"图×.×.×"，第一个数字代表章，第二个数字代表节，第三个数字代表该小节里的第几幅图。各卷《引言》均不编入"章"。《引言》分节，则图片序号为"图0.×.×"；《引言》不分节，则图片序号为"图0.×"。

二、本套书的印面打本或拓本图片一般为原大图，非原大图皆注明尺寸信息。黑白图片为拓片，红白图片为印蜕。

三、图注及正文中对应的印章释文均用楷体标示，少数造字、异体字为遵从印文释读的结果，谨供参考。

四、每卷的最后附有图片索引表，包括图序、图名、印面原文（下卷无）、页码，以方便读者查找图片。

下

上

中国古代实用印章

引　言

中国实用印章和分期问题

古代玺印是一类重要文物。据现有的国外考古资料看，两河流域、古埃及、伊朗高原、印度河流域都出现了比较早的印章，人类社会最早的印章并不是出现在中国。世界上最早的印章有的打在泥封上，有的打在泥板上，有的可能是烙印，也有的打在陶器上。从目前来看，最早的可以确认的中国玺印实体出现在商代，商代以后，中国印章延续发展了几千年，一直到现在，仍然在各种领域里发挥着它们的重要作用。

北宋时期，中国的文人流派艺术印章崛起，逐渐发展成为一种特有的民族文化艺术。从宋代开始，艺术印章和原本的实用印章产生了越来越大的分离，最迟到元代、明代完成了这种分离。

所以，我们要在本书的一开始解释一下什么是"实用印章"，实用印章可以按照许慎的解释"执政所持信也"来理解，用白话说，就是用于人们社会生活的各个方面所取信的这么一种对象。从取信的方面来说，有政治的、经济的（其中商业的在西方尤其发达）、民族的、外交的、军事的以及社会生活的方方面面，包括了大量的具有取信作用的实用型的公、私印。要说明的是，中国古代实用型的公、私印也具有艺术的创意，但它们的实用性是第一性的，艺术性是第二性的；到了中国的文人流派艺术印章却正好反了过来，艺术印章不是没有实用性，但是其艺术性是第一性的。有关流派艺术印章的问题在本书中卷讨论，本卷讨论中国古代实用印章。

在中国古代实用印章当中，"公印"（许多著作当中称为"官印"）占有了主导的地位，可以梳理出详尽的发展脉络。而"私印"在各个阶段，有时如繁星满天般地出现，有时又如极少数量的流星般划过，梳理起来或现或隐，要比公印来得困难。和一切历史遗物一样，人们对古代印章要进行分期研究。

中国的历史从三代以来就是一个个王朝接替、延绵不断的发展进程，在历史研究上往往和王朝的名称紧密结合，王朝的时间比较短，就直接用王朝的名称，比如说秦朝、新莽时期、隋朝等。朝代的时间相对长一些，就可以再进行分期，比如说商代早期、中期、晚期，西周早期、中期、晚期，西汉早期、中期、晚期，等等。

上述是历史学的大致的分期方法，由于考古学和文物学的发展，上述的方法显然存在不足之处。考古学与文物学所提供的大量资料表明，文物形态、用途的变化和王朝有一定的联系，但是器物的形体、器物上面的装饰、文字的变化又有其自身的变化轨迹，所以就应当结合王朝的演进，找出有关器物的内在的分期、分节、分段的研究方法。对于分期、分节、分段的研究方法，显然是后人根据以前的文物遗产，就其特点与功用，"逆向"地做出的人为的规定，要知道这些器物在当时并不是按照已经设计好的期、节、段来变化发展的。对于古代文物的分期，是后来人们的一种逻辑把握，对于一切文物都要进行分期，对于古代印章当然也不例外。和所有文物的分期研究一样，古代印章分期不是为了分期而分期，而是指出各种文物在一定的期段之内，形态、质地、纹饰、文字乃至功用方面的种种变化；然而，这种变化的影响所及，就不仅仅是文物本身了。例如对于公印，是可以将其视作古代文献的一种的，那么它的分期就牵扯到古代社会方方面面的演进了。可以这么说，古代印章尤其是公印的分期研究，也渗透到古代的分期当中去。

关于中国古代实用印章的分期，其实很早就有研究者涉及。例如，在不晚于宋代的金石学的发生发展时期，就有对于汉式印章和汉式将军印章等具有明显的分期意义的表述。到了明清时代和民国初期，不少的研究者也进一步把印章区分为秦汉印、魏晋印、隋唐宋代印等。在清代后期更是辨认出了先秦的印章，其中大部分是战国时期的遗物。对于中国古代实用印章分期，比较有影响力的是三位先生。

（一）邓散木在20世纪60年代初叶提出了自己的分期法（见《篆刻学》，人民美术出版社，1979年版），他把中国古代的印章分为两个层次：第一层次为官印，有秦印、汉印、魏晋六朝印、唐印、宋印、金元印、明印、清印等；第二层次为私印，有姓名印、字印、多面印、朱白相间印、肖形印、署押印、书简印、斋馆别号印、收藏鉴赏印、吉语印、成语印、厌胜印等。在官印这个层次，是将印章遗物与朝代密切结合；在叙述私印时大略地提及了一些时代特征。他的玺印分期断代是与古代印章的功能分类结合在一起进行讨论的。

（二）罗福颐在20世纪80年代初叶提出了自己的分期法（见《古玺印概论》，文物出版社，1981年版），他将中国古代印章的发展分为两个层次：第一层次为上段，包括战国官玺、战国私玺，秦官印、秦私印，西汉官印、西汉私印、汉"缪篆"私印、汉鸟篆私印，新莽官私印，东汉官印、东汉私印，曹魏官印、曹魏私印，晋代官印、晋代私印，十六国官印，南北朝官印，等等。第二层次为下段，包括隋官印，唐官印、唐私印，渤海官印，五代十国官印，北宋官印、北宋私印，南宋官印、南宋私印，辽官印、辽私印，金官印、金私印，"蒲鲜万奴"官印，西夏官印、西夏私印，元官印、元私印及押印、元末农民起义红巾军官印，明官印、明私印及押印、明末农民起义军官印，清官印、清私印及押印，太平天国玉玺，等等。他注意到了近百年来考古出土的新鲜资料，在大部分朝代中分列官印与私印。他具有卓见地首先将中国古代玺印分作前后两大段（两大层次），抓住了各类印章发展的关键，表达得更加明晰，这也成为他之后众多印学史家在论作时基本遵循的出发点。

（三）沙孟海在20世纪90年代提出了自己的分期法（见《印学史》，西泠印社出版社，1999年版），他首先叙述中国印章的起源，然后就春秋、战国印，秦印，汉、三国、魏晋、南北朝印，泥封，图像印，唐、宋印，词名印，室名、别号印，鉴藏印，花押印等分别进行叙述。在别类叙述时兼论时代特征，有的段落按朝代分期，宋代以后分期讨论比较模糊；有的段落则合于印章的分类之中。明确地讨论中国玺印起源的问题，是沙孟海的一个重要创绩。

邓、罗、沙三家的意见，为古代玺印断代分期打下了坚实的基础，成为后代学人研究的出发点。邓散木主要针对中国历代公印，较为简洁地按朝代进行了区分，但是表达略显粗疏了一些。沙孟海将历朝历代的公、私印章统一考虑，注意到考古学提供的资料，并以此来研究玺印的起源与春秋玺印的发展；但在分析南北朝印章之后的部分，分期断代似乎不甚得法。罗福颐的分期断代通过援引大量的考古出土数据，照应了各个时代，甚至包括了押印、一些分裂的政权用印与农民起义用印；罗福颐指出了玺印上段和下段的区别，是极为重要的意见；其《古玺印概论》没有深入讨论中国玺印的起源问题，回避了关于春秋玺印的问题，这种宁缺毋滥的处理方式可能与谨慎笃实的治学精神密切相关；有些论述亦有或轻或重、或粗或细的瑕疵。

我们这本书的分期法大致有以下特点：第一，吸取了大量的考古学与文物学的新收获，借助考古学的地层学（单位学）、器物形态学（标型学）和文化系统论来进行断代分期；随着考古学与文物学的发展，资料越来越丰富，使得古代印章的脉络越来越清楚，包括分期在内的许多立论的根据也更为坚实。第二，我们提出了中国古代印章也和其他文物一样，需要有分期断代的"标准器"。第三，我们的分期方法和历史学的时代、朝代分期当然有关，但并不是绝对的；各期各段之间有模糊界面，也有前后衔接递进的地方。第四，本分期工作并没有结束，我们要根据更新的考古学与文物学的资料对本分期法不断做出修正。我们初步将中国古代的玺印发展划分为两段八期，所谓两段，基本上采用了罗福颐两大层次的论断；所谓八期，是在两段之下，对印章的发展做出的设计。

第一期"胚孕期"，大致处于新石器时代中晚期，这一期不入段，原因在文中陈述，这一期参考物有制陶拍子以及印纹陶数据。

第二期"萌生期"，大致在所谓的"三代"时期。目前已见到商代的几枚铜质玺印和一枚石质玺印，还有在安阳、江西樟树等地出土陶片上的抑印痕迹，根据这些陶文可以逆推当时印章状况。陕西澄城出土的西周早期龙钮玉印、陕西周原遗址出土的西周中晚期画印等，可以作为殷商、西周玺印的"标准器"。本期应当再分节研究，但目前资料梳理偏少。

第三期"蓬勃期"，相当于东周时期。东周燕国抑印陶文有带纪年者，可推导出它们的绝对年代。东周齐国有"齐立邦玺"，当为燕齐之战后齐复国时的遗物。江苏苏州出土的"上相邦玺"，可能是楚国春申君的遗物。新蔡出土的楚式泥封，是东周楚国政治重心东移的产物。秦泥封之中带"玺"字的非帝室印，以及"左、右丞相"字样泥封，可以作为战国秦后期吕不韦卸政后的玺印"标准器"的遗蜕。秦灭蜀国之前的古蜀印章，也提供了区域性的"标准器"。本期的区域性分析资料比较丰富，但进一步分节还有一定的困难。

商周之际很确切的标准尚难以确立，在第二、第三期之间尚有空白，需要更多西周、春秋时期的数据补充。

第四期"典则期"，相当于统一的秦帝国、西汉、新莽时期、东汉，以及三国时代的部分印章。秦泥封之中的一批郡级县级内容，可以以秦统一进程中新纳郡县作为时间标准（从印文看，基本都属于本期风格），"丽山饲官"泥封当为秦二世时遗物，是秦泥封最晚的遗存。广州南越王赵氏墓出土的玺印及泥封、湖南马王堆汉轪侯墓出土的印玺及泥封、江西南昌海昏侯刘贺墓出土的玉质印章，可以作为西汉早期的标准。徐州汉墓出土的"宛朐侯执"金印、陕西西汉阳陵及阳陵邑出土的印玺及泥封、徐州汉墓出土的"刘注"银印，可以作为西汉景帝到武帝时私印、公印的标准，其中少量列侯遗印可以推导出绝对纪年。朔州秦汉墓、满城汉墓、徐州汉墓、洛阳汉墓、陕西秦汉墓、山东汉墓、湖南秦汉墓出土的印玺及泥封，经过仔细排查，可以作为西汉时期印玺的系列标准。陕西汉城遗址、河南灵宝函谷关遗址出土的部分泥封，为新莽时期的"标准器"。陕西出土的"朔宁王太后玺"、江苏出土的金质"广陵王玺"，结合日本出土的金质"汉委奴国王"玺，可以作为东汉初期印玺的标准。陕西出土的"司徒之印章""刘琦之印"，可以作为东汉晚期公印、私印的标准。本期可以进一步分节研究。

第三、第四期之间过渡衔接比较紧密。

第五期"涣解期"，从东汉后期部分印章开始，直到南北朝时期。河南洛阳出土的"曹休"印为三国曹魏时期"标准器"。湖南出土的"镇南将军章"、"宣成公章"及"刘弘"双面印，是西晋公印、私印的标准。江苏出土的东晋"颜𬘘""颜镇之"六面印，南朝宋齐之际"萧道度"六面印，可以作为当时私印的标准。十六国时期"王猛"六面印章也为当时北方私印"标准器"。辽宁冯素弗墓出土的"范阳公章""辽西公章""车骑大将军章""大司马章"等，为十六国时期公印的标准。河北封魔奴墓出土的"冠军将军印""高城侯印""怀州刺史印"为北魏时期公印的标准。陕西旬阳出土的"独孤信"煤精多面体印，为目前见到最早以楷书入印的，虽然没有与之相类者，但其具有绝对年代，也值得注重。本期可以进一步分节研究。

第四、第五期之间过渡呈犬牙交错状，一些旧的要素并未退出，而涣解的新要素逐渐凸显。

第六期"更变期"，从南北朝晚期出现，至隋唐五代时期。陕西咸阳出土的金质"天元皇太后玺"，可以作为北朝末到隋初公印"标准器"。陕西临潼新丰唐齐陵出土的玄宗长子李琮在751年到756年所制作的唐代谥宝，可以视为"标准器"。陕西出土的一批隋、唐砖瓦印，可作为这一时代"标准器"参考品。新疆出土唐代文书上的印章为实用公印样式，依照文书的纪年，也获得了间接的绝对年代。四川成都蜀永陵出土的王建谥宝，是五代时期帝王谥宝的"标准器"。

第五、第六期之间古代印章面型、尺寸、用字出现突变，此间为中国古代玺印前后两大段的分水岭。

第七期"规范期"，大致从五代开始，直到宋辽金元时期。公印除印文之外，附有款识文字之例从隋唐时代出现，宋以后频繁见到在印体上镌刻有纪年、颁发机构及印文内容，这样公印"标准器"的判别就方便多了，从本期开始，就不再列"标准器"标本了。本期可以进一步做分域、分节研究。

第八期"新流期"，即明清时期。中国考古学的下限一般到宋元时代，因此明清印章一般也不在考古学的关心范围之内。但是考虑到中国古代印章的延续，本书把这一期作为中国古代印章发展的逻辑殿军。这一时期公印的"标准器"很多，存世也很多，基本无需依赖考古发掘工作了。

这种断代分期方法与上文介绍的邓、罗、沙三家的分期法有着显著差别，但究其实质不过是对三家的分期法进行学习的一篇作业或者补充而已。前面说过，文物的断代分期"往往采用形而上的方法"，只是一定阶段的"对客观事物发展规律的认识"，因此，这个分期法有待进一步检验，进一步修正、补充与完善。

笔者认为，就中国实用印章，尤其是公用印章而言，在清末、民国之后，直到当今，进入了近现代阶段，这个阶段也可以称为中国实用印章发展的第三阶段。因为本卷着眼于讨论中国古代印章的发展，所以第三阶段将不作为讨论的对象。

实用玺印分期的意义显然不局限于印章本身，这点前面已经说到。就本书而言，尤其对中国艺术印章的发展和分期有着一定的影响。这里需要指出的是在实用印章阶段，其印章的艺术性是服务于实用性的，但是其中的艺术要素为后来的艺术印章的发展所继承，这一点读者们可以参见中卷的引言部分。

第一章

胚孕期——新石器时代

从现有的资料来看，中国古代印章文化至少已有数千年的历史。中国古代印章的起源，一直是古印章研究界争论不休的问题。根据人类社会的一般发展规律，许多器物往往都是从一个比较原始的形态发展而来，古代印章也不例外。

大多数学者认为，印章可能起源于一种制陶工具——陶拍。陶器的发明，是人类历史上十分重要的一项创举，尤其在东方，制陶业往往与农业定居文明息息相关。早在一万多年前，我国长江中游的先民就已经掌握制陶技术，目前所见的最早实例是湖南道县玉蟾岩出土的陶片，经科学测年距今一万八千年。[1]在七八千年前，陶器在长江、黄河流域普遍兴起。直到成熟的瓷器普及以前，陶器一直是人类日常生活中最为重要的一类器具。

早期的制陶业，主要采用模制或捏制的成型方式，随后又发明了泥条盘筑的成型技术。为了对泥片或泥条进行加固，往往需要对器壁进行按压拍打。以湖南道县玉蟾岩出土的陶片为例，在陶片表面可以看到篮纹、绳纹，表明早在一万多年前，玉蟾岩人就已经使用陶拍对陶坯进行加工。综合其他新石器遗址的情况来看，大约在新石器时代早中期，使用陶拍拍打器壁的辅助成型技术已经十分普遍。

陶拍的产生，是古代制陶史上一次重要的进步。新石器时代制陶业广泛运用的成型工艺是泥条盘筑技术，为了解决泥条与泥条之间结合不紧密的问题，先民们最初使用手指或石头、木棍等简单工具对陶坯进行按压拍打，这就是陶拍的早期形态。在一些新石器时代的制陶遗址中，常常发现一些表面光滑的石头，有学者认为是制陶时配合陶拍使用的"托子"。为了使泥条之间结合得更加紧密，后来又将细绳索捆绑在木棍或石头上对陶坯进行按压拍打，在陶器表面留下绳索状或篮格状的纹样。再后来，人们干脆在泥块上刻画纹饰，将其烧制成陶质的陶拍，有的陶拍还带有把手和穿钮。除了陶质的陶拍，可能还存在木质的刻纹陶拍，不过由于木头容易腐烂，因此很少有实物保存下来。使用刻纹陶拍对器物进行修整，不仅可以使器壁更加均匀，形制更加规整，胎质结合更加紧密，还可以在器物表面留下花纹，起到美观装饰的作用。

这种陶拍在许多新石器时期至商周时期的遗址中都能见到，其形态与后世的印章已经十分接近。（图1.0.1、图1.0.2）为了进一步说明印章的起源问题，下面我们来讨论印章与陶拍之间的异同，并结合国内外的相关资料，探究从陶拍到印章的演变过程。

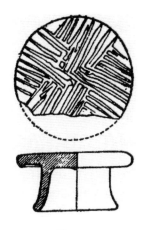

图 1.0.1
河南龙山文化晚期遗址出土的陶拍

图 1.0.2
商代晚期"眉"字铭文陶拍

---

1 吴小红等：《湖南道县玉蟾岩遗址早期陶器及其地层堆积的碳十四年代研究》，《南方文物》2012年第3期。

第一节　印章与陶拍的异同

印章与陶拍在形态上具有相似性。古代的刻纹陶拍，大致可以分为带钮、带把和扁平无钮三类，与印章中的鼻钮印、橛钮印和无钮印形态相对应。陶拍拍面所刻画的纹样，除了常见的篮纹、绳纹、线纹等几何纹样，还出现了鸟纹、羽毛纹等纹样，这些内容与印章中的图形印颇为接近。而有些陶拍拍面甚至带有字符或文字，这又与文字印章更为接近了。

印章与陶拍之间，除了形态上的相似性，其用法也存在着极大的相似性。从现有的资料来看，印章最初的使用方式应是用来压抑陶坯或封泥，这与陶拍用来拍打按压陶坯的用法如出一辙。目前最早的泥封实物见于西亚地区，如叙利亚东北部的萨比·阿布亚德（Sabi Abyad）遗址中出土了多枚戳印文的泥封（图1.1.1），其年代在公元前6300—前6000年之间。[2]在有的泥封上见到了多枚相同的戳印痕迹，它们与陶拍连续拍打陶坯的用法更为接近。从现有资料来看，中国尚未发现早于西周时期的戳印泥封，但已经见到一些商周时期的戳印陶文（详见本卷第二章）。中国古代的印章，最初可能用于压抑陶坯，即文献中所谓的"抑埴"。

陶拍与印章在形态和使用方式上有诸多相似，但判断文物种类，应当主要依据文物的用途而不是简单的形态。不少研究者认为，严格地说，印章应当具备"征信"的功能，并提出了中国古代印章起源于东周的观点。但这种看法难免过于严苛，后世的许多印章也并不具备征信的实用功能，如随身佩戴的吉语印、图形印，随葬专用的一些殉葬印等。我们认为，除了基本的形态特征，印章主要具备以下几种功能：

1. 管理和标记功能。这是实用印章最主要的功能。管理功能既包括对人员机构的管理（如职官官署印），也包括对物品财产的管理。标记功能既包括对物品财产的标记（所有权、质量、制作者等信息），也包括对印主人身份信息的标记。

2. 辟邪、祈求吉祥等佩戴功能。许多古代的吉语印、图形印和宗教印，大多数情况下并不具备实用功能，其本身并不能反映印主人的身份，不具备"征信"的作用，但起到辟邪、祈求吉祥、戒身自省或装饰的作用。

3. 用作随葬。随葬是中国古代印章非常重要的一个用途，随葬印章的质

图 1.1.1
萨比·阿布亚德遗址出土的泥封

※知识链接：泥封

以往习惯称之为"封泥"，它是将印章加印在特殊胶泥上用来封缄的遗物，待用的胶泥便被称为"封泥"，盛放封泥的是"封泥筒"。这些胶泥加盖印章以起到封护作用，其本质上是一种"封"，所以应当称为"泥封"。它是古代在封护物件或书简时，用绳系之后，在绳结上加以尚未干的泥块封缄，再用印章抑印结实，使得无关者不能不留痕迹地随便拆开，而起到对文书及其他物品的保护、保密作用。其性质与现在的火漆印封有相似之处。

2　Kim Duistermaat, "Administration in Neolithic Societies? The First Use of Seals in Syria and Some Considerations on Seal Owners, Seal Use and Private Property," *CMS-Beiheft*, No.8(2010): 171.

地、钮式和印文，往往成为印主人身份地位的标志，上到皇帝的谥宝，下到百姓的私人随葬印，都属于此类。

当一件器物满足了印章的基本形态要求，又具有上述功能中的一种或多种，则基本可将其划入印章的范畴。

许多陶拍在形态上已经与印章十分接近，但陶拍仅用来制陶，往往不具备上述功能。虽然有些墓葬出现了以陶拍随葬的情况，但大部分陶拍可能并不具有标示功能，而仅仅作为一种生产工具随葬，其本质仍是陶拍而不能上升到印章的层次。

第二节　从陶拍到印章的演变

以上简要地介绍了印章与陶拍的异同，从形态和用法的角度分析，印章应当脱胎于古代的制陶工具陶拍。那么，新石器时代早中期出现的陶拍，是如何一步步演变为印章的呢？

在新石器时代早中期，各地区之间陶器的区别主要在于陶器的器形、质地、颜色的不同，以及纹饰的有无。这些特征构成了判断考古学文化的重要因素。但这一时期的陶器印纹仍以绳纹、篮纹和网格纹为主，地区之间的差异不甚明显。新石器时代晚期至商周时期的印陶纹样，已有了明显的考古学文化之间、地区之间，甚至遗址之间的区别，这种区别可能存在着识别各个氏族、部落、部落联盟的意义，也可能具有区别陶器作坊或者制陶者的意义。从这点出发，这时的陶拍已经具有前文所说的印章的"标记"功能，建议将这类器物称作"类印章"。

特别重要的是，在新石器时代晚期至商周时期，一些陶拍的拍面上还出现了文字或类似文字的刻符，如商代晚期的"眉"字铭文陶拍（图1.0.2）。这种能将文字或字符拍印在陶器表面的陶拍，显然已具有了特定的标识意义。另一方面，自二里头文化期以后，青铜文明在我国得到极大发展，并于商周时期达到顶峰。夏商周三代的青铜冶铸，主要采用泥范铸造法，而制作泥质模范的过程，实际上也是在制作陶器。原来制陶所用的陶拍、陶模，自然地也被用于青铜器模范制作中。而当时的青铜器往往扮演着礼器的角色，铜器的铭文（尤其是族徽）往往起到表明身份和族属的作用。从这个意义上说那些形态上接近印章，又带有族徽或人名等文字内容的器物，无论是用来生产陶器还是青铜器，都已经具备印章的标识功能，已经可以将其称为印章。

纵观我国陶拍到印章的发展演变过程，其背后反映了社会生产力的进步和社会组织的复杂化。陶拍与农业定居、制陶业的进步息息相关，是一种较为进步的生产工具。在新石器时代早中期，原始社会的财富和权力差异还不太明显。到了新石器时代晚期至商周时期，社会复杂化加剧，不同人群间，甚至不同个体间的文化差异凸显，印章作为一种具有标示功能的文化符号就在这时产生了。后来随着管理的需要，中国古代印章的用途又从压抑陶坯扩大到封泥等其他方面。再后来，一些政治的、文化的甚至宗教的因素又不断注入印章中，不断丰富了印章文化的内涵。

第三节　域外早期印章

前面我们主要从国内的考古资料入手，讨论了我国古代印章的起源问题，并且从形态结构和用途用法等方面，比较了印章与陶拍的异同。中国古代印章很可能从新石器时代晚期以来的陶拍演变而来，但我们知道，中国并不是世界上最早使用印章的国家，两河流域、古埃及、印度河流域和中亚地区出现印章的年代都早于中国。讨论世界印章的起源，哪怕是讨论中国古代印章的起源，都绕不开对其他地区早期印章的研究。

一、古代近东地区的早期印章

世界上最早的印章发现于叙利亚和安纳托利亚西南部。考古工作者在公元前7000年左右的艾恩·俄凯克（Ain el-Kerkh）和拉斯珊拉（Ras Shamra）遗址中发现了带刻纹的鹅卵石护身符和类似印章的陶质印模（即所谓的"类印章"）[3]。在公元前6300—前6000年之间的萨比·阿布亚德和艾恩·俄凯克遗址也出现了大量的印章和带印章戳印的泥封，这是迄今所发现的最早的泥封，比中国泥封的出现早了5000多年。

到了哈拉夫文化期（公元前5500—前4500年），西亚印章进入第一个繁荣期，其传播范围迅速扩大，在叙利亚、土耳其甚至广大的两河流域都有发现。印面除以往的线纹外，还盛行同心圆装饰。（图1.3.1）在随后的欧贝德文化期（公元前4300—前3500年），印章印面内容进一步丰富，刻画也呈现出较大的随意性和抽象性，并且已经采用黑曜石、玉髓、玛瑙等坚硬材料作为印材。（图1.3.2）

随后的乌鲁克文化期（公元前3400—前3100年），西亚早期印章达到一

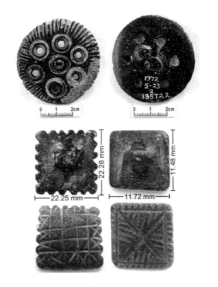

图 1.3.1
哈拉夫文化期印章，石质，鼻钮

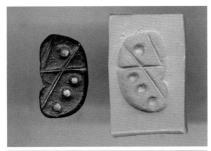

图 1.3.2
欧贝德文化期印章，黑曜石，鼻钮

3　同注2，第 176-179 页。

个巅峰，最突出的成就是发明了滚筒印章，这是两河流域最具特色的一类印章。（图1.3.3）两河流域的先民利用滚筒印章抑盖泥版文书，或者用滚筒印压抑陶坯进行装饰，有的滚筒印上已经出现铭文印记。这种新兴的印章，一直延续到亚历山大大帝统治时期才被平面印章所取代。在乌鲁克文化时期或稍后，两河流域的印章还传到了古埃及和印度河流域。

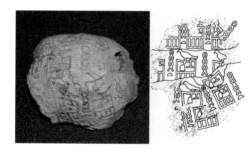

图 1.3.3
乌鲁克文化期滚筒印章，玛瑙质，穿孔

二、古埃及地区的早期印章

根据涅伽达文化 II 期（约公元前3500—前3100年）调色板上描绘的佩戴滚印的人物形象，可以推测当时古埃及已有使用滚印的现象。早王朝时期（约公元前3100—前2686年），滚筒印章的使用已较为普遍。[4] 这一时期还出现了泥封，其中有的泥封上还能见到国王的名字。（图1.3.4）由于古埃及主要使用纸草作为书写材料，古王国时期（公元前2686—前2181年）又逐渐流行使用平面印章，因此到了中王国时期（约公元前2040—前1786年），滚筒印已基本被平面的圣甲虫印所代替。

圣甲虫印（图1.3.5）是古埃及印中最具特色的一类平抑印章，它因甲壳虫状的印钮而得名。它在中王国时期开始成为古埃及印章的主流，并一直延续到波斯征服古埃及。一方面，古埃及人认为圣甲虫是无性繁殖的，在古埃及语中，圣甲虫的形象具有"产生、创造"的含义。另一方面，由于圣甲虫总以后脚推着粪球朝着太阳的方向运动，因而古埃及人又将圣甲虫看作太阳神年轻时期的象征符号。

从印面内容来看，古埃及早期的印章带有浓烈的宗教色彩，除了封存物品、文书，用作护身符和随葬品也是古埃及早期印章的一个重要用途。古埃及的印章起源比较复杂，它的滚筒印章显然受到两河流域的影响，而圣甲虫类的平面印章则是自身宗教文化信仰影响下的产物。

图 1.3.4
印有古埃及第一王朝法老 Aha 名字的泥封及摹本

三、印度河流域的早期印章

印度河流域在公元前3000年前后出现了类印章器物，在距今5000年—4000年的摩亨佐-达罗（Mohenjo-daro）遗址中发现了约2000枚印度印章。这些印章的材料为冻石、黏土、象牙和铜等，以冻石数量最多。印面形状主要为方形，也有少量矩形、圆形或椭圆形的。印面内容主要为当时印度河流域习见的动物形象，如瘤牛（图1.3.6）、犀牛、虎、象、羚羊、鳄鱼等，还有一些幻想中的复合动物，如牛角虎、三头兽等，以及印度宗教中的神的形象和现实生活中的某些场面。在动物形象的上方，常常刻有文字，主

图 1.3.5
古埃及新王国第十八王朝圣甲虫印章

4　林乾良、孙喆：《世界印文化概说》，浙江古籍出版社，2006，第22页。

图 1.3.6
印度河流域瘤牛印章，石质，鼻钮

要是职官名、氏族名、人名和地名一类。不少学者认为，印面所雕形象可能是某种崇拜物（氏族的族徽或神像）。在摩亨佐-达罗遗址和稍晚的罗塔尔（Lothal）遗址中还出土了相应的封泥，标明了这类印章的用途。

印度河流域的印章起源，目前还不甚清楚。在门底扎特（Mundigat）遗址第二、第三期文化层中发现了石质和骨质的刻有几何纹图案的类印章。这些类印章的用途不太明确，其性质可能与陶拍接近。成熟的印度河流域印章，印面内容和凿刻方式都与两河流域的较为接近，很可能是两河流域印章文化东渐的结果。

四、中亚地区的早期印章

在印度河流域和伊朗高原印章的影响下，位于阿富汗北部和土库曼斯坦南部的巴克特里亚-马尔基亚娜文明（公元前2200—前1800年）区（简称BMAC）也开始使用平面印章。BMAC有着较为发达的青铜文明，所以其印章也多为青铜质地。BMAC印章的纹样包括放射状布局的几何纹样和各种与神话相关的动物、人物题材纹样（图1.3.7）。有意思的是，BMAC遗址中出土过不少印度河流域的印章和其仿制品，体现出印度河流域印章对BMAC的影响。得益于中亚地区的贸易网络和以安德罗诺沃文化为代表的游牧传播，BMAC印章的分布范围极广，在中国的新疆地区也时有发现。近年来，有一些学者指出BMAC文明与二里头文化和商文化之间可能存在某种联系，比如BMAC印章中常见的十字纹（图1.3.8）与二里头文化铜钺上的十字纹极为相似，所以甚至有学者认为BMAC印章可能是中国古代印章的起源。[5]

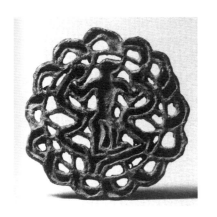

图 1.3.7
巴克特里亚 - 马尔基亚娜文明区的神人操蛇
印章，铜质，鼻钮，直径 9 cm

图 1.3.8
巴克特里亚 - 马尔基亚娜文明区的十字纹
印章，铜质，鼻钮，直径 6 cm

5　韩回之：《他山之玉——域外高古印特集》，西泠印社出版社，2016，第16页。

第四节　中国早期印章与域外印章的比较与联系

上面分别介绍了陶拍到印章的演变过程和域外早期印章的情况。大约在新石器时代晚期，我国出现了带有一定标识功能的类印章。到了商代晚期，又出现了青铜和玉石质地的印章。大量具有征信功能的印章流行，至迟不晚于东周时期。以商代晚期作为中国印章出现的时代，比两河流域印章出现的时代晚了近五千年，比古埃及的印章晚了近两千年，比印度河流域的印章也晚了一千年左右。那么，中国早期印章的产生过程中，有没有受到西方印章的影响呢？中国早期印章与西方早期印章主要存在以下几点异同：

1. 中国古代印章与西亚两河流域的印章一样，其前身都可追溯到"类印章"的发展阶段，它们都经历了"类印章—印章（用作泥封）"的演变。这说明中国古代的印章经历了一个从不成熟到成熟的发展过程，而不是直接由域外传入。

2. 商周时期的印章以青铜质地为主，而陶拍则多为陶质。鉴于BMAC青铜印章在新疆地区已有较多的发现，考虑到草原文化的传播性，商周印章在其产生过程中，可能受到过BMAC等域外文明印章的影响。

3. 从印章形制和印面内容来看，域外早期印章除了平面印章，还广泛流行滚筒印，这在中国秦代以前几乎不见。[6]中国古代印章的印面，主要以方形为主，兼有矩形、圆形和其他形状，印面内容以文字为主，图形印为辅；域外早期平面印章则以圆形、椭圆形和方形为主，印面内容以图形（动植物、神话人物等）为主，常常出现图形与文字的组合。另外，与中国早期印章可能存在交流的BMAC文化印章以镂空印面为主，而商周印章的印面未见此种形制。

4. 西方早期印章与中国早期印章一样，主要用来压抑封泥和陶坯，也可用来随葬。与中国印章不同的是，西方早期印章多带有浓厚的宗教色彩，常常扮演护身符的角色。

通过以上的比较可以看出，虽然中国古代的印章在用途与用法上呈现出与西方印章的相似性，说明两者之间可能存在一定的交流，但两者的差异也十分明显，而且与两河流域的早期印章一样，中国早期印章也经历了从陶拍到印章的演化阶段，两者都具有一套较为完整、独立的发生模式。中国古代印章的整个前段（从先秦到南北朝），用印方式都以抑盖陶文和封泥为主，

6　在秦汉时代的一些陶器表面，有用滚筒印压抑出的陶文，见周晓陆主编《二十世纪出土玺印集成》，中华书局，2010，第511页。

较多地保留了陶拍的孑遗。这更加进一步证明中国古代印章应当起源于本土，在其发展过程中，可能或多或少地受到了西方印章的影响，但其本身并非简单的舶来品。

◎ 本章小结

以上简单讨论了从陶拍到印章的转变和域外印章的一些问题。印章在形制和用法上，与陶拍存在较大的相似性，特别是新石器时代晚期至商代的一些陶拍上出现了具有标识意义的图案或文字，已经具有印章的标识功能。而中国早期的印章（商代印章）也主要用来压盖陶坯，从这点来看，中国古代的印章很可能起源于陶拍。从世界范围来看，西亚两河流域无疑是早期印章文明的发源地，两河流域的印章向西传播到古埃及、地中海地区，向东传播到中亚和印度河地区。其中，中亚的巴克特里亚文明印章少早于殷墟发现的印章，且两者都以青铜质地为主。考虑到草原文化广泛的传播性，中国早期印章的起源过程中可能受到中亚印章的影响，但两者在印面形制上仍存在较大差异。

第二章

萌生期——商周

所谓萌生期，是指中国印章真正开始出现的时期。上一章已经谈到，中国古代印章应当脱胎于新石器时代的陶拍，其产生过程中可能受到域外印章的影响。到了商代，随着氏族制的进一步巩固和青铜铸造的繁荣，终于出现了以族徽文字为代表的青铜印章。西周时期又出现了用印章抑盖封泥以封存物品的做法，标志着印章管理功能的确立。中国古代印章史的帷幕，也由此正式拉开了。

第一节　前人关于中国印章起源的讨论

越来越多的资料表明，中国在商周时代已经出现严格意义上的印章。但对于商周时代有无印章，甚至秦汉以前有无印章，则经历了一个漫长的讨论过程。长期以来，中国印章起源于何时，一直是颇有争议的话题。对此前人已经做过较多的探讨，也有不少与之相关的文献记载。

古代文献中有一些近乎传说的记载，认为早在夏商时代，甚至黄帝时代即已出现印章，如纬书《春秋运斗枢》中说："黄帝得龙图，中有玺章，文曰天皇符玺。"[1] 又如《商书·汤誓》："汤放桀而归于亳，三千诸侯大会。汤取天子之玺，置之于天子之坐左。"[2] 唐代杜佑《通典》也说："又三代之制，人臣皆以金玉为印，龙虎钮，唯所好也。"[3] 但这些记载多为后人之附会，不能作为夏商周已有玺印的信据。

与上述观点截然不同的是以元代吾丘衍为代表的"三代无印"说，吾丘衍在元大德四年（1300年）所编《学古编》述："多有人依款识字式作印，此大不可，盖汉时印文不差如此，三代时却又无印，学者慎此。"[4] 这一学说在今天看来显然是错误的，但由于吾丘氏作为印学史的奠基人，其"三代无印"说在当时的影响很大。

清代乾嘉以后，金石学大盛，涌现了一批杰出的古玺印收藏家和研究者。经过程瑶田、陈介祺、吴大澂、张廷济、王国维等人的努力，中国古代玺印的上限被推到了战国时期。[5] 沙孟海更是提出："早期使用印章的时代，今天推断，社会经济发展到春秋时代……作为保证货物安全专徒或存放的信用凭证的印章，必然已经能行……进入战国时代，随着生产发展的需要，印

1　赵在翰：《七纬》卷二十六《春秋运斗枢》，中华书局，2012，第496页。
2　王先谦：《尚书孔传参正》，何晋点校，中华书局，2011，第389页。
3　杜佑：《通典》卷六十三《天子诸侯玉佩剑绶玺印》，中华书局，1988，第1752页。
4　韩天衡编订《历代印学论文选》上册，西泠印社出版社，1999，第16页。
5　详见本卷第三章第一节。

章更被大量使用。"[6]认为印章肇始于春秋,而在战国时期蓬勃发展。沙孟海对于战国玺印的认识已十分准确。

1935年,黄濬撰《邺中片羽初集》,其中著录了三枚传出安阳的古玺。[7]由于这三枚印章传出殷墟,且形制与东周玺印差异较大,而印文风格与殷墟铜器铭文接近,董作宾将其时代定为商代晚期:"此三玺虽传说为安阳出土,得自古董商,然大致可信……古玺中多象形图画字,亦可能为商玺,今人不能确认而已。"这三枚铜印的出现,为讨论三代有无印章提供了实物依据。虽然如此,仍有部分学者保守地认为这三枚古玺并不是严格意义上的印章,而是一般小型金属器物。他们认为具有征信功能的印章,要等到战国以后才开始出现。

自安阳三玺被发现以后,又有不少商周印章资料被考古工作者和古玺印研究者所发现。越来越多的证据表明,在商周时期,具有标识和征信功能的印章即已出现。

第二节　商代印章实物和用印痕迹

大量的文物和文献资料表明,氏族制在夏商周时代达到顶峰。关于夏商时期氏族的情况,司马迁在《史记》中已有较详细的记载。如《夏本纪》:"禹为姒姓,其后分封,用国为姓,故有夏后氏、有扈氏、有男氏、斟寻氏、彤城氏、褒氏、费氏、杞氏、缯氏、辛氏、冥氏、斟氏、戈氏。"《殷本纪》记载:"契为子姓,其后分封,以国为姓,有殷氏、来氏、宋氏、空桐氏、稚氏、北殷氏、目夷氏。"[8]从金文族徽和甲骨卜辞来看,商代晚期的氏族总数已达数百个。殷商时代的国家组织,确以氏族为基础,不仅商王朝内部如此,商王朝以外的诸多方国,氏族也是其主要的社会组织形式。[9]

另一方面,商代手工业,特别是青铜铸造高度发达,出现了大量制作精美的青铜器。商周青铜器主要采用泥范铸造法制作泥质模范,过程与制作陶器有些接近。这样一来,原本用于制陶的陶拍,自然而然地被运用到青铜器铸造中,不仅成为制作青铜器的一种工具,而且其本身也逐渐变为青铜质地。更加重要的是,商代的氏族标志(族徽或族名)出现在了这类工具上,并使其具有了标识甚至征信的功能。如此,它们就从陶拍中脱胎出来,具有了标识身份和征信的作用,而成为真正意义上的印章了。

6　沙孟海:《印学史》,西泠印社出版社,1999,第5页。
7　黄濬:《邺中片羽初集》,北京琉璃厂通古斋,1935。
8　司马迁:《史记》卷二《夏本纪》、卷三《殷本纪》,中华书局,1982,第89、109页。
9　晁福林:《先秦社会形态研究》,北京师范大学出版社,2003,第118页。

一、民国时期出土的"安阳三玺"

前文已经提到，20世纪30年代传出的三枚安阳古玺，是人们最早开始关注和研究的商代印章，它们开启了印学界讨论、研究商代印章的大门。

1."亚禽示"玺

铜质鼻钮，印面作正方形，现藏台北"故宫博物院"。[10] 20世纪80年代，于省吾释出"亚禽"二字，后来徐中舒又释出两侧的"示"字。李学勤将印文释作"亚罗示"，并举出多件"亚罗"铭文铜器。徐畅根据丁山"读示为氏"的观点，将印文读为"亚禽氏"，并结合"亚禽"铜器铭文，认为此印为亚禽氏族首领所有。[11] 除释作"亚禽示""亚罗示"外，也有将印文释作"亚毕示"的。禽、罗、毕三者意思接近，都与捕鸟相关，我们暂从"亚禽示"之说。从诸多"亚禽"铭文的铜器可以确知，"亚禽"为商代晚期重要的氏族，这枚带有族名的铜印，起到标识身份或物品所有权的作用。（图2.2.1、图2.2.2）

2."瞿甲"玺

铜质鼻钮，印面略呈长方形。于省吾初释为"闭甲"，后经徐畅改释为"瞿甲"。[12]"瞿"字从双目作"明"，中饰一竖画表示鼻子。"瞿"字下之"甲"字，为殷人祭祀祖先之日名，殷商金文中也有多件含"瞿"字的铭器，与之最为接近的有陈介祺旧藏的"瞿乙"斝。由此可证"瞿"亦为族名，此印性质与前述"亚禽示"玺相似。（图2.2.3、图2.2.4）

3."刿旬抑直"玺

铜质鼻钮，印面呈正方形，现藏台北"故宫博物院"。此印曾著录于于省吾《双剑誃古器物图录》，定为"奇文玺"。徐中舒将印文释作"子亘梦"，李学勤将此印左半二字视作阴文，右半视作阳文，将印文释为"刿旬抑直"，其中"刿旬"为人名，"抑直"即典籍所载"抑埴"（压抑泥土）。[13] 若从李学勤意见，印文明确说明此印的用法——抑埴，反映了殷商时代的早期印章在用法上仍然较多地保留了陶拍这一原始祖型的孑遗。另外，这是目前所见最早的一枚带界格、朱白文相间的古玺。（图2.2.5）

二、考古出土的商代印章

1976年，考古工作者在殷墟妇好墓中发现一件大理岩质地的龙钮印，面

图 2.2.1
亚禽示，铜质，鼻钮

图 2.2.2
"辛亚禽示"斝铭文拓片

10 以下所举印例，若无特殊说明，印面打本皆为原大尺寸。

11 徐畅：《商晚三玺的再探讨》，《中国书法》2012 年第 11 期。

12 同上。

13 李学勤：《试说传出殷墟的田字格玺》，《中国书法》2001 年第 12 期。

※知识链接：

朱文与白文：印章文字的表现形式有下凹和凸起两种，下凹的印文，我们称为阴文，因为蘸印泥钤盖后印文是留白的，所以又被称作白文；凸起印面的印文，我们称之为阳文，因其蘸印泥钤盖后印文是朱色的，所以又被称作朱文。有时，一枚印章上会同时出现阴、阳两种印文，我们就称其为朱白文相间。

边栏与界画：我们将印面边缘凸起或下凹的一圈称作边栏或边框，凸起的称作阳文或朱文边栏（框），往往是在印面的最外围；下凹的称作阴文或白文边栏（框）。界画是指印面内部的分割线，如左右界画、上下界画、"十"字界画等。界画和边栏组成界格，如左述商代"刿旬抑直"玺的"田"字界格。

图 2.2.3
瞿甲，铜质，鼻钮

图 2.2.4
"瞿乙"玺铭文拓片

图 2.2.5
列旬抑直，铜质，鼻钮

于当时的认识水平，《殷墟妇好墓》报告中将其定为"器盖"。[14]这枚石印最早由周晓陆与蔡青所认定，是中国目前所见最早的龙钮印。该印印面作椭圆形，长轴长5.4厘米，短轴长4.5厘米，印台高0.8厘米，通高3.4厘米。龙形印钮依长轴方向伏于印台上，龙身和印台侧面饰以菱纹。印面微微内凹，且被长轴和短轴分为四个部分，分别阴刻龙、虎、鸟、鹿图案，可能分别对应东、西、南、北四方，反映了早期的四方崇拜。[15]结合甲骨卜辞中的"四方风名"一类方位崇拜和妇好墓的等级来看，这种刻有"四神"形象的玉石印章，显然是高级贵族才能拥有，可以起到标识身份、祈福或者献祭的作用。（图2.2.6）

这枚印章的面型与其他商代玺印的面型风格迥异，钮式也不同于这一时期常见的鼻钮，其形制却与古埃及的圣甲虫印十分相似，不排除受到了古埃及印章的影响。此外，2016年6月，考古工作者又在陕西渭南市澄城县一座西周早期墓中发现一枚类似的龙钮玉印，其时代或可早到殷商晚期，至迟则不晚于西周早期，详见本章第三节。

1998年，考古工作者在殷墟东南部的安阳市水利局院内的一处夯土房基内清理出一枚兽面纹铜印。从地层和伴出器物来看，该印章的时代为殷墟三期或四期。其上、下边长1.5厘米，左、右边长1.6厘米，壁厚0.33厘米，鼻钮高0.49厘米。印面为阳文兽面纹，与殷商青铜器上的小兽面纹接近。（图2.2.7）

2009年，殷墟西南部王裕口村南地M103中出土一枚青铜阴文印。该墓葬年代属殷墟二期，印章出自棺椁之间的西南角，紧贴西侧椁壁。印面略呈方形，印台略呈梯形，印文面边长2.2—2.4厘米，壁厚0.45厘米，鼻钮高0.89厘米。因锈蚀严重，印文难以辨识，后经与该墓其他铜器铭文比对，且经X射线透视，可确认其为"𢀜"字。印文为阴文，且印面内凹，以便钤印于软性材质之上。该墓同出的两件青铜鼎与一件青铜爵上均有相同的铭，且殷墟第二、第三期甲骨卜辞中有贞人记的"𢀜"，印章上的"𢀜"当为族徽或人名。（图2.2.8）

2010年，殷墟南部的刘家庄北地H77祭祀坑内又出土一枚商代阳文铜印。出土印章的年代属殷墟文化第二期，在H77周围有同时期的房基、灰坑、水井以及"𠆢"族墓地。铜印印面呈方形，边长2.2厘米，厚0.45厘米，鼻钮高0.46厘米。印面锈蚀严重，经X射线透视，可见上部是并排的两个

14　中国社会科学院考古研究所：《殷墟妇好墓》，文物出版社，1980，第197—198页。

15　该观点最早由王仁湘提出。冯时在《星汉流年——中国天文考古录》中指出，先秦四方崇拜对象分别是龙、虎、鸟、鹿，并列举了三门峡虢国墓地出土西周铜镜与曾侯乙墓漆棺上的鹿纹说明，先秦时期北方的象征是鹿，而不是后来的玄武。

"⼏"字，下部为夔龙纹。H77附近的"⼏"家族墓内，还出土了同铭的青铜鼎、簋、爵。印文中的"⼏"也应为族徽。[16]（图2.2.9）

以上两枚青铜文字印，都与印主人的氏族密切相关。其中的"㠪"印，与妇好墓出土的龙钮石印一样，印文都为阴文，其内凹的印面可能是为了适应压抑封泥使用。

三、其他传世的商代印章

以上述安阳三玺和考古出土的商代印章为"标准器"，结合商代青铜器纹饰特征，可以进一步判认其他的存世商玺，兹举两例：

黄濬《尊古斋集印》著录有一枚兽面纹印，现藏故宫博物院。该印台较薄，印面呈方形，印纹与商代晚期青铜器上的兽面纹接近。[17]（图2.2.10）《盛世玺印录》录有一方平湖玺印篆刻博物馆收藏的兽面纹铜印，印台较薄，印面呈长方形，由上下两组兽面纹组成，构图左右对称。[18]上部兽面纹与商代晚期铜铙纹饰接近，下部兽面纹耳部特征明显，与商晚周初青铜簋上的兽首纹接近。（图2.2.11）

四、商代用印痕迹

除上述商代印章实物外，通过多年的考古发掘，也积累了一些商代用印痕迹的相关资料。在河南安阳殷墟遗址以及江西樟树吴城遗址中，见到了一些明显由单枚玺印或戳印压抑的陶片，这与陶拍拍印的连续纹样迥异。殷墟出土的"枣"字印陶，其文细细凸起，若不是用阴文玺印抑盖是无法表现的。（图2.2.12）樟树吴城遗址出土的两块"矢"纹陶文，一块图纹下凹，可能是用青铜箭镞或阳文玺印压抑陶坯而成；另一枚图纹凸起，显然是使用阴文玺印或戳子压抑而出。（图2.2.13）樟树吴城遗址还出土了一块"臣"字戳印陶文。（图2.2.14）殷墟大司空村南M337曾出土一件残缺的商代白陶器盖，在器盖内部发现一枚方形的抑印痕迹。[19]（图2.2.15）

目前所见的商代用印痕迹还十分有限，虽然有些印章印面内凹以便于压抑软质泥块，但尚未见到商代泥封实物。虽然有些商代古玺印面与青铜器的族徽、纹饰接近，但尚未找到使用玺印制作青铜模范的证据。商代玺印的具体用法，仍是一个有待讨论的问题。

图 2.2.6
殷墟出土的"四神"纹印，
大理石质，龙钮，尺寸 5.4 cm×4.5 cm

16　1998 年至 2010 年考古出土的三枚商玺，参见何毓灵、岳占伟：《论殷墟出土的三枚青铜印章及相关问题》，《考古》2012 年第 12 期。

17　温廷宽：《中国肖形印大全》，山西古籍出版社，1995，第 60 页。

18　吴砚君：《盛世玺印录》，艺文书院，2013，第 1 页。

19　周晓陆：《古代玺印》，中国书店，1998，第 270 页。

图 2.2.7
殷墟出土的兽面纹玺，铜质，鼻钮，
尺寸 1.6 cm×1.5 cm

图 2.2.8
殷墟出土的"吕"玺，铜质，鼻钮，
尺寸 2.4 cm×2.2 cm

图 2.2.9
殷墟出土的"八"玺，铜质，鼻钮，
尺寸 2.2 cm×2.2 cm

图 2.2.10
故宫博物院藏兽面纹印，
铜质，鼻钮

图 2.2.11
平湖玺印篆刻博物馆藏兽面
纹印，铜质，鼻钮

图 2.2.12
"枣"字陶文拓片

图 2.2.13
樟树吴城遗址出土的"矢"纹印陶拓片

图 2.2.14
樟树吴城遗址出土的"臣"字戳印陶文

图 2.2.15
商代白陶器盖上的戳印陶文拓片

第三节 西周印章实物和用印痕迹

周初分封诸侯，以藩屏周，建立了以亲缘关系为纽带的分封体制。与商代的氏族制度不同，西周社会是以宗族为核心的宗法制。殷商时代的族徽在西周中期以后逐渐绝迹，取而代之的是以姓氏为标志的宗族名称，西周玺印中的徽族符号也几乎不见。另一方面，西周的私有经济也较商代更为发达，西周铜器铭文中不乏商品贸易的例证，如西周中期的卫盉铭文中就记载了裘卫用玉器、皮服向矩伯换取田地的经过。西周册命、赏赐铭文中也屡屡提到赐贝、金（铜）、田地等私有财产。基于这样的社会背景，管理和标识私有财产就变得十分必要，这就促使印章进一步发展，并出现了古代最重要的用印方式——封泥。

一、考古出土的西周印章

自20世纪80年代以来，考古工作者陆续发现了一些西周印章实物：

1980年，在陕西省扶风县黄堆乡云塘村出土了一枚连体的西周铜印，现藏周原博物馆。[20]该印由一个长方形印与一个三角形印组成，中间以绳索状钮连接。长方形印面长2.7厘米、宽2.1厘米，三角形印面底边长2.2厘米、高2.2厘米，两个印面都为回纹，与西周铜器上的回纹接近。（图2.3.1）

20世纪80年代初期，罗西章在扶风县法门镇庄白村的一处西周中期灰坑中发现一枚图形印。此印现藏于扶风县博物馆。薄印台，绳索状鼻钮，印面呈抹角方形，长3.4厘米，宽3.1厘米。[21]印面为变形龙纹，眼睛在中部，与西周铜器常见窃曲纹接近。（图2.3.2、图2.3.3）

1988年，湖北清江隔河岩考古队在清江香炉石遗址发现两枚西周陶印。[22]两枚陶印都呈细长圆柱体状，其中一枚印面为圆形，面径1.9厘米，残高4.5厘米；另一枚印面呈椭圆形，长轴长2.1厘米，短轴长1.2厘米，残高5厘米。两印印面似刻有文字，但无法释读。（图2.3.4）这两枚印章从形制判断，可能是用于戳印陶器的戳子，尚不能确定为严格意义上的印章。

2016年，渭南市澄城县西周早期墓葬中出土了一枚龙钮玉印。[23]这枚玉印整体形制与殷墟妇好墓出土的相似，和田玉质地，是目前所见最早的一枚

图 2.3.1
云塘出土的西周连体印，铜质，绳索状钮

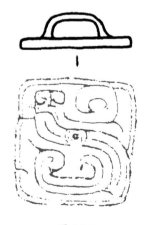

图 2.3.2
庄白出土的西周龙纹印，铜质，鼻钮

20 　罗红侠、周晓：《试论周原遗址出土的西周玺印》，《文物》1995 年第 12 期。
21 　同上。
22 　湖北省清江隔河岩考古队：《湖北清江香炉石遗址的发掘》，《文物》1995 年第 9 期。
23 　周晓陆、同学猛：《澄城出土西周玉质玺印初探》，《考古与文物》2017 年第 2 期。

图 2.3.3
函皇父鼎肩部的窃曲纹拓片

   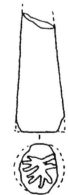

图 2.3.4
香炉石遗址出土的陶印，
左：长轴 2.1 cm、短轴 1.2 cm、残高 5 cm，
右：面径 1.9 cm、残高 4.5 cm

玉印。印面呈椭圆形，长轴长4.3厘米，短轴长3.2厘米，通高2.1厘米，印面内凹明显。与妇好墓所出者稍有不同，渭南玉印的龙钮伏于印台短轴上，钮部纹饰和印台侧面饰以重环纹。（图2.3.5）从墓葬中伴出的青铜簋铭文来看，墓葬的时代应当不晚于西周康王时期，而该印与殷墟妇好墓出土的石印相比又更加精致，其时代应当在商代晚期至西周早期之间。保守起见，我们暂将其定为周初的遗物，也可能是殷遗民所有的商代玺印。[24]

二、传世的西周印章

除了上述时代明确的西周玺印，我们还可依据印章形制和印面内容认定一些传世的西周玺印。

《中国肖形印大全》中著录了五枚商周图纹玺，其中一枚兽面纹印应为商玺（即前文所举故宫博物院所藏者），另外两枚龙纹印与两枚凤鸟纹印的印纹都与西周早期的铜器纹饰接近，其时代应当在西周早中期。[25]两枚龙纹印印面皆呈圆形，龙纹首尾相连随印面盘曲。（图2.3.6、图2.3.7）笔者曾见一西周早期铜簋，外底龙纹与此类龙纹印极为接近。（图2.3.8）一枚凤鸟纹印印面也为圆形，整体布局与龙纹印接近；另一枚凤纹印印面呈方形，凤鸟喙部下勾明显，大冠绕过头顶翻垂至腹部下方。（图2.3.9、图2.3.10）

此外，《盛世玺印录》录有一方平湖玺印篆刻博物馆收藏的西周铜印[26]。印面呈抹角方形，长3.35厘米，宽3.37厘米，通高1.16厘米。印面为一只四脚龙纹形象，龙眼角伸出眼角线。（图2.3.11）从抹角印面和龙纹判断，其应为西周时代的遗物。行烛山房也藏有一枚与故宫博物院所藏商玺接近的兽面纹铜印，此兽面纹印兽眼作"臣"字状，眼角下勾，与西周早期青铜器上的兽面纹极似。（图2.3.12）

从上述考古出土品和传世品来看，西周时期的玺印仍以铜印为主，兼有陶、玉等质地。面型已经出现方形、长方形、圆形、椭圆形等多种式样，并且出现了罕见的连体印。西周早期的图形印与商代晚期的图形印有时不易区分。多例西周方形（含长方形）印面呈抹角方形，与商代印章的直角不同，或可作为判别时代的一条参考标准。

三、西周用印痕迹

埽室主人孙壮所辑《三代秦汉六朝古陶》中，辑录了三枚古陶埙的印文。高明《古陶文汇编》中将其定为"西周陶文"，这三枚全用印章抑现陶

---

24 墓葬出土的铜簋铭文中出现了"父乙"的日名，其可能为进入西周以后的殷遗民器。
25 温廷宽：《中国肖形印大全》，山西古籍出版社，1995，第60页。
26 吴砚君：《盛世玺印录》，艺文书院，2013，第1页。

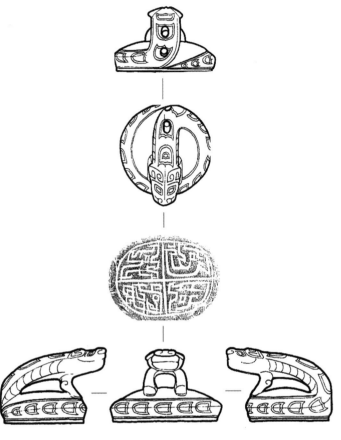

图 2.3.5
陕西渭南澄城西周墓出土的玉印

图 2.3.6
西周龙纹印，铜质，鼻钮

图 2.3.7
西周龙纹印，铜质，鼻钮

图 2.3.8
西周早期铜簋底部龙纹拓片，
尺寸 13.8 cm×12.6 cm

文，其中一枚的边框清晰可见。[27]三枚陶文分别为"令司乐作太室埙""赐作韶埙""令作韶埙"。（图2.3.13）其文字体风格接近西周晚期金文，"韶埙"可能与韶乐有关。值得注意的是"太室埙"，太室常见于西周金文，即太庙。"太室"铭文标明这组陶埙可能用于宗庙祭祀时韶乐的演奏，从文字风格和内容判断，其当为西周晚期的遗物。

西周印纹陶在考古工作中多有发现，扶风齐家村西周墓M27出土了一件陶罐，其肩部有压印的凤鸟纹，与前举扶风县庄白村出土的西周凤鸟纹印构图类似。[28]（图2.3.14）在一些青铜器上，见到重复出现的纹饰纹样，推测在制作模范的过程中，使用了类似印章的工具进行拍印。

除了上述抑陶印痕，西周时期还出现了一类十分重要的用印痕迹——泥封。在胚孕期已经谈到，目前所见世界上最早的泥封出现于叙利亚东北部，距今8000多年。而我国古代泥封的流行，则要等到战国时期，所以长期以来，学界普遍认为我国的泥封始于战国。20世纪90年代，山东泗水尹家城遗址出土了一枚西周时代的泥封。原考古报告定为"商代陶网坠"，后经马良民、张守林考证，其实是一枚西周晚期的泥封。[29]该泥封略呈椭圆形，长4.4厘米，最宽处3.2厘米，厚2.6厘米。泥块内部纵向有一穿孔，孔径0.25厘米，内有绳索印痕，可知孔洞是由包在泥内的细绳留下的。孔内中部空间扩大，又知原来包在里面的细绳是打着结的。印文为凸起的"兽虞"二字，可读作"兽虞"，该泥封的施用对象可能是西周虞官所管理的山林之物。（图2.3.15）

这枚泥封证明了西周时代已经使用印章压抑封泥来封存物品（也不排除是文书），开启了此后长达千余年的泥封时代。如果说带有标识功能的印章仅用于戳印陶器或青铜器时，尚不能称其为严格意义上的印章，那么当人们用它来压抑封泥，封存物品或文书之时，它作为印章的征信功能则愈加明显。

上述西周印章实物和用印痕迹，不仅是认识西周印章文化的直接资料，而且为我们进一步探索商代印章提供了更多的可能。另外，西周印章，特别是西周晚期泥封的确认，又为我们探究春秋玺印的诸多问题开辟了新思路。

图 2.3.9
西周凤鸟纹印，铜质，鼻钮

图 2.3.10
西周凤鸟纹印，铜质，鼻钮

图 2.3.11
平湖玺印篆刻博物馆藏西周龙纹印，
铜质，鼻钮，尺寸 3.35 cm×3.37 cm

27 高明：《古陶文汇编》，中华书局，1990，第29页。
28 罗红侠、周晓：《试论周原遗址出土的西周玺印》，《文物》1995年第12期。
29 马良民、张守林：《山东泗水尹家城出土封泥考略》，《考古》1997年第3期。

图 2.3.12
行烛山房藏西周兽面纹印，铜质，鼻钮

图 2.3.13
西周陶埙上的印文拓片

图 2.3.14
西周陶罐肩部的凤鸟纹拓片

图 2.3.15
兽虞，泥封，尺寸 4.4 cm×3.2 cm

◎ 本章小结

　　总体而言，商周时代的印章资料目前仍然较少，但青铜印和玉印的出现，说明它们已经不同于新石器时代的陶拍，而是具有了新的文化身份。从形制上来看，商周印章以青铜为主，印台较薄，多为鼻钮；古代印章中的几类常见面型，在这一时期也已出现。某些商周玺印与域外印章的形制接近，不排除受到一些外来因素的影响，这一点在战国秦汉时期的图形印上也有所体现。

　　从印章内容来看，商周时期的印章包含了文字印和图形印，说明中国古代玺印的两大基本类型在萌生期已经出现。商代文字印的内容主要是族徽、人名，反映出早期玺印主要起到管理、标识的作用；西周文字印中出现了长达六个字的长铭，并出现了"兽虞"这样的疑似职官名，反映了标识管理功能的进一步细化。商周图形印与同时期的青铜器纹样极为接近，一些陶器上也能见到类似图形印戳印的纹饰，说明这些图形印与制陶或青铜冶铸相关。从用印痕迹上来看，商周时期的印章已经兼有抑陶（含制范）、压抑封泥等功能。特别是文字泥封的发现，证明了至迟在西周时期已经出现严格意义上的印章，将"泥封时代"的上限推到了西周晚期。就整个古代印章文化史而言，商周时期作为中国印章史上的萌生期，正式开启了我国古代玺印文化的大门。

第三章

蓬勃期——春秋战国

通过上一章的介绍，我们了解到中国古代印章产生于商周时期。然而商周时期的印章资料，目前所见仍然较少，反映出萌生期印章尚未广泛流行。到了东周时期，特别是战国以后，印章开始大量涌现并渗透到社会的方方面面，中国古代印章进入一个数量繁多、品类丰富、面貌多样的蓬勃期。

在今天看来，东周印章蓬勃发展已经是不争的事实。而对于东周印章的确认，却是近百年间的事情。受到元代吾丘衍"三代无印"观点的影响，元明两代虽然印学昌明，却鲜有人举以实例讨论战国印章。直到清代乾隆五十二年（1787年），程瑶田在《看篆楼古铜印谱序》中，首先释出了战国铜印中的"私玺"二字，但尚未明确该印的时代。[1]道光十五年（1835年），张廷济在《清仪阁古印偶存》中，开始称东周玺印为"古文印"。[2]道光二十年（1840年），吴式芬在《双虞壶斋印存》中，将东周时代的玺印排列在秦汉玺印之前，在分类题签上出现了"古玺官印""古朱文印"等，以别于秦汉以后的印章。[3]同治十一年（1872年），陈介祺编《十钟山房印举选》时，也将"古玺"列在印谱之首。[4]同年，陈介祺致函吴云："朱文铜玺似六国文字，玉印似六国书法，近两周者。"对战国古玺的确认进一步明朗化了。光绪七年（1881年），高庆龄辑《齐鲁古印捃》，首列"三代铜官玺""三代铜私玺"，书前附有王懿荣的序，肯定了部分玺印之官名出于周秦之际。[5]光绪年间吴大澂作《说文古籀补》，开始将古玺印文字收入字书。1926年王国维在《桐乡徐氏印谱序》中，列举《正始石经》中的古文、战国兵器铭文、古陶文、郘金文、货币文字等，参证古玺印的文字，相同者十之八九，于是肯定了古玺文字为"六国文字"无疑。[6]从程瑶田到王国维的百余年间，学者们的注意力在不断"聚焦"，他们对战国玺印的辨认与研究，走过了一条虽不漫长但并不轻松的道路。

一方面，春秋时代的文献对于玺印有着明确记载，且春秋、战国两个时代紧紧相连，所以学者们并未驻足于已能辨识的战国玺印的成就，于是又有学者猜测在大量的被认为是战国时代的玺印中，有一部分应当是春秋时代的遗物。

1　程氏此文见于何玉昆所辑《吉金斋古铜印谱》。何玉昆：《吉金斋古铜印谱》，上海书店，1989，第4页。由于先秦印章大多以"玺（或写作鉨、鈢、坄）"作为专称，而印章的"章"字作为后起的一种专称，主要流行于秦汉以后，所以我们常常把先秦印章称作玺印。
2　太田孝太郎：《古铜印谱举隅》，陈进整理，天津人民美术出版社，2017，第65页。
3　吴式芬：《双虞壶斋印存》，上海书店，1987。
4　上海书画出版社编《十钟山房印举选》，上海书画出版社，1985。
5　高庆龄：《齐鲁古印捃》，上海书店，1989。
6　李学勤：《王国维〈桐乡徐氏印谱序〉的背景与影响》，《清华大学学报（哲学社会科学版）》2005年第2期。

※知识链接：古代印章的专称

印章的专称，主要通过印文的自铭和同时期的文献资料来确定。中国古代印章文化源远流长，印章的专称也种类繁多，最基本的有玺、印、章、宝、记、图书等，以及由此衍生的私玺、私印、私章、谥宝、朱记、白记等。先秦时期，印章多使用"尔（玺）"作为专称，"玺"字有写作"鈢、鉨、坄"等不同字形。在战国晚期的秦印中，最早见到"印"字作为玺印专称，如故宫博物院藏的"工师之印"（图3.5.120）。西汉时期出现了"章"，多作为丞相、太守、将军印的专称，并常常与印连用而称"印章"。秦汉以后，只有最高统治阶层，如皇帝、皇后、皇太后、太子、诸侯王的印章才能使用"玺"作为专称。唐代武周时期，因为武则天厌恶"玺"与"死"同音，而将其改称作"宝"，一直到明清时期，帝、后用印也常使用"宝"作为专称。"记"是西汉时期出现的一种玺印专称，一般多用于私印，有时也与印连用，合称"记印"，如南昌海昏侯墓出土的"大刘记印"（图4.3.217），是目前见到的最早的自铭为"记"的实例。东汉魏晋时期，又在此基础上与文书用语相结合，形成了所谓的"白记"。隋唐以后主要用印章蘸朱砂钤印，又形成了所谓的"朱记""朱印"，这些印章若是专门用于图书的收藏，则往往自铭为"图书""图记"。

　　另一方面，由于缺乏考古出土的春秋玺印的"标准器"，传世玺印中又极少见到时代明确的春秋玺印。春秋玺印与战国玺印的根本差异是什么，依哪些因素可以建立起春秋玺印的标准，至今研究者们莫衷一是。所以前人对于本期印章，一般不再细分时代，或统称为东周玺印或径视作战国玺印。我们近年来对春秋玺印资料略做过一些整理，本章第四节将介绍几例时代较为准确的春秋玺印实物和用印痕迹。

第一节　蓬勃期玺印的文献记载

与萌生期不同，蓬勃期内关于玺印方面的文献记载数量大增，有不少春秋战国时期的文献，与本期玺印的行用时间相合，其可信度也大大超过关于三代古玺的文献记载。以下择要介绍几则：

《左传·襄公二十九年》记载："季武子取卞，使公冶问，玺书追而与之。"[7]这是我国古文献中较早关于玺印的可靠记载。这则史实在《国语·鲁语下》中也有记载："襄公在楚，季武子取卞，使季冶逆，追而予之玺书。"[8]所谓"玺书"，当指用玺印封缄的简牍文书，这里的"玺"很可能是具有征信功能的公印。说明在春秋时期，已有用印封缄文书的做法。此外，文献中还能找到一些与春秋玺印相关的人名，这点王廷洽曾有所指明，如《左传》所记郑穆公诸公子中有字"子印"者，郑国有大夫"印堇父""印段"等，"印"字作为姓氏和名字出现，说明当时用印已较为普遍。

成书年代稍晚的《礼记》《周礼》《庄子》《吕氏春秋》中也有不少关于先秦玺印的记载，如《礼记·月令》中说到孟冬之月"坏城郭，戒门闾，修键闭，慎管籥，固封疆（玺）"[9]，记载了先秦时期以玺印封门户的用印方式，文中的"玺"应当是管理城门的官玺。《周礼·地官司徒》中说："凡通货贿，以玺节出入之。"《周礼·地官司徒》中说："门关用符节，货贿用玺节。"《周礼·秋官司寇·职金》中说："辨其物之媺恶与其数量，楬而玺之。"[10]《庄子·胠箧篇》中记载："焚符破玺，而民朴鄙。"在《吕氏春秋·离俗览·适威篇》中记载："故民之于上也，若玺之于涂也，抑之以方则方，抑之以圜则圜。"[11]其中讲到了古代玺印的具体用法，并以之比喻治民之道。这些文献都反映了战国晚期以前的用印情况。

秦汉时期的文献中，也不乏关于先秦玺印的记载，如《史记·苏秦列传》记载苏秦感叹："此一人之身，富贵则亲戚畏惧之，贫贱则轻易之，况众人乎！且使我有雒阳负郭田二顷，吾岂能佩六国相印乎！"[12]以及张仪死后，公孙衍佩五国相印之事。[13]东汉卫宏《汉旧仪》追述："秦以前民皆佩

7　洪亮吉：《春秋左传诂》，中华书局，1987，第606页。

8　邬国义、胡果文、李晓路：《国语译注》，上海古籍出版社，1994，第154页。

9　"封疆"又作"封玺"。孙希旦：《礼记集解》，中华书局，1989，第488页。

10　孙诒让：《周礼正义》，中华书局，1987，第1068、1116、2858页。

11　许维遹：《吕氏春秋集释》，梁运华整理，中华书局，2009，第527页。

12　司马迁：《史记》卷六十九《苏秦列传第九》，中华书局，1982，第2241页。

13　司马迁：《史记》卷七十《张仪列传第十》，中华书局，1982，第2304页。

绶，以金、银、铜、犀、象为方寸玺，各服所好。"[14]从东周玺印的材质来看，这一描述是基本符合实际情况的。

以上所举的有关蓬勃期玺印的文献记载，虽不如秦汉以后用印制度那般系统、全面，但对蓬勃期玺印的用途、用法、公用私用的范围都已涉及，其中亦不乏当时的用印制度，这为与实物相联系进行研究提供了极大的方便。

第二节　蓬勃期印章的发现

虽然对于东周印章的确认，不过是近百年来的事，但明代以来即已有数以千计的东周玺印被金石学家们所收藏。与其他古代印章一样，这些东周古玺大多著录于印谱中，部分实物已经不存。传统金石学家缺乏玺印的明确出土信息，特别是年代信息，对于东周玺印的判定只能从文字学、古代职官制度、历史地理等方面入手，虽然已经取得一些成就，但仍然带有一定的盲目性。

自20世纪20年代以来，随着田野考古学的昌明，不断有新的玺印资料被人们所发现，其中自然不乏东周玺印资料。罗福颐汇集古玺印谱、博物馆藏印及考古出土的东周玺印编成《古玺汇编》，收录东周玺印5700余枚，成为东周古玺资料的集大成者。[15]周晓陆主编的《二十世纪出土玺印集成》收录了1400多枚20世纪新出土的东周玺印、陶文资料，并附有出土地点。[16]徐畅又在前者基础上，新增古玺、陶文、兵器印文等，编著了《古玺印图典》，收录古玺资料9400余例。[17]近年来又新出现了一些古玺印图谱，其中收录了不少东周古玺，并且出现了像《珍秦斋藏印·战国篇》《甘露堂藏战国箴言玺》《倚石山房藏战国古玺》《古陶文明博物馆藏战国泥封》《戎壹轩藏战国玺选粹》《戎壹轩藏三晋古玺》等专辑战国古玺、泥封的谱录。[18]

由于蓬勃期印章存世较多，资料来源比较复杂，因此有必要对其出土情况进行概括性的说明。

14　孙星衍等：《汉官六种·汉旧仪补遗》，中华书局，1990，第30页。

15　罗福颐主编《古玺汇编》，文物出版社，1981。

16　周晓陆主编《二十世纪出土玺印集成》，中华书局，2010。

17　徐畅：《古玺印图典》，天津人民美术出版社，2016。

18　萧春源：《珍秦斋藏印·战国篇》，澳门基金会，2001；周建亚：《甘露堂藏战国箴言玺》，文物出版社，2013；吴砚君：《倚石山房藏战国古玺》（原钤本，附墨拓，四册），文雅堂，2016；古陶文明博物馆：《古陶文明博物馆藏战国泥封》（原拓，两册），文雅堂，2003；张小东编《戎壹轩藏战国玺选粹》，平湖玺印篆刻博物馆，2016；张小东主编《戎壹轩藏三晋古玺》，西泠印社出版社，2017。

一、墓葬出土

春秋墓葬出土玺印极为罕见，仅有一枚传山西风陵渡春秋墓出土的鱼纹图形印。（图3.2.1）该印印钮已残，印面呈椭圆形。出土该印的"春秋墓"为一座被盗的残墓，且并非科学考古发掘，所以这枚印章尚不能确定为春秋时代的遗物。笔者注意到，在随州桃花坡春秋早期墓出土的青铜器中，有一件铜盘底部铭文存在多个铭文倒置的现象；[19]（图3.2.2）河南淅川徐家岭3号墓中出土的"蓬子孟青娴"簠内，[20]铭文单字周边存在明显的方形边栏，这些铭文在铸造过程中很可能使用了印章一类的器物。（图3.2.3）在春秋晚期吴越的青铜器上，也见到用字钉印模戳印铸铜泥模范的情况。这类疑似的春秋玺印用印痕迹应当还有不少，日后应当会有更多的发现。

战国早期墓葬中出土玺印仍然较少，而战国中晚期以后的墓葬出土玺印较为多见。蓬勃期墓葬出土印章大多为私印，极少数为公印，当时对于随葬印似乎并无明确的制度规定。就出土地点而言，随葬印章较多地见于秦、楚、巴蜀和三晋地区的墓葬中。战国墓葬中除了出土玺印本体，还有泥封、抑印陶文、烙印漆木、戳印金银货币等用印痕迹，[21]在湖南、湖北的战国晚期楚墓中，还见到了带有印章钤朱痕迹的丝织品。[22]（图3.2.4—图3.2.6）

二、窖藏出土

本期亦有少量窖藏出土玺印的情况，山东五莲县战国窖藏曾出土一批齐国烙木印（图3.2.7），其中有性质相同、印文接近的阳文烙木印十余枚，应当是颁发或使用这类印章的官署集中埋藏的结果。在一些考古遗址的灰坑、井窖中也见到集中掩埋泥封、抑印陶片的现象，但这种情况一般不视作窖藏出土，而是将其归入下一类出土情况中。

三、遗址出土

在一些城址或其他聚落遗址中的灰坑、井窖甚至地层中，也有印章和用印痕迹出土。遗址中出土玺印实物并不多见，近年来在安徽固镇谷阳城遗址中发现了一枚战国晚期"谷阳之鉨"铜印（图3.2.8），为典型楚系风格。[23]

19 随州市博物馆：《湖北随县安居出土青铜器》，《文物》1982年第12期。

20 河南省文物考古研究所、南阳市文物考古研究所、淅川县博物馆：《淅川和尚岭与徐家岭楚墓》，大象出版社，2004，第130页。

21 湖北省文化局文物工作队：《湖北江陵三座楚墓出土大批重要文物》，《文物》1996年第5期。

22 熊传新：《长沙新发现的战国丝织物》，《文物》1975年第2期。

23 赵东升：《安徽固镇谷阳城遗址出土铜玺印》，《文物》2014年第6期。

※知识链接：古代印章的使用方式

中国古代印章的使用方式，主要有抑陶、封泥、钤朱、烙现和戳印几种。抑陶即用印章来抑盖陶坯（包括制作青铜泥范），这是玺印最原始的功用——脱胎于新石器时代的陶拍。封泥是指用印章来压抑泥块，以达到封存文书、货物甚至门关的作用，这种用法的例证最早见于西周晚期，战国以后广泛流行。钤朱是指用印章蘸朱砂钤盖在纸张、绢帛等软质受体上，目前见到最早的实例是战国晚期的钤印织锦。南北朝以前，文书用印主要采取封泥的形式，南北朝末期以后，文书普遍使用纸张，封泥这一用印方式逐渐被钤朱所取代（也有钤墨，即用印章蘸墨色钤盖）。隋唐以后，文书用印几乎全部采取钤朱，仅在一些坛口、瓶口仍然保留着封泥的方式。烙现是指将印章高温加热后，将其打在漆器、木器、皮革等上面，以形成烙印的用印方式，最早见于战国时期，如著名的"日庚都萃车马"玺（图3.5.19）。戳印是指将印章通过锤击印背等手段，用力戳进金、银等受体内，如战国晚期楚国的金版上有戳印"郢再"等字样。

图 3.2.1
传风陵渡春秋墓出土的鱼纹图形印

图 3.2.2
桃花坡春秋早期墓出土的铜盘铭文

图 3.2.3
"蓬子孟青嬭"簠铭文

图 3.2.4
包山战国楚墓出土的泥封

图 3.2.5
江陵战国楚墓漆棺上的烙木印"於王既正"（约 $\frac{3}{5}$ 大）

图 3.2.6
长沙左家塘战国楚墓出土的
钤朱织锦及摹本

图 3.2.7
五莲县窖藏出土的战国齐"左桁正木"烙木印

图 3.2.8
谷阳之鉥，铜质，鼻钮，尺寸 1.9 cm×1.9 cm

而这一时期遗址中出土的用印痕迹，特别是泥封和抑印陶片比较多见，而且与当时的都邑分布关系密切。如山东临淄齐故都出土的大量的东周齐国陶文，曲阜出土的鲁国陶文，邹城出土的邾国陶文，河北易县燕下都出土的燕国陶文，陕西凤翔、咸阳秦都出土的秦国陶文，河南新郑郑韩故城、登封阳城出土的三晋陶文，以及河南新蔡出土的战国晚期楚国泥封、陕西西安出土秦泥封中的战国秦泥封等。

以上三类考古发现的印章，为蓬勃期印章建立了一个"标准器"体系，使得数以千计的传世古玺印得以依据这些"标准器"归入本期内。

四、其他

除了考古发现，近百年来仍有大量的印章资料见诸非科学考古出土，其最初的出土情况大多已无法确知。这些玺印有的具有较为可靠的出土地点信息，有的出土状况不明。由于缺乏明确的地层信息，它们的科学性不如考古出土品，但其数量之多、学术价值之高，实在不容忽视。

图 3.3.1
战国银印

图 3.3.2
战国琉璃印

图 3.3.3
战国骨印

图 3.3.4
战国玉印

第三节　蓬勃期印章的分类

数以千计的蓬勃期印章，呈现出丰富多彩的东周玺印文化面貌。以质地而论，蓬勃期印章中已经能见到银、铜、玉、石（含水晶、玛瑙、绿松石等宝石）、陶、琉璃、骨、角、牙等多种质地，与《汉旧仪》中"秦以前民皆佩绶，以金、银、铜、犀、象为方寸玺，各服所好"的记载相符。以钮式而论，蓬勃期印章以鼻钮为主，兼有环状钮、纳鎏钮、橛钮、亭钮，以及龙、凤、鸡、鸟、犬、豚等多种动物造型钮和人形钮，还有带钩印、戒指印、臂钏印、双面印、多面印等新型印章样式。（图3.3.1—图3.3.5）

虽然不少印章出自墓葬中，但对比同时期的泥封、陶文，这些随葬印与实用印章区别不甚明显，且蓬勃期尚未形成严格的用印制度和殉葬印规定，蓬勃期印章中绝大部分应当视作实用印。从用途用法上来看，蓬勃期的印章主要以压抑陶坯和泥封为主，并出现了烙漆木、烙车马、钤朱等用法。在上文提到的燕、齐、鲁、邾、秦、楚等国的陶文和泥封中，见到了大量的用印痕迹，在燕国、齐国的陶文中，甚至见到了十字以上的记事性印文。在齐、燕、三晋地区的印章中，见到专门用于烙木、烙马的烙印，在楚墓的棺椁上曾见到烙木印的印痕（图3.2.5）。在两湖地区的楚墓丝织品上见到用阳文小印钤朱抑盖的印痕，这是目前所见最早的钤朱用法的实例。（图3.2.6）

林林总总的蓬勃期印章，可根据印面内容分为公印、私印、词语印、图形印四类，现将其简述如下：

一、公印

公印是指包括职官印、官署印和其他社会组织用印在内的公用印章。过去人们习惯上将其称为"官印"，实际上这是一种不太准确的称呼。抛开其他社会组织用印不说，"官印"中也包括职官印（简称官印）和官署用印，仅仅以"官印"概括这两类印章有些欠妥。

蓬勃期公印的总数有数百枚，20世纪80年代，罗福颐主编的《古玺汇编》收录东周公印369枚。近四十年来，又有不少东周公印出土，再加上各地出土的陶文、泥封中的公印资料，新出土的蓬勃期公印也当数以百计。蓬勃期公印主要是官印和官署印，其他社会组织用印少见，下面对本期官印和官署印进行介绍和举例：

（一）官印

目前尚未见到东周时期的王印、王后印等最高等级用印，但有不少封君印，如三晋"春安君"玉印、"富昌韩君"铜印，齐国"卢成君鉨"银印，燕国"張（长）坪（平）君佢室鉨"玉印，等等。（图3.3.6—图3.3.9）

属于三公九卿或其他百官印的主要有相邦、司马、司工（空）、司寇等印，如赵国"兇（匈）奴相邦"玉印、齐国"司马之鉨"铜印、燕国"司寇之鉨"铜印、楚国"上相邦鉨"铜印等。（图3.3.10—图3.3.13）

许多城邑模仿王庭的职官体制，在官名前冠以地名，如燕国"顕（夏）屋都司徒"玺，三晋"佫（皋）郎（狼）左司马"玺、"平匋宗正"，齐国"苹大夫之鉨"，楚国"鄂邑大夫鉨"，等等。又如安徽出土的"安石里典"和"萲里貢鉨"，分别反映了秦国和楚国的基层里制及其商业情况。（图3.3.14—图3.3.20）

（二）官署印

官署印是指在印文中只出现官署或地名，而不出现职官名的公印。蓬勃期的官署印多为府库、仓廪、门关、邮馆、市亭之类的印章。属于府库类的印章如楚国"大（太）府"玺，《周礼·天官冢宰》有"大府"，读作"太府"，掌府藏会计。又如三晋玺"尚岁左库"，读作"掌岁左库"，为掌管国家岁税的府库用印。[24]属于仓廪用印的有齐国"平阿左禀"玺，为齐地平阿左廪用印。又如楚玺中的"酉仓之鉨"，"酉"读作"酒"，为楚地储藏酒的仓府用印。属于门关一类的官署印主要见于燕地、齐地和楚地，如"南门出鉨"。邮馆印主要见于楚地，最典型的如"专室之鉨"，"专"读作"传"，为邮驿官署用印。管理市场的官署印主要见于三晋和楚官印，如"莽阳市"玺。这类与市场相关的泥封和陶文也广泛见于齐、燕、秦、楚和三晋地区，反映了东周时期市场的繁荣。亭、里的低级官署印，主要见于秦陶文中，如"安陆市亭"陶文等。（图3.3.21—图3.3.28）

此外，也有一些与秦汉以后的郡县官印接近的地名官印，如安徽出土的战国楚"安州之鉨"、湖南出土的"沅阳"楚玺，长平之战后的"长平"秦印，反映出郡县制在战国时期的秦、楚两国已见端倪。（图3.3.29—图3.3.31）

东周玺印和陶文中，还有一类带有公印性质的制陶印，印文中既有公印性质的地名，也有制陶者的私名，例如山东出土的齐陶文"蒦阳南里人奠"（图3.3.32）。以印文内容而论，它们应当属于私印的范畴，但结合当时的工官制度而论，这些陶工显然属于某一机构或作坊所管理，这些印文或多或少地带有公印的色彩。

24　孟丽娟：《三晋官玺集释》，硕士学位论文，安徽大学，2014。

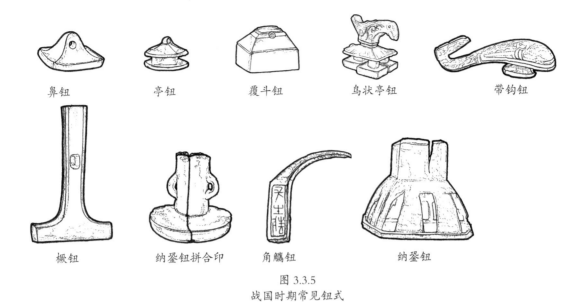

鼻钮　　　亭钮　　　覆斗钮　　　鸟状亭钮　　　带钩钮

橛钮　　　纳鋬钮拼合印　　　角䚻钮　　　纳鋬钮

图 3.3.5
战国时期常见钮式

图 3.3.6
春安君，玉质，覆斗钮

图 3.3.7
富昌韩君，铜质，鼻钮

图 3.3.8
卢成君鉨，银质，鼻钮

图 3.3.9
䛊（长）坪（平）君佢室鉨，
玉质，覆斗钮

图 3.3.10
兕（匈）奴相邦，玉质，
覆斗钮

图 3.3.11
司马之鉨，铜质，鼻钮

图 3.3.12
司寇之鉨，铜质，鼻钮

图 3.3.13
上相邦鉨，铜质，鼻钮

图 3.3.14
顗（夏）屋都司徒，铜质，鼻钮

图 3.3.15
佫（皋）郎（狼）左司马，
铜质，鼻钮

图 3.3.16
平匋宗正，铜质，鼻钮

图 3.3.17
苹大夫之鉨，铜质，鼻钮

图 3.3.18
鄂邑大夫鉨，铜质，鼻钮

图 3.3.19
安石里典，铜质，鼻钮

图 3.3.20
莫里贡鉨，铜质，鼻钮

图 3.3.21
大（太）府，铜质，橛钮

图 3.3.22
尚岁左库，铜质，鼻钮

图 3.3.23
平阿左禀，铜质，鼻钮

图 3.3.24
酉仓之鉩，铜质，鼻钮

图 3.3.25
南门出鉩，铜质，鼻钮

图 3.3.26
专室之鉩，铜质，鼻钮

图 3.3.27
莓阳市，铜质，鼻钮

图 3.3.28
安陆市亭，陶文拓片

图 3.3.29
安州之鉩，铜质，鼻钮

图 3.3.30
沅阳，铜质，柱状钮

图 3.3.31
长平，铜质，鼻钮

图 3.3.32
蔓阳南里人莫，陶文拓片

二、私印

蓬勃期私印数以千计，且这些印章各具特色，呈现出变化万千的繁荣景象。本期私印仍以青铜质地为主，兼有其他材质，钮式的制作较公印更加多样。这些私印绝大部分为单面印，在战国晚期出现了多面印，如"奠冈－敬"双面印（图3.3.33）。在三晋、燕、楚、齐地区的一些私印上，还出现了姓名文字与图形相结合的现象，如"长陛"（图3.3.34）。在三晋和燕系印章中，有一些鸟虫篆的阳文小玺，如故宫博物院所藏的"公孙郾"印（图3.3.35）。

从内容上看，本期私印以姓名印为主，兼有姓氏印和名字印。大多数姓名印仅印有主人姓名，部分姓名之后带有"信鈢""私鈢""鈢"之类的玺印自铭。姓氏印和名字印主要见于单字印，如三晋"曹"印、秦国"秦"印和"骀"印等（图3.3.36—图3.3.38）。另有一些单字印可能是当时的名字印或姓氏印，但难以和词语印分开，暂将其归入下文词语印中的单字印部分进行介绍。

本期私印堪称研究先秦姓氏的最重要的资料，东周私印中所见到的姓氏数以百计，且当时的复姓众多，多以职官、身份和地名为姓，如司马、王孙、公孙、臧孙、西方、阳城等。其中有不少姓氏未见于秦汉以后的史籍或出土文物，可补姓氏之阙，如三晋私印中的"玄羊都""尾石幸"等印，"玄羊""尾石"都为罕见姓氏。另一个值得指出的现象是，在蓬勃期复姓私印中，常常出现合文的写法，这种现象尤其见于三晋地区，如"倥侗襄""邯郸暲"等印。（图3.3.39—图3.3.42）

先秦人名大部分为单名，但也不乏像"事相如""事少臣"这样的双名。先秦人名的特点之一，是经常使用带"疒"字头的字作为人名，如"王疾""长去疾"等。（图3.3.43—图3.3.46）

三、词语印

过去有学者称这类印章为"成语印""箴言印""吉语印"，本书所指的词语印，实际上涵盖了上述成语印、箴言印和吉语印。

如我们所知，春秋战国时期是一个思想上百花齐放、百家争鸣的时代，这在蓬勃期的印章，尤其是词语印中得到了很好的体现。本期词语印主要可分为以下几类：

（一）吉语印

蓬勃期吉语印分为单字印与多字印，单字吉语印如"昌""吉""美"等；二字印例见"善寿""千万""千秋"等；三字印例见"出内吉"；四字印例见"宜有千万"。另外，东周吉语印中出现了五面印，这是中国古代

图 3.3.33
奠冈－敬，铜质，穿带两面印

图 3.3.34
长陛，铜质，鼻钮

图 3.3.35
公孙鄎，铜质，鼻钮

图 3.3.36
曹，铜质，鼻钮

图 3.3.37
秦，铜质，鼻钮

图 3.3.38
驵，铜质，鼻钮

图 3.3.39
玄羊都，铜质，鼻钮

图 3.3.40
尾石辛，铜质，鼻钮

图 3.3.41
倥侗襄，铜质，鼻钮

图 3.3.42
邯郸暲，铜质，鼻钮

图 3.3.43
事相如，铜质，鼻钮

图 3.3.44
事少臣，铜质，鼻钮

图 3.3.45
王疾，铜质，鼻钮

图 3.3.46
长去疾，铜质，鼻钮

最早的五面印，如故宫博物院所藏"千秋百万昌"五字印。（图3.3.47—图3.3.55）

（二）箴言印

此类印章印文多为谦敬慎行一类的箴言，带有较为浓厚的谦敬仁爱的儒家思想色彩。单字箴言印如"敬""明""青""躬""悉"等印；二字印例见"敬上"、"明上"、"悉之"、"青中"（图3.3.56）等；三字印例见"敬其上"（图3.3.57）等印；四字印例见"正行亡曲"（图3.3.58）、"可以正身"（图3.3.59）等。

（三）身份印

在蓬勃期印章中，有一类表示身份的印文，从内容上看它们带有一定的官印性质，但又并非严格意义上的官印，而仅仅是某种身份的标志，抑或是印主人对于某种身份的向往，我们暂将其称作身份印。单字身份印多为"士"，另有"妾""君"印等；二字身份印例见"上士"印；三字身份印例见"君子士"三联印；四字身份印例见"王之上士"等。（图3.3.60—图3.3.63）

（四）单字词语印

严格地说，单字印并不是按照印文内容来进行分类的结果。但是由于单字印中有些难以判断到底是属于姓名印还是吉语印、箴言印的部分，如"丘""章"（图3.3.64、图3.3.65）等印，为方便起见，暂将其单独划成一类。

由于东周成语印多铸造而成，所以经常见到几乎一样的同模印。另外，随时间的不同，有的成语印可以看到明显的演变，如战国秦常见的"百尝"印，至秦统一后则写作"百赏"。战国秦阳文成语印常见"宜士和众"，秦统一后则常见阴文"宜民和众"。（图3.3.66—图3.3.69）

四、图形印

图形印在商代晚期已经出现，与其他印章一样，蓬勃期内的图形印也呈现出井喷式的发展，在本期后段至典则期前段，图形印达到一个高峰。

本期图形印的面型以圆形和方形为主，也有少量椭圆形、菱形和其他不规则形状印面。印面内容以动物纹样为主，常见虎纹、鹿纹、龙纹、凤纹、鸟纹，以及豚、羊、犬等家畜纹。特别是西南地区出土的巴蜀图形印（图3.3.70），其构图元素达百余种之多。

长期以来，人们对图形印的用法不甚明了。近年来在河南新蔡出土的楚国泥封以及山东曲阜、邹城等地出土的陶文中，见到用图形印抑盖的痕迹，表明图形印除用来随身佩戴外，还可用作压抑封泥和陶坯。（图3.3.71、图3.3.72）

图 3.3.47
昌，铜质，鼻钮

图 3.3.48
吉，铜质，鼻钮

图 3.3.49
美，铜质，鼻钮

图 3.3.50
善寿，铜质，鼻钮

图 3.3.51
千万，铜质，鼻钮

图 3.3.52
千秋，铜质，鼻钮

图 3.3.53
出内吉，铜质，亭钮

图 3.3.54
宜有千万，铜质，鼻钮

图 3.3.55

千秋百万昌，铜质，鼻钮

图 3.3.56

青中，铜质，鼻钮

图 3.3.57

敬其上，铜质，鼻钮

图 3.3.58

正行亡曲，铜质，鼻钮

图 3.3.59

可以正身，铜质，鼻钮

图 3.3.60

君，铜质，鼻钮

图 3.3.61

上士，铜质，鼻钮

图 3.3.62

君子士，铜质，鼻钮

图 3.3.63

王之上士，铜质，鼻钮

图 3.3.64
丘，铜质，鼻钮

图 3.3.65
章，铜质，鼻钮

图 3.3.66
百尝，铜质，鼻钮

图 3.3.67
百赏，铜质，鼻钮

图 3.3.68
宜士和众，铜质，鼻钮

图 3.3.69
宜民和众，铜质，鼻钮

图 3.3.70
巴蜀图形印，铜质，鼻钮

图 3.3.71
楚国虎纹泥封

图 3.3.72
楚国虎纹陶文拓片

第四节　蓬勃期印章的分节——春秋玺印的探索

单就历史分期而言，蓬勃期至少可以分为春秋和战国两节。可由于我们所获知的春秋玺印资料太少，长期以来，人们习惯将本期印章统称为"战国玺印"或"东周玺印"。一方面，在上一章节已经讲到，西周晚期中国已经存在用文字玺印压抑泥封的做法，玺印的产生至迟不晚于这一时期。另一方面，战国晚期玺印所呈现出的蓬勃发展、杂树生花的面貌，反映出玺印文化在东周时期经历了一个极大的发展。讨论蓬勃期玺印的分期问题，主要是春秋玺印的断代和战国玺印的分期。

一、春秋时代的用印痕迹

由于目前明确属于春秋时代的玺印实物十分有限，因此直接就玺印本身讨论春秋玺印的问题难度较大。结合西周、战国时期的用印情况和相关文献记载，我们可以推断在春秋时期，使用玺印已并不鲜见。这就势必会产生一些用印痕迹，这些痕迹的载体，可以是泥封、陶器、青铜礼器、兵器，甚至漆木器等。这些载体的时代，又可以依据自身的器型、纹饰或出土单位确定，进而可以推知其中印痕的时代。若我们找到了春秋时期的这类用印痕迹，也就相当于找到了春秋玺印的印面。而且，这些用印痕迹也反映了春秋时期的用印情况和方式，其本身就是春秋玺印存在的明证。除前举的随州出土铜盘和淅川出土"蔿子孟青嬭"簠外，再举几例说明：

（一）河南温县北平皋村曾出土"陉（邢）公""公"字陶文。邹衡认为这些陶器的时代在春秋中期至春秋战国之交，并明确指出："这批陶文的时代是东周时期较早的，而与常见的战国中晚期陶文有着明显的不同。"[25]这些陶文除个别为阳文外，大多为带边框的阴文，显然是使用印章抑出。（图3.4.1）

（二）"酈"戈：见诸著录的酈戈共有两件，分别为《殷周金文集成》第10896、10897号。[26]前者为清代著名金石学家吴大澂旧藏，[27]援部平直，内部并有三角形穿和宽凹线装饰，末端弧形内收，为春秋中晚期器。后者现藏故宫博物院，戈内部不见宽凹线纹，时代亦在春秋晚期左右。[28]两戈内部都铸

图 3.4.1
河南温县北平皋村出土的
"陉（邢）公""公"陶文拓片

25　邹衡：《晋豫鄂三省考古调查简报》，《文物》1982年第7期。

26　中国社会科学院考古研究所编《殷周金文集成》（修订增补本），中华书局，2000，第5799页。《殷周金文集成》以下简称《集成》。

27　吴氏将其释为"鹿邑戈"，今据《集成》改定。"酈"为地名，故宫博物院藏有"酈左库戈"（《集成》第11022号），时代与之接近。

28　前者《集成》定为春秋时代，后者《集成》定为春秋晚期，可从。

有铭文，一为阳文，一为阴文。阳文铸铭四周下凹并形成长方形边框，阴文铭文四周也有长方形阴文边框，应当是使用了类似印章的戳子压抑模范的结果。（图3.4.2）类似的做法在战国时期也十分常见，尤其多见于燕、齐、秦系兵器中，如战国早期的"吹鏊"戈（《集成》第11044.1—11044.2号）、战国中晚期燕"郾侯脮"戈（图3.4.3）（《集成》第11272号）、战国晚期秦"蜀西工"戈等。[29]

以文字印或图形印戳印青铜模范，可以追溯到商代晚期，它是新石器时代以来陶拍技术与青铜模范铸造技术结合的产物。殷墟出土的几枚青铜商玺，特别是近年来新出土的" "玺和" "玺，伴出的同铭青铜器，说明这类带有族徽的商玺很有可能用于当时的陶器和青铜模范制作。西周时期的一些龙纹印、凤纹印、涡纹印，纹饰与西周铜器极为接近，说明这种以印章或"类印章"制作青铜模范、压抑陶器的做法，在西周时期继续流行。通过前文所举的"鄗"戈、"蔑子孟青嫿"簠、"郾侯脮"戈等实例可以看出，商代晚期以来的这种用印方式在春秋时期仍然存在，并一直延续到战国以后。

结合文献记载和战国时代的用印情况来看，压抑陶文或泥封才应当是春秋时代最主要的用印方式。可遗憾的是，目前尚未找到明确属于春秋时期的泥封。

二、春秋时代的玺印判断标准及相关实物

由于目前尚无考古发掘的春秋玺印实物，因此对春秋玺印实物的辨认，主要依据仍是印章形制（含印体、钮式及纹饰等方面）、印文内容和风格。

玺印形制的发展，往往呈现出一定的规律性。如商周时期的青铜玺印，绝大部分印体较薄，印钮多为光素的鼻钮或绳索状的鼻钮。战国时期的玺印，各个地区风貌不一，但相对于殷商、西周的铜玺，其印台明显有加高的趋势，大部分战国铜印印体已经出现二层台，这个变化最明显的是三晋地区。从逻辑上看，介于西周与战国之间的春秋玺印应当呈现出介于两者之间的形态。有些玺印的钮座或印钮本身带有纹饰，这些纹饰与春秋时期其他器物（主要是青铜器）上的纹饰极为接近，也为我们确定这些玺印的时代提供了一些依据。

从春秋时期的用印痕迹来看，春秋玺印的文字排列取向松散，印面留白较多，印面相对较大。春秋玺印的印文风格，可以通过与春秋金文的对比得到一个大概的印象。

图 3.4.2
春秋"鄗"戈铭文拓片

图 3.4.3
"郾侯脮"戈铭文拓片

29 宛鹏飞：《飞诺藏金：春秋战国篇》，中州古籍出版社，2012，第18—20页。

根据印章形制和印文风格，再结合印文内容，我们从已有的东周玺印资料中筛选出了少量春秋玺印（或疑似春秋玺印），现择要介绍如下：

（一）“公书”印：戎壹轩所藏，铜质鼻钮，印台较薄，与商周古玺的形制接近。印面略呈椭圆形，阳文，无边栏，纵轴长4.7厘米，横轴长2.3厘米。笔画末端尖锐，字形与春秋晚期侯马盟书接近，而不同于战国玺印文字。“公书”一词可与《左传·襄公二十九年》所载“玺书”相印证，当用于公文书之封缄。[30]（图3.4.4）

（二）“王兵戎器”（或读为“壬戎兵器”）印：天津博物馆藏印，前人多将其定为春秋玺印。该印印台较薄，印钮为绳索状，与陕西扶风出土的西周铜印钮式接近。钮座装饰蟠虺纹，为春秋晚期青铜器典型纹样。印面为菱形，带斜十字交叉界格，印面文字阳文正书铸铭“王兵戎器”。从形制上看，此器为春秋时代的遗物殆无疑问，不过印面文字为正书，不符合一般玺印的做法，周晓陆认为它可能是符牌一类的器物。结合春秋时期用印章制作青铜模范的情况来看，此印也有可能是用于制作青铜兵器的铭文母模。（图3.4.5）

在目前所认定的东周玺印中，另有为数不少的印章与其他典型的战国晚期玺印明显不同，抑或是战国早中期的遗物。如一铢阁所藏“阴平”印（图3.4.6），文雅堂所藏“右宫鮨”印（图3.4.7），珍秦斋所藏“晏门”（图3.4.8）、“长陛”（图3.4.9）诸印。

以上简单介绍了几例春秋玺印实物和用印痕迹，以及春秋玺印的判别标准。与春秋玺印辨认相伴产生的一个问题是：在战国玺印分域研究的背景下，即使是同一区系的印章，也时常呈现出明显的差异。产生这种差异的原因，有的是地理、政治、文化上的区别所致，如三晋玺印本身可能还可以分为赵、魏、韩诸系；有的则很可能是因为时间早晚而造成的差异。分域研究背景下的战国玺印分期研究，实际上是解决春秋、战国玺印区分问题的关键。

图 3.4.4
公书，铜质，鼻钮

30 对于该印的详细讨论，可参考朱棒：《试从新见“公书”玺谈春秋战国玺印的界定》，载张小东主编《戎壹轩藏三晋古玺》，西泠印社出版社，2017，第 211-214 页。

图 3.4.5
王兵戎器，铜质，绳索状鼻钮

图 3.4.6
阴平，铜质，鼻钮

图 3.4.7
右宫䤔，铜质，鼻钮，
尺寸 3.2 cm×3.2 cm

图 3.4.8
旻门，铜质，鼻钮，
尺寸 1.85 cm×1.85 cm

图 3.4.9
长陞，铜质，鼻钮，
尺寸 2.1 cm×2.2 cm

第五节　蓬勃期印章的分域研究

与其他时期印章研究的划分标准不同，相对于分期研究，本期印章的分域研究更加为研究者们所重视。东周时代诸侯各自为政，不同地区间呈现出较大的文化差异，这种差异在青铜器、文字、语言、风俗上都有体现，在玺印上的表现更是突出。与青铜器分域研究相似，蓬勃期玺印大致可以分为以燕国为核心的北部区、以齐鲁为核心的东部区、以三晋为核心的中部区、以秦国为核心的西部区、以楚国为核心的南部区和以巴蜀为主的西南区。

一、北部区燕系玺印

西周初年分封召公于燕，此后数百年间，燕国一直是华北地区最重要的诸侯国。燕系的印章影响到邻近的中山国以及齐国北部，形成了一个燕系玺印文化区。本区域大致以今天的河北为中心，包括辽宁南部、山东北部、山西东北部、内蒙古东南部地区。

以往根据玺印中的地名确定了一些燕系公印，并以此为标准初步建立起燕系玺印的判断标准。20世纪70年代，考古工作者又在河北易县燕下都遗址中发现百余件铭文戈，并陆续发现了大量的燕国陶文。从现有资料来看，燕系玺印的文字风格与燕国、中山国铜器铭文接近，印章形制、印文内容都很丰富，风格也十分突出。由于燕系玺印中以公印和私印最具特色，而词语印特征不甚明显，图形印也并不多，故而下面分公印、私印和词语印、陶文和其他用印痕迹三方面对燕系印章进行介绍：

（一）公印

燕系玺印的面型较为丰富，现依面型和印文分述如下：

1. 长条形阳文印：印面为长条形（长宽比超过3∶1），印背附细长柄，柄侧有小鼻钮以供穿系。印文以铸造为主，印文末尾常用"鍴、𠁣、𣃔"等字，其中"鍴（鍴）、𠁣（节）"为燕系玺印独有专名，"𣃔（尉）"为职官名。由于这类公印印面长度一般都在4厘米以上，不太适合泥封使用，且在燕下都遗址中出土了较多这类长条形陶文，由此推测这类玺印是抑盖陶文的专用公印。例见"洦（泉）杏（水）山金贞鍴"（图3.5.1）、"右朱贞鍴"（图3.5.2）、"大司徒长节乘"（图3.5.3）、"中阳都吴（虞）王节"（图3.5.4）、"中军丞"（图3.5.5）等。

2. 方形（含长方形）阴文玺：方形阴文玺依据文字风格分成两类，一类文字规矩严整，印面多在2.5厘米以下；另一类文字布局疏朗，笔画率意，印

图 3.5.1
洦（泉）杏（水）山金贞鍴，
铜质，橛钮

图 3.5.2
右朱贞鍴，铜质，橛钮

图 3.5.3
大司徒长节乘，铜质，橛钮

面多在3厘米以上。

第一类为阴文小玺，面形近正方形，边长2.1—2.4厘米，坛钮台阶形过渡明显，阶下有凹棱，顶部附有小鼻钮。印面有边栏而无界画，文字以凿刻为主，一般排为两行，少数为两排，布局严谨。这类公印常用"×都×"的格式，"都"字之前为都邑类地名，如"豹都、隔阴都、文安都、坪（平）阴都、恭阴都、夏屋都、方城都、洵城都、跳都、柜阳都、庚都、甫阳都、暵邨都、妣城都"等，这些地名常与文献中记载的燕国地名相符，地望多在河北、辽宁南部、内蒙古东部一带。"都"字之后为职官名，如"司徒、右司徒、左司马、右司马、司工、丞、左、清左、封、封人、遽驲"等。其中"陸（都）""至（马）""ఓ（尉）"字写法极富特色，"左""清左""封""封人""遽驲"等官名为燕系玺印特有官名。例见"庚都丞"（图3.5.6）、"柜阳都左司马"（图3.5.7）、"坪（平）阴都司工"（图3.5.8）、"釜阴都清左"（图3.5.9）、"甫阳都封人"（图3.5.10）、"文安都舆（遽）垍（驲）"（图3.5.11）等。

第二类为方形（含长方形）阴文大玺，印面边长在3厘米左右，多呈方形，少数呈长方形（长宽比小于1∶2）。坛钮附小鼻钮，印面有边栏无界画，文字凿刻而出，一般为两行，风格疏旷，笔画末端常作尖锐状，笔锋明显，与上一式规矩严整的风格不同。该型公印中的"鉨"字，都写作"金伞"，为燕系特有写法。例见"司寇之鉨"（图3.3.12）、"南门出鉨"（图3.3.25）、"安阳水鉨"（图3.5.12）。

另有一些印面尺寸在2.5厘米左右，但文字风格与阴文大玺接近的封君印，如"镸（长）坪（平）君佀室鉨"玉印（图3.3.9）、"郲阳君鉨"（图3.5.13）等。

3. 方形（含长方形）阳文玺：坛钮附小鼻钮，印面多呈正方形，也有少量呈长方形的，边长在2.5厘米以内，边栏稍粗于字画，少数出现了阳文"十"字界画，文字全部是铸造而成。例见"武城德垍（驲）"（图3.5.14）、"左市"（图3.5.15）、"加芳宾鉨"（图3.5.16）等印。

另有一类方形阳文巨玺，边长往往达3厘米以上，最大者6.7厘米，印文雄奇豪放。内容一般排为两行，文字全为铸造而成。有的印台扁平，背置鼻钮或纳銎钮，如"甫阳铸师鉨"（图3.5.17）、"跳都市鉨"（图3.5.18）。特别值得一提的是传出燕下都的"日庚都萃车马"阳文大玺（图3.5.19），该印印面呈正方形，边长达6.7厘米，为先秦时代印面最大者，堪称古代玺印中的瑰宝。印台中空，印钮为中空纳銎钮，从印文内容和形制可以判定其为烙车马所用的烙印。

（二）私印和词语印

燕系私印多为铜印，面型以长条形、方形为主，兼有圆形和弯月形。

图 3.5.4
中阳都吴（虞）王节，铜质，橛钮

图 3.5.5
中军丞，铜质，橛钮

图 3.5.6
庚都丞，铜质，鼻钮

图 3.5.7
柜阳都左司马，铜质，鼻钮

图 3.5.8
坪（平）阴都司工，铜质，鼻钮

图 3.5.9
釜阴都清左，铜质，鼻钮

图 3.5.10
甫阳都封人，铜质，鼻钮

图 3.5.11
文安都巽（遽）垍（驲），
铜质，鼻钮

图 3.5.12
安阳水鉨，铜质，鼻钮

图 3.5.13
郖阳君鉨，铜质，鼻钮

图 3.5.14
武城德垍（驲），铜质，鼻钮

图 3.5.15
左市，铜质，鼻钮

图 3.5.16
加芳賓鉨，铜质，鼻钮

图 3.5.17
甫阳铸师鉨，铜质

图 3.5.18
遞都市鉨，铜质

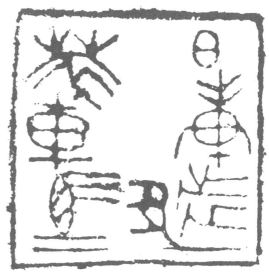

图 3.5.19
日庚都萃车马，铜质，纳鋬钮

印文有阴文、阳文以及阴阳文相间的，其中长条形的阳文私印在其他地区少见。方形私印边长一般都在2厘米以下，背置坛钮、鼻钮，出现了少量方形双面印，如"长诘-千秋"（图3.5.20）、"东方纨-纨"（图3.5.21）。

某些特有的私印格式，仅见于燕系玺印，如"×生×"印，"生"或可读作"姓"，"生"字之前多为姓氏，"生"字之后多为人名，例见"卫生达"（图3.5.22）、"中生狗"（图3.5.23）等。一些姓氏仅见于燕系私玺中，如"彝吴"复姓，例见"彝吴不壬"（图3.5.24）。某些印文的写法为燕系玺印特定写法，而这些字常常在私印姓名中出现，依此判认出不少燕系私印。如"马"字写作"⿸"，"中"字写作"⿰"，"公"字写作"⿴"，"孙"字写作""，例见"公孙郾"（图3.3.35）、"司马思"（图3.5.25）、"中行辖"（图3.5.26）。燕玺中许多部首的写法也极具特色，如"邑"部常写作"阝"，"辶"部常写作"⿺"，"虍"字头常写作"⿸"，"犭"部常写作"⿰"，"刂"部常左置反书写作""，依据这些部首可以判断部分东周私印属于燕玺，例见"刑莫"（图3.5.27）、"虞留"（图3.5.28），以及上述"卫生达""中生狗"等印。

此外，燕系私印的竖画中部和横画两端，常常加以饰笔，或者填充文字内部来封闭空间，如"王喜"（图3.5.29）、"王旦"（图3.5.30）等印。在此基础上，燕系私印中出现了少数鸟虫篆，这类印文鲜见于其他地区，如"长宴"（图3.5.31）。

通过某些字形和部首的特殊写法，还可以确定部分燕系词语印，如"长内"（图3.5.32）、"中"（图3.5.33）。

（三）陶文和其他用印痕迹

燕系玺印的用印痕迹主要是陶文和兵器铭文，多出土于河北地区，尤其集中出土于易县燕下都遗址。燕系陶文可根据印文内容分为以下几类：

1. 匋工+人名：如"匋攻（工）谏"（图3.5.34），"谏"为匋工之名。也有省作"匋+人名"的，如"匋丹"（图3.5.35）。

2. 匋工+编号：编号分为数字编号和天干编号两类，前者如"匋工十二"（图3.5.36）；后者如"匋工午"、"匋攻（工）乙"（图3.5.37）。

3. 带纪年的匋工印：为匋工印中文字最多者，某些高纪年陶文具有一定的断代意义，这类陶文的陶器上常常出现一器多印的现象，反映出较为严格的管理制度，可能与器物的等级有关，如"廿二年正月左匋胥（尹）、左匋攻（工）敁、左匋傺汤敁匝"（图3.5.38）。

4. 左宫或右宫+人名：如"右宫繁"、"左宫痈"（图3.5.39），"繁""痈"可能分别是右宫和左宫中管理陶器的人名。

5. 姓名印和名字印：不带匋工或其他附属信息，姓名印最典型的如

图 3.5.20
长诘－千秋，铜质，穿带两面印

图 3.5.21
东方纨－纨，铜质，穿带两面印

※知识链接：物勒工名

"物勒工名"是指在器物上留下制作者的名字，它是春秋时期出现的一种责任制度。《吕氏春秋》记载："物勒工名，以考其诚。工有不当，必行其罪，以穷其情。"东周陶器、砖瓦、青铜器上带有制陶工匠的戳记或刻铭，如燕国陶文中常见的"匋工×"，就是典型的物勒工名。

图 3.5.22
卫生达，铜质，鼻钮

图 3.5.23
中生狗，铜质，鼻钮

图 3.5.24
彝吴不壬，铜质，鼻钮

图 3.5.25
司马思，铜质，鼻钮

图 3.5.26
中行辂，铜质，鼻钮

图 3.5.27
刑莫，铜质，鼻钮

图 3.5.28
虞留，铜质，鼻钮

图 3.5.29
王喜，铜质，鼻钮

图 3.5.30
王旦，铜质，鼻钮

图 3.5.31
长宽，铜质，鼻钮

图 3.5.32
长内，铜质，鼻钮

图 3.5.33
中，铜质，鼻钮

图 3.5.34
匋攻（工）谏，陶文拓片

图 3.5.35
匋丹，陶文拓片

图 3.5.36
匋工十二，陶文拓片

图 3.5.37
匋攻（工）乙，陶文拓片

图 3.5.38
廿二年正月左匋胥（尹）、左匋攻（工）敔、
左匋俅汤敀匜，陶文拓片

图 3.5.39
左宫痈，陶文拓片

图 3.5.40
长陞，陶文拓片

图 3.5.41
酉，陶文拓片

图 3.5.42
迎，陶文拓片

图 3.5.43
诟処，泥封拓片

河北出土的"长陞"陶文（图3.5.40），与澳门珍秦斋所藏"长陞"铜印（图3.4.9）印文、尺寸相合，堪称古玺印界的奇缘。名字印如"酉"（图3.5.41）、"迎"（图3.5.42）等。

燕系兵器铭文中的用印痕迹主要见于戈（含戟）、矛、剑几类，公开发表的资料已近200例，尤其以1973年燕下都第23号遗址出土的百余件带铭戈资料最为集中。这类兵器铸铭外围多有方框，说明当时制造模范时使用了类似长条印章一类的工具，如前举战国"郾侯朕"戈（图3.4.3）。另有极少数的燕系泥封，如上海博物馆所藏"诟処"（图3.5.43），印文"言"部与"攴"部写法都为典型燕系文字。

二、东部区齐系玺印

齐系玺印主要指以在今山东地区的齐国为主体，包括临近的鲁、邾、莒及诸淮泗小国的玺印文化区，主要发现于今山东、河南东部、安徽东北部和江苏北部地区。

西周初年封姜太公于齐，春秋时期，齐桓公会盟诸侯，成为称霸一时的东方大国。战国初年，田氏（又称陈氏）取代姜氏成为齐国国君，史称"田氏代齐"。战国早期以前，齐系文字的通用区域主要是齐国、鲁国、邾国和莒国，即今天的山东地区。公元前286年，齐灭宋国，齐系文字的使用区域又扩大到宋国（今河南东部）。五国伐齐以后，齐国势力迅速衰弱，临近的鲁国、莒国相继被楚国吞灭。随着秦、楚势力的扩张，齐系文字的行用范围进一步缩小。

本区印章以铜印为主，也流行陶质印章，还出土了大量戳印陶文。自清代以来，齐鲁地区就不断有东周古玺和陶文出土，受滋于这样的环境，产生了一批像陈介祺这样的金石学大家。本区出土东周玺印和陶文的数量，在新中国成立以前见诸谱录的即达到数千枚之多。新中国成立以后，又有不少齐系的玺印资料见诸考古发掘和零散出土文物，在临淄齐故城、邹城邾国故城、曲阜鲁国故城遗址中出土了数以百计、千计的陶文资料；印章实物的出土，尤其以1964年五莲县盘古城窖藏一次性出土八枚齐国烙木印最为集中。[31] 下面按公印、私印和陶文分类对东部区齐系印章资料进行介绍：

（一）公印

齐系公印以青铜为主，兼有陶印（一般为记事印）。铜质公印以坛状鼻钮为主，烙木印、仓廪印多为中空纳銎钮。使用"鉩""鉢"作为印章专称，其中"鉢"字写作"鉥"，为齐系"鉢"字特有写法。从公印属性

31　赖非主编《山东新出土古玺印》，齐鲁书社，1998。

上看，既有"司马之鉨"（图3.3.11）一类的三公九卿印，也有"东武城攻（工）师鉨"（图3.5.44）一类的地方职官印。从用途来看，以门关印、仓廪印、市场用印和管理木材征收所用的烙木印最具特色。某些特殊的职官名，只见于齐系官印中，如"闻司马""羽工"等。

下面按面型和印文表现方式对齐系公印进行介绍，并将陶质公印附后。

1. 旁凸阴文印：在方形印面的上下一端或两端凸起一块，推测这类旁凸的印面起到合符的作用。旁凸印为齐系印章的特有形制，不见于同时期其他地区。此类旁凸印印文全为阴文，如"阳都邑圣趣（徙）盘（盐？）之鉨"（图3.5.45）、"趣（徙）盘（盐？）之鉨"（图3.5.46）等，大部分旁凸印印文都与"趣（徙）盘（盐？）"相关。值得一提的是，战国肖形印中有少量印面作旁凸状的（图3.5.47），其钮式也与齐系玺印接近，也应当属于齐系玺印之列。

另外有一种曲尺形公印，在长方形印面一端又折出一端，形成曲尺形印面，这类印面仅见于齐系和秦系印章，属于齐系的有"尚（掌）洛（路）鉨"（图3.5.48）、"左正鉨"（图3.5.49）等。

2. 方形、长方形阴文印：齐系公印的主要类型，以正方形印面为主，少数呈长方形，边长一般在2.3—2.5厘米。印文全部为凿刻而成，大部分方形阴文公印都有边栏，少量带有竖界画和"十"字界画。印文内容有的为地名加职官名，有的直接署职官名，其专称有"鉨、信鉨、时鉨、之鉨、事鉨、命鉨、敀"等。涉及的齐国或其他诸侯国的地名有"平阳、酅都、东武城、郫、清陵、右州、郤、盖丘、平阿、建易、苹"等；涉及的职官名有"司马、左司马、右司马、闻司马、右闻司马、大夫、羽工、稟（官署）、攻（工）师、市师、省师、选师"等。其中"敀、闻司马、羽工、选师、省师"等官名为齐系公印所独有，"马、稟、师、市"字写法为齐系玺印特定写法。例见"司马之鉨"、"东武城攻（工）师鉨"、"右司马敀"（图3.5.50）、"右鲁□□羽工鉨"（图3.5.51）、"市"（图3.5.52）等。

3. 方形、长方形阳文印：方形阳文公印以烙木印最具特色，印文末尾为"正木"，读作"征木"，前二字多为"左桁"或"右桁"。方形、长方形阳文公印中还见到少数门关、市场管理用印，如"右桁正木"（图3.5.53）、"关匀正鉨"（图3.5.54）、"鄞□市鉨"（图3.5.55）。另有一些方形阳文大印，边长一般在3厘米以上，如"子夌子鉨"（图3.5.56）。

4. 圆形印：圆形印面在齐系公印中并不多见，可根据印文表现形式分为阳文印和阴文印。阳文印主要是烙木印和仓廪用印，例见"左桁敷（廪）木"（图3.5.57）。阴文印主要见于门关印，如故宫博物院藏"执关"（图3.5.58）。

5. 陶印：陶印是齐系印章中极具特色的一类，内容多为记事、记用途

图 3.5.44
东武城攻（工）师鉨，铜质，鼻钮

图 3.5.45
阳都邑圣趣（徙）盘（盐？）之鉨，
铜质，鼻钮

图 3.5.46
趣（徙）盘（盐？）之鉨，铜质，鼻钮

图 3.5.47
战国齐旁凸肖形印，铜质，鼻钮

图 3.5.48
尚（掌）络（路）鉥，铜质，鼻钮

图 3.5.49
左正鉥，铜质，鼻钮

图 3.5.50
右司马敀，铜质，鼻钮

图 3.5.51
右喜□□羽工鉥，铜质，鼻钮

图 3.5.52
市，铜质，鼻钮

图 3.5.53
右桁正木，铜质，纳鋬钮

图 3.5.54
关勿正鉥，铜质，纳鋬钮

图 3.5.55
鄞□市鉨，铜质，鼻钮

图 3.5.56
子夽子鉨，铜质

图 3.5.57
左桁敊（廪）木，铜质，纳鋬钮

图 3.5.58
执关，铜质，鼻钮

一类，面型一般较大，多为方形或长方形，印文全为阴刻。印文完整格式为"人名+立事岁+地名+器用器名"，陶印中涉及的人名多为陈（"陈"字写法为齐系印章独有）姓，涉及的地名有"奠阳""安邑"等，例见"陈窒立事岁安邑亳釜"（图3.5.59）。

（二）私印

齐系私印以方形印面为主，兼有圆形、菱形、椭圆形等多种面型。钮式多为坛状鼻钮，出现了少量的双面印。私印印文以阴文为主，也有少量阳文私印。大部分阴文印都带有阴刻边栏，有的带有界格，少数印章带有两重边框。一些圆形、菱形印面印文与边栏之间的部分常以图纹填充，形成印文与图纹同时存在于一印面的情况。例见"王庆忌"（图3.5.60）、"羊途"（图3.5.61）等印。

私印多以"信鉨""鉨"缀于姓名之后，"鉨"字写法与齐系公印一致。某些印文写法独特，可作为识别齐系印章的判断标准，除公印部分已经提到的"马""市""师"字的特殊写法外，还有如"王"字竖画常常出头，竖画中部常常加饰一圆点；"陈"字常写作"𡐤"或"𢆶"；"安"字"女"部常写作"𡉉"或"𡊪"；"邑"部常写作"𠀐"或"𠂤"。例见"王庆忌"、"郐邦"（图3.5.62）、"奠阳陈得三"（图3.5.63）。

另有一类"子×子"格式的印章，"子×子"为齐国特有称谓，也见于铜器和陶器铭文，如著名的"子禾子"釜。此格式除前文公印部分提到的"子夆子鉨"（图3.5.56）阳文大印外，在一些阴文私印中也有出现，如"子粟子信鉨"（图3.5.64）。

通过上述用词习惯和特定字形，可以判认部分词语印也属于齐系印章，其中最为特殊的当属吉语印与肖形印结合而成的双面印了，如"□□吉鉨-鱼鸟纹"（图3.5.65）。

（三）泥封及陶文

齐泥封早在清末就已经见诸金石学家的著录，1898年陈介祺、吴式芬作《封泥考略》，收录了数枚先秦小玺所抑成的泥封，如"左司马闻皀私鉨"（图3.5.66）、"宋连私鉨"、"粕□□鉨"。[32]后来又陆续出土了一些齐泥封，但总体数量并不多。齐公印泥封有"左司马闻皀私鉨"，私印泥封则有"民郐信鉨"（图3.5.67）、"郐吴"（图3.5.68）等。

相对于齐系泥封并不多见的现象，齐系陶文则屡见不鲜，其总数达到数千枚之多。下面分类对齐系陶文进行介绍：

1. 姓名+地名+器名：这类陶文以阳文为主，有的还在人名前冠以地名，

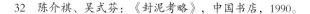

32　陈介祺、吴式芬：《封泥考略》，中国书店，1990。

图 3.5.59
陈窒立事岁安邑亳釜，陶质，鼻钮

图 3.5.60
王庆忌，铜质，鼻钮（此印系西汉墓出土）

图 3.5.61
羊途，铜质，鼻钮

图 3.5.62
郐邦，铜质，鼻钮

图 3.5.63

奠阳陈得三，陶质，鼻钮

图 3.5.64

子栗子信鉨，铜质，鼻钮

图 3.5.65

□□吉鉨－鱼鸟纹，铜质，穿带双面印

图 3.5.66

左司马闻皇私鉨，泥封

图 3.5.67

民郫信鉨，泥封

图 3.5.68

郋吴，泥封

在器名后缀以玺印专称，印文多达十余字，有边栏，有竖向界格。涉及的地名除了前面公印部分已经论及的，还有"左里""平陵""昌橹""平门""阊门""句华门"等，人名以陈姓齐国贵族为主，例见"王孙□遣左里敀亳釜"（图3.5.69）、"句华门陈棱再鄗廪均亭釜鋚"（图3.5.70）。

2. ××里+人名：这类陶文在齐系陶文中最为多见，尤其见于陶豆豆柄，以阴文为主。例见"中蒦圖里贞"（图3.5.71）、"豆里赒"（图3.5.72）等。

3. 里名+印章专称：这类陶文仅见里名而不见制陶者姓名，如"左里敀"（图3.5.73）。

4. 姓名：只有制陶者姓名，用姓名私印抑成，如"郳平"（图3.5.74）。

5. 单字陶文：这类陶文多为制陶者人名或姓氏，如"孙"（图3.5.75）。

值得说明的是，齐系陶文中有不少是鲁国、邾国陶文，当然也包括一些其他周边小国。这些陶文印面一般小于齐国陶文，印文内容比较简略，一般为姓氏、人名或地名。

图 3.5.69
王孙□遣左里敀亳釜，陶文拓片

三、中部区三晋系玺印

中部区指以三晋地区为主体，包括东周王国和一些临近的小国所共同构成的玺印文化区，三晋玺印存世量较大，主要发现于今天的河南、山西、河北以及陕西东部地区。

周成王封叔虞于唐，唐叔虞之子燮即位后改侯国国号为晋，建立晋国。西周末年，晋文侯会同郑武公、秦襄公合力勤王，护送周平王东迁至洛阳。春秋时期晋国势力一度达到极盛，成为诸侯国中执牛耳者。春秋末年，晋国家臣赵氏、韩氏、魏氏三家分晋，分别建立了赵、韩、魏三国，即本节所说的三晋。整个东周时代，周王室的王畿都在今天的洛阳地区，一直处于晋国的环抱之内，所以其玺印文化也与三晋地区保持一致。

本区印章以铜印为主，数量上在整个蓬勃期印章中占有重要地位，也有少量的玉印、银印，玉印多为封君、公子等高级贵族用印。用印痕迹以陶文和泥封为主，但目前所发现的数量不是太多。三晋印章中有少量的阳文印，可能为春秋时代的遗物，如前举"公书"印（图3.4.4）。但绝大部分印章仍为战国时代的遗物，它们分属于赵、魏、韩三国，当然也包括周王室以及其他小国。对于战国三晋印章的进一步分区研究，前人做过一些尝试，主要是依据地名、姓氏来确定国别。下面仍按公印、私印、词语印和用印痕迹分类对中部区三晋系印章资料进行介绍：

图 3.5.70
句华门陈棱再鄗廪均亭釜鋚，陶文拓片

（一）公印

三晋地区公印以铜印为主，少数高等级官印为玉印，另有少量陶印、石印。铜印绝大部分为坛状鼻钮，印面尺寸一般不超过2厘米，近年来见到少

图 3.5.71
中蒦圊里贞，陶文拓片

图 3.5.72
豆里瞄，陶文拓片

图 3.5.73
左里敀，陶文拓片

图 3.5.74
邻平，陶文拓片

图 3.5.75
孙，陶文拓片

量拼合印和柱状钮烙木印，如“成头”半印（图3.5.76）、“平匋”烙木印（图3.5.77）。三晋公印印文多为职官名或地名+职官名的形式，使用玺印专称者较少。印文中所涉职官名有“君、相邦、左右司马、左右司工、司寇、大夫、宗正、啬夫、将行、发弩、将、守、丞”等；所涉地名有“阳阴都、枰西都、钱邘都、阳州、阿州、武遂、高志、汪匋、平匋、乐阴、榆平、襄阴、石城、阳城、曲阳、乐成、修武、桼丘、堵城、柤里、文都、佫郎（皋狼）”等。此外，还有少量与官署、宫殿或府库相关的公印，如“南宫酒（将）行”（图3.5.78）、“鄁逸饙府”（图3.5.79）、“上洛坣（府）”（图3.5.80）。三晋公印中常见合文现象，并在合文下加“=”符，如“司马”写作“”，“司工”写作“”，“司寇”写作“”，“大夫”写作“”。另外，“都”字写作“”，“马”字写作“”，“弩”字写作“”，“君”字写作“”，都属于三晋玺印特有写法。下面仍按印面形制分类介绍：

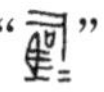

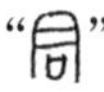

1. 方形印面阳文公印：为三晋公印最常见形式，绝大多数为铜质鼻钮，印面边长一般在2厘米以内，也有极少数超过2.5厘米的。铜印文全部是铸造而成，印章边栏较宽。例见“富昌韩君”（图3.3.7）、“佫（皋）郎（狼）左司马”（图3.3.15）、“汪匋右司工”（图3.5.81）、“襄阴司寇”（图3.5.82）、“左邑发弩”（图3.5.83）、“平匋宗正”（图3.3.16）、“曲阳”（图3.5.84）、“阳城冢”（图3.5.85）、“阳州左邑右朩司马”（图3.5.86）、“左邑余子啬夫”（图3.5.87）、“修武鄹（县）事”（图3.5.88）。

2. 方形印面阴文公印：阴文印多为玉质，覆斗钮，印章等级很高，多为三晋公子、封君、相邦用印，尺寸多在2.4厘米左右。印例有“春安君”（图3.3.6）、“張（长）躳（信）君”（图3.5.89）、“句丘君”（图3.5.90）、“皃（匈）奴相邦”（图3.3.10）。另有极少量阴文铜质公印，如“襄右守”（图3.5.91）。另有少数陶印可归入此型，不过印面一般较大，如日本有邻馆所藏“鄃氏”印（图3.5.92）。

3. 长方形印面阳文印：此种公印在三晋地区较少见，印例有“肖（赵）軜器容一斗”（图3.5.93）、“右宦”（图3.5.94）。

（二）私印

三晋地区私印以铜印为主，兼有少量银印、玉印，铜印文字多为铸出，银印文字多为刻出，玉印为砣制。私印钮式多样，以鼻钮为主，兼有坛钮、亭钮、动物钮、人形钮等，出现了少量的双面印。复姓私印常作合文，并加“=”符，如“司马”写作“”，“上官”写作“”，“倥侗”写作“”，“其母（綦毋）”写作“”，“乘马”写作“”，“马适”

图 3.5.76
成头，铜质，鼻钮（拼合印）

图 3.5.77
平匋，铜质，纳銎钮

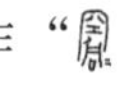

图 3.5.78

南宫牖（将）行，铜质，鼻钮

图 3.5.79

鄭逸馆府，铜质，鼻钮

图 3.5.80

上洛垈（府），铜质，鼻钮

图 3.5.81

汪匋右司工，铜质，鼻钮

图 3.5.82

襄阴司寇，铜质，鼻钮

图 3.5.83

左邑发弩，铜质，鼻钮

图 3.5.84

曲阳，铜质，鼻钮

图 3.5.85

阳城冢，陶质，鼻钮

图 3.5.86

阳州左邑右市司马，铜质，鼻钮

图 3.5.87

左邑余子啬夫，铜质，鼻钮

图 3.5.88

修武郡（县）事，铜质，鼻钮

图 3.5.89

㠱（长）躬（信）君，玉质，
覆斗钮

图 3.5.90

句丘君，玉质，覆斗钮

图 3.5.91

襄右守，铜质，鼻钮

图 3.5.92

俞氏，陶质，鼻钮

图 3.5.93

肖（赵）軹器容一斗，铜质

图 3.5.94

右宫，铜质，鼻钮

图 3.5.95
长猗，铜质，鼻钮

图 3.5.96
孙疾，铜质，鼻钮

图 3.5.97
孔迷，铜质，鼻钮

图 3.5.98
韩巡，铜质，鼻钮

图 3.5.99
肖（赵）谨，铜质，鼻钮

写作"龏"，"邯郸"写作"䏍"，"文是"写作"䣚"。某些字为三晋特有写法，如"肖（赵）"经常写作"𡰱"；"孙"写作"𤔔"；"韩"写作"𡙇"；"长"字上部两横都为斜画，写作"𢆶"。另外，三晋人名喜用带"犭"和"广"的字，例见"长猗"（图3.5.95）、"孙疾"（图3.5.96）、"孔迷"（图3.5.97）、"韩巡"（图3.5.98）、"肖（赵）谨"（图3.5.99）。

私印可依印文分为阳文和阴文两类，以阳文印为主。阳文私玺多小巧精致，印文深峻，边长一般不超过2厘米，也有少量边长超过2厘米的。质地以青铜为主，出现了少量阳文玉印，印面以方形为主，也有作圆形或外圆内方的。例见"倥侗襄"（图3.3.41）、"郭齿"（图3.5.100）、"阳城直"银印（图3.5.101）、"通罩"（图3.5.102）、"郵（董）乙"玉印（图3.5.103）。阴文铜私印尺寸一般在2厘米以内，印文秀美，笔画末端平整，玉印印文笔画末端稍显尖锐，砣制特征明显。例见"孙忑"（图3.5.104）、"石敊"玉印（图3.5.105）。

（三）词语印及其他

三晋系词语印数量较多，大部分为阳文铜印，以方形印面为主，圆形印面也多见，兼有长条形、心形、三角形、五边形等多种面型。印文从一字至八字不等，可按内容分为吉语印、箴言印和身份印。吉语印常见的有"长生"、"富生"、"善寿"、"千秋"、"安官"、"富昌"（图3.5.106）。吉语印中还出现了五面印，如"千秋百万昌"印。箴言印常见的有"敬事"、"明上"、"青中"、"敬其上"、"可以正身"、"中身（信）"（图3.5.107）、"正行亡曲"（图3.5.108）等。身份印最常见的为"私介"，又有"上士""君子士""王之上士""上士之有"等。单字印有的明显属于吉语印，如"吉""昌""生"等；有的仅有玺印专称，如"介"；有的明显为箴言类，如"悊""敬"；有的可能是地名公印，如"各"（图3.5.109）；有的可能是姓氏或人名，如"曹"、"王"（图3.5.110）、"疢"（图3.5.111）等；还有的性质不太明确。

（四）用印痕迹

三晋地区的用印痕迹主要是陶文，按内容可分为以下几类：

1. 地名类：原印有阴文也有阳文，印面以方形和圆形为主，所见三晋地名有"阳城、格氏、亲市、陕市、荥阳、绘、亳、亳丘"等。如"阳城"陶文拓片（图3.5.112）。

2. 职官类：数量不多，职官名一般缀于地名后，如"格氏左司工"（图3.5.113）。

3. 记事、记用类：数量较少，原印多为方形阳文印，例见"亳，十一年以羞"（图3.5.114）、"阳成（城）仓器"（图3.5.115）。

图 3.5.100
郭齿，铜质，鼻钮

图 3.5.101
阳城直，银质，鼻钮

图 3.5.102

通罘，铜质，鼻钮

图 3.5.103

鄄（董）乙，玉质，覆斗钮

图 3.5.104

孙忎，铜质，鼻钮

图 3.5.105

石鞍，玉质，覆斗钮

图 3.5.106

富昌，铜质，鼻钮

图 3.5.107

中身（信），铜质，鼻钮

图 3.5.108

正行亡曲，铜质，鼻钮

图 3.5.109

各，铜质，鼻钮

图 3.5.110

王，铜质，鼻钮

图 3.5.111

疢，铜质，鼻钮

图 3.5.112

阳城，陶文拓片

图 3.5.113

格氏左司工，陶文拓片

4. 单字印印痕：有的可能是姓氏、人名或地名，有的性质不太明了，如"亳"（图3.5.116）、"禾"（图3.5.117）。

另外，三晋泥封也有极少量发现，如上海博物馆所藏"□城守"（图3.5.118）。三晋兵器中也见到明显的用印痕迹，如战国早期晋三系"吹釐"戈（图3.5.119）。

四、西部区秦系玺印

西部区主要为秦国玺印，战国中期以前主要流行于今陕西、湖北和河南西部地区，后来随着秦国势力的扩张，秦系玺印的流行区域也随之扩大。秦人祖先在西周时原为牧官，周平王东迁以后，秦人遂据有关中之地。在经历了商鞅变法之后，秦国国力大幅提高，在战国晚期先后吞并了其他诸侯国，并于公元前221年"扫六合""尽并兼天下"，建立了秦帝国。

秦系文字的地域风貌，在春秋中后期的"秦公簋"中已见端倪。到了战国中后期的秦孝公、秦惠文君时代，其官方铭文已有简化、隶化的倾向，并直接孕育出了秦小篆。秦孝公时期的"商鞅方升"、秦惠文君时期的"杜虎符"、战国末期的秦"新郪虎符"铭文风格都呈现出与秦小篆接近的风格。秦始皇统一天下后，实行"书同文"的政令，秦小篆成为官方通用文字。所以秦系文字又下延到秦朝，并一直到西汉初期。许多秦代甚至西汉早期的铜器铭文、玺印和简牍文字，都呈现出与战国晚期秦系文字相近的面貌。这就为我们区分战国秦、秦朝和西汉初期的玺印带来了困难。为方便起见，我们一般把印文风格为典型秦小篆的玺印视为秦朝玺印，而将文字风格更古的一些秦系玺印划入战国秦系玺印之列。由于秦朝建立后明确规定"玺"为最高玺印专称，仅最高统治者可用，所以秦印中除帝后玺印外，公私印章中凡是自称"玺"的都应为战国秦印。另外，印章的钮式也时常能为我们区分战国秦和秦朝以后的玺印提供参考依据。

战国秦系玺印以铜印为主，兼有少量玉石印和陶印。铜印多为鼻钮或砣钮，私印中出现了合盖钮，印体常常出现多层台，方形玉石印以覆斗钮为主，圆形玉印多为砣钮。玺印按属性仍可分为公印、私印、词语印和用印痕迹。

（一）公印

战国秦公印以阴文铜印为主，也有少量玉印、陶印和阳文铜印。战国秦公印中使用"印"作为玺印专称，开启了此后长达两千多年使用"印"作为玺印专称的先河。秦系公印又可按印面分为以下几类：

1. 方形印面阴文印：为秦公印的主要类型，印钮多为鼻钮，边长一般在1.9—2.3厘米。印面多有边栏，内部常常有界画，形成"田"字界格、侧

图 3.5.114
亳，十一年以羞，陶文拓片

图 3.5.115
阳成（城）仓器，陶文拓片

图 3.5.116
亳，陶文拓片

图 3.5.117
禾，陶文拓片

图 3.5.118
□城守，泥封拓片

图 3.5.119
"吹釐"戈铭文拓片

"日"字界格、侧"品"字界格等多种布局。文字多为凿刻，早期较草率豪放，晚期趋于工整。例见"工师之印"（图3.5.120）、"颠里典"（图3.5.121）、"上林郎池"（图3.5.122）等。

2. 长方形印面阴文印：有的印面长宽比在2∶1左右，称"半通印"，多为低等级公印，常为鼻钮或坛状鼻钮，例见"发弩"（图3.5.123）。另有一些长方形阴文制陶印，印面有边栏无界格，如"咸郦里竭"（图3.5.124）。

3. 长方形或方形印面阳文印：数量较少，印面长度一般在3厘米左右，推测可能为烙印或制陶用印。例见"咸□园相"（图3.5.125）、"军市"（图3.5.126）。

另有少数秦系公印印面呈菱形或圆形，如前文提到的春秋"王兵戎器"（图3.4.5）。

（二）私印

战国秦私印以阴文印为主，主要面型有方形、长方形（半通印）和圆形。有的私印加玺印专称"玺""之玺"，可以断定其为战国秦印而非秦朝私印。战国秦私印文字笔画省写现象常见，可能与当时的一些俗写字相关。例见"段甲私玺"（图3.5.127）、"赵相如印"（图3.5.128）、"李脊"（图3.5.129）、"张涣"（图3.5.130）、"泠贤"（图3.5.131）、"司马戎"（图3.5.132）。

（三）词语印

秦系词语印内容较为丰富，四字词语印有"思言敬事"、"壹心慎事"、"宜民和众"、"日敬毋治"、"忠仁思士"（图3.5.133）、"云子思士"等。两字词语印常见的有"百尝"（图3.5.134）、"和众"（图3.5.135）、"交仁"、"正行"、"敬事"（图3.5.136）、"高志"、"思言"、"中壹"、"仁士"、"志从"（图3.5.137）等。单字印如"敬"（图3.5.138）、"禄"（图3.5.139）。词语印多采用模范铸造，常见到同模印的印。秦单字印中还出现了肖形与人名单字存在于同一印面的作法，如"遗−鸟纹"（图3.5.140）。

（四）用印痕迹

战国秦系用印痕迹主要是陶文和泥封，在少数战国秦兵器上也见到用印痕迹。陶文资料主要出土于雍城、栎阳、咸阳等秦都城遗址，多用方形、块形陶印抑出，也有少量用铜印抑出的，所见内容有地名、监造职官名或工名。例见"安陆市亭"（图3.3.28）、"新城邦"（图3.5.141）、"左监"（图3.5.142）、"咸郦里角"（图3.5.143）。近年西安相家巷出土的秦泥封中，有部分末尾缀以"玺"字专称，显然是战国晚期的遗物，如"寺工丞玺"（图3.5.144）。

图 3.5.120
工师之印，铜质，鼻钮

图 3.5.121
颠里典，铜质，鼻钮

图 3.5.122
上林郎池，铜质，鼻钮

图 3.5.123
发弩，铜质，鼻钮

图 3.5.124

咸郦里竭，陶质，鼻钮

图 3.5.125

咸□园相，铜质，鼻钮

图 3.5.126

军市，铜质，鼻钮

图 3.5.127

段甲私玺，玉质，覆斗钮

图 3.5.128

赵相如印，铜质，鼻钮

图 3.5.129

李脊，铜质，鼻钮

图 3.5.130

张涣，铜质，鼻钮

图 3.5.131

泠贤，铜质，鼻钮

图 3.5.132

司马戎，铜质，鼻钮

图 3.5.133

忠仁思士，铜质，鼻钮

图 3.5.134

百尝，铜质，鼻钮

图 3.5.135

和众，铜质，鼻钮

图 3.5.136

敬事，铜质，鼻钮

图 3.5.137

志从，铜质，鼻钮

图 3.5.138

敬，铜质，鼻钮

图 3.5.139

禄，铜质，鼻钮

图 3.5.140

遗－鸟纹，铜质，鼻钮

图 3.5.141

新城邦，陶文拓片

图 3.5.142

左监，陶文拓片

图 3.5.143

咸郦里角，陶文拓片

图 3.5.144

寺工丞玺，泥封拓片

五、南部区楚系玺印

本区以楚国玺印为主，其核心区域在今湖北、湖南、河南、安徽，辐射到今山东南部、江苏西部、江西西部及陕西东部地区，并影响到东部区的齐系玺印、西部区的秦系玺印以及西南地区的巴蜀玺印。近年来楚简和帛书资料被大量发现，学界对于楚系文字的认识不断加深。楚系玺印用字也与楚地简帛用字接近，反映出同一文化区内的文字在不同载体上的同质性。

楚系玺印以铜印为主，少量用玉石、琉璃、银作为印材。钮式以鼻钮为主，兼有坛钮、亭钮、砣钮、橛钮、纳銎钮、动物钮、人物钮等多种钮式，在公印和词语印中见到少量拼合印。

（一）公印

楚系公印常用的玺印专称有"鉨""之鉨""信鉨"等，"鉨"字左部多写作"金"或"鱼"，为楚系玺印特有写法。玺印内容多为地名+职官名，有的仅有职官或官署名，有的仅有地名。所涉地名有上赣、江陵、上场、柜里、新邦、龙城、安昌里、郢里、代州、下蔡、圳阳、邡、陈、郪陵、东郾、易都、鄀等；所涉职官名有尹、连尹、上尹、莫嚣、大莫嚣、连嚣、粟客、行邑大夫、行士、相、官、五官、计官、剮（宰）官、新邦官、郢官、军计、职岁、职饲、职襄、竽等；所涉官署名主要有行府、高府、冰府、肆府、戠室、专室、歔府。按面型可分为以下几类：

1. 方形印面阴文公印：为楚系公印的主要类型，一般边长都在2.5厘米以内，部分可达3厘米左右，都设有边栏，部分带界格。印钮以鼻钮为主，印文全部为凿出，文字与楚系简牍文字接近，笔画末端较尖锐。例见"上场行邑大夫鉨"（图3.5.145）、"郢粟客鉨"（图3.5.146）、"戠岁之鉨"（图3.5.147），另见到方形阴文巨玺，如"大（太）府"玺（图3.3.21）。

2. 圆形印面公印：以阴文为主，最常见的有"专室之鉨"，已见到多枚，且印文写法基本一致，可能为模范统一铸造。另外还见到"雚之鉨"（图3.5.148）、"郢阩愧（畏）大夫鉨"（图3.5.149），另有个别圆形阳文玺，如"□鉨"（图3.5.150）。

3. 方形印面阳文公印：多为大印，一般尺寸在3厘米左右，例见"行府之鉨"（图3.5.151）、"连嚣（敥）之四"（图3.5.152）、"郢室官鉨"（图3.5.153）。

4. 拼合玺：一种为圆形印面，由三块扇形印面拼合而成。印体结合处有榫卯结构，类似于合符，有自铭为"三玺"者如"沅陵侯三玺"（图3.5.154），可与楚简"漾陵之三玺间御之典匿"相印证。另一种为长方形印面，由两块矩形印面拼合而成，如上海博物馆所藏"滤州"

图 3.5.145
上场行邑大夫鉨，铜质，鼻钮

图 3.5.146
郢粟客鉨，铜质，鼻钮

图 3.5.147
戠岁之鉥，铜质，鼻钮

图 3.5.148
蒦之鉥，铜质，鼻钮

图 3.5.149
郢阴愧（畏）大夫鉥，
铜质，鼻钮

图 3.5.150
□鉥，铜质，鼻钮

图 3.5.151
行府之鉥，铜质，鼻钮

图 3.5.152
连嚣（敖）之四，铜质，鼻钮

图 3.5.153
郢室官鉥，铜质，纳鋬钮

图 3.5.154
沅陵侯三玺，铜质，纳鋬钮（拼合印）

玺（图3.5.155）。

（二）私印

楚系私印以阴文铜印为主，也有少量阳文印和玉印。钮式以鼻钮、坛钮为主，印面文字多为凿出，印面边长1—2厘米不等，少数超过2厘米。印面以方形为主，亦可见到少量菱形、曲尺形、外圆内方形、外方内圆形私印，部分私印使用"鉢、之鉢、信鉢"等专称缀于姓名之后。某些印文为楚系玺印特有写法，如"吴"字写作"吴"，"张"字写作"䟶"，"女"字写作"户"，"四"部写作"⊠"，"信"字"亻"部写作"彳"。例见"莫□信鉢"（图3.5.156）、"隁颗信"（图3.5.157）、"絉鼍"（图3.5.158）、"郈敊信鉢"（图3.5.159）、"吴戌"（图3.5.160）、"罤开"（图3.5.161）、"张女"（图3.5.162）。

（三）词语印和图形印

楚系词语印不如三晋、秦系丰富，其内容大多与三晋词语印接近，其国别可根据某些印文的特定写法确定，如心字底常写作"𠂤"，"中"字写作"𡦀"，由此可确定"呈志"（图3.5.163）、"忠信"（图3.5.164）、"青中"（图3.5.165）等为楚印。在楚系词语印中见到由两个矩形印面合符拼合而成的二合印，使用时起到合符征信的作用，如"城（诚）信"印（图3.5.166）。另外，楚系玺印中还有相当数量的图形印，多为龙、虎、凤鸟一类图像。印面图形为内凹状，许多图形内部通过高低起伏来反映动物、人物的肌理，部分图形印印背相应地凸起与印面相同的纹样。（图3.5.167）

（四）用印痕迹

楚系玺印的用印痕迹极为丰富，基本涵盖了绝大部分用印方式，为我们研究战国时期的用印提供了宝贵的实物资料。楚玺的用印痕迹主要分为以下几类：

1. 陶文：楚系陶文目前发现极少，远不如燕、齐、秦系陶文发达，在战国晚期的墓葬中曾出土少量陶质、釉陶的"郢爰"模型明器，实际是对"郢爰"金币的模仿。（图3.5.168）

2. 泥封：主要是河南新蔡故城所出的战国楚泥封，内容多与商贸等经济活动相关，也见到了少量肖形印泥封，例见"篜"（图3.5.169）、"北门贩"（图3.5.170）、虎纹泥封。

3. "郢爰"戳印：在战国晚期楚国金质货币——郢爰上可以见到这类印痕，原印为阳文印，印面边长在1厘米左右。印文内容有"郢爰"（图3.5.171）、"陈爰"（图3.5.172）等。

4. 钤朱印痕：在两湖地区楚墓中出土的丝织品上，有以小型阳文玺印钤朱抑盖的钤朱印痕，这是目前所见最早使用钤朱作阳文玺印的实例。

图 3.5.155
滤州，铜质，鼻钮（拼合印），
尺寸 1.9 cm×1.8 cm

图 3.5.156
莫□信鉢，铜质，鼻钮

图 3.5.157
隁颗信，铜质，鼻钮

图 3.5.158
綵置，铜质，鼻钮

图 3.5.159
邺毅信鉨，铜质，鼻钮

图 3.5.160
吴戍，玉质，覆斗钮

图 3.5.161
罪开，铜质，鼻钮

图 3.5.162
张女，铜质，鼻钮

图 3.5.163
呈志，铜质，鼻钮

图 3.5.164
忠信，铜质，鼻钮

图 3.5.165
青中，铜质，鼻钮

图 3.5.166
城（诚）信，铜质，鼻钮（拼合印），
尺寸 1.75 cm × 1.98 cm

图 3.5.167
虎纹，铜质，鼻钮，
印面边长 1.98 cm

图 3.5.168
"郢再"陶币

图 3.5.169
"篙"泥封

图 3.5.170
"北门贩"泥封

图 3.5.171
"郢再"戳印

图 3.5.172
"陈再"金版

5. 烙木、漆器印痕：在湖北、湖南、河南等地的楚墓中都有所发现，如在江陵战国晚期楚墓木椁上见到"於王既正"（图3.2.5）的烙木印印痕。

六、西南区巴蜀玺印

本区印章主要是古代巴蜀文化的遗物，其分布以成都平原及周边为核心区域，在重庆、云南西北部、湖北西部地区也有发现。巴蜀印章出现较早，湖北香炉石遗址出土的、类似印章的陶戳记可能与巴国早期印章有关。成熟的巴蜀印章，主要见于战国至西汉初期的巴蜀墓葬中。纵观出土巴蜀印章的墓葬，年代属于战国早期的还比较少。战国中期有随葬印章的巴蜀墓数量有所增加。战国晚期，以印章随葬的巴蜀墓更为普遍，如四川荥经同心村战国晚期墓地，26座墓葬中有16座出土印章。[33]巴蜀印章质地以铜质为主，有少量陶、石质，以及极个别的琉璃和银质。印面以圆形、方形为主，还有长方形、半月形、"山"字形等形状。钮式绝大部分为鼻钮（图3.5.173），也见到少量鸟形钮、兽形钮和角状钮（图3.5.174）。

印面多由其特有的巴蜀符号组成，有的似乎在描绘祭祀或某种场景（图3.5.175），有的则单纯是符号的组合。这些巴蜀符号有的是明显的象形符号，如常见的铙形、铃形、瓶形、星形、半月形、虎形、鸟形（图3.5.176）等；有的是单纯的几何纹样，如常见的三角云纹（图3.5.177）；有的则可能是表音符号。值得注意的是，这些巴蜀符号中，常常穿插"王"字，其写法与东周文字并无二致，但并不标识印主人的身份和印章的等级。（图3.5.178）有学者认为巴蜀符号与埃及、西亚、印度河流域等地区的文字存在一定相似性，不排除其可能受到外来文化因素的影响。如萧春源曾对巴蜀符号和古埃及符号做过对比研究。[34]

除上述典型的巴蜀符号印外，巴蜀印章中还见到少量模仿秦印、楚印形制而制作的"文字印"（图3.5.179）。除个别印文与战国文字字形接近外，大多数恐怕并非属于汉字文化系统。另外，由于巴蜀地区北临秦国、东接楚国，因此巴蜀印章也一定程度上受到秦系、楚系印章的影响。（图3.5.180）在巴蜀地区还出土了少量秦印风格的词语印，如"敬事"（图3.5.181）。

考古学者研究发现，出土巴蜀印章的墓葬与其他墓葬并无明确的等级区分，说明它们并非墓主人身份、财富的象征，有学者推测它们可能表示其所

图 3.5.173
巴蜀印，铜质，鼻钮，
印面直径 3.2 cm

---

33 四川省文物考古研究所、荥经严道古城遗址博物馆：《荥经县同心村巴蜀船棺葬发掘报告》，载《四川考古报告集》，文物出版社，1998。

34 萧春源：《以埃及文字试论巴蜀符号也是文字论》，载《珍秦斋藏印·战国篇》，澳门基金会，2001。

图 3.5.174

巴蜀印，铜质，角状钮

图 3.5.175

巴蜀印，铜质，鼻钮

图 3.5.176

巴蜀印，铜质，鸟形钮，

印面边长 2.3 cm

图 3.5.177

巴蜀印，铜质，鼻钮

图 3.5.178

巴蜀印，铜质，鼻钮

图 3.5.179

巴蜀"文字印"，铜质，鼻钮

图 3.5.180

王－羊纹，铜质，鼻钮

图 3.5.181

敬事，铜质，鼻钮

有者从事某种职业或具有某种技能，但他们的身份地位并不高。[35]在广西、云南等地的战国至西汉早期的陶器上，曾见到与早期巴蜀印章相近的戳印，这些戳印可能起到标识制陶作坊或工人的作用，但在巴蜀地区尚未见到用巴蜀印章戳印的陶文和泥封。由于用印痕迹的缺乏，再结合出土巴蜀印章的墓葬多随葬青铜饰品这一现象来看，巴蜀印章也可能是用于辟邪、祈求吉祥一类的佩戴品。

◎ 本章小结

中国古代印章，在经历了商代和西周时期的酝酿后，终于在东周时期达到一个蓬勃发展的高峰。本期印章不仅在数量上远超商周古玺，达到了数以千计的宏伟规模，更在印章质地、形制（印面、印钮）、用途、用法等方面开创了我国古代印章史上的诸多先河。就质地而言，除金质古玺尚未被发现外，后世常用的印材在东周古玺中几乎都能找到。就印钮和印面形制而言，东周古玺的丰富程度丝毫不亚于后世，其多样性甚至超越了其后的秦汉六朝隋唐时期，中国实用印章的分类体系，在本期内也基本形成。从用法上看，东周古玺仍以商周时期发明的抑陶、封泥两大用途为主，并创造了烙现漆木、车马，蘸朱砂钤盖丝织品的新用法，既丰富了印章本身的种类和用途，也开拓了印章的施用对象范围。

本期印章的研究，与古文字的研究，特别是东周金文、简帛文字的研究最为密切。数以万计的东周古玺、陶文资料，无疑是保存东周古文字单字种类最多的文物门类。东周古玺的发现与研究，对于古文字考释及历史地理、先秦职官姓氏和考古学的研究大有裨益，同时，这些研究也毫无疑问地推动着古玺印研究的开展。前人在对本期印章的文字研究、分域研究上，取得了较多成果。对于本期印章的分期研究，特别是春秋印章的确认、战国印章的分期，还有较大的研究空间。

蓬勃期的印章，由于政区和文化的差异，呈现出百花齐放、五彩缤纷的面貌。北方的燕系、东方的齐系、中部的三晋系、南方的楚系、西方的秦和西南的巴蜀印章，共同组成了东周玺印的图卷。各区系之间的差异，在玺印文字（用字习惯、文字构造）、印章钮式和印面布局等方面反映得尤为突出。通过这些方面的综合考量，我们可以较为准确地判断一枚东周古玺的国别。通过玺

35　郭明、高大伦：《考古学视角下的巴蜀印章研究》，《四川文物》2018 年第 1 期。

印所呈现的种种差异，我们可以揭示东周列国之间的文化、思想差异。在这些差异背后，也能捕捉到文化交流的蛛丝马迹，比如巴蜀印章对秦、楚印章的借鉴，齐系、燕系印章呈现出较大的相似性等。这样一个杂树生花的古玺印文化图卷，随着秦始皇统一六国，随着"书同文"政令的推行，最终被秦系玺印所代替。中国古代的印章，也随之步入一个典则有度的新时期。

第四章

典则期——秦汉

从战国晚期开始，秦国出现的一部分印章不再属于蓬勃期，而属于本期即典则期印章的风格，之后这种风格又一直延续到秦朝、西汉、新莽、东汉及三国时期，甚至西晋时期一些比较规整的印章也有典则期印章的影子。本期的印章，自宋代以来一直受到金石学界的重视，甚至有学者认为用印制度肇始于本期，如今看来这一观点未免有失偏颇。本期印章的制度、内容、文字等方面的问题，已经被研究得比较全面、透彻，是中国古代玺印研究的典范。

所谓"典则"，即典范与法则之意，本期对中国印章文化与印章艺术产生了极其重大的影响，在印学史上，治印艺术领域所称的"印宗秦汉"阶段即指本期。典则期的印章是中国印章发展史上的一个高潮，不仅在印章的制度、文字等方面上进一步完善并形成一套成熟的体系，而且本期印章的形制与钮式十分规整精美，在文字处理上也达到了很高的水平。本期印章的风格常常为明代以来的艺术流派印人所借鉴，其中总结出的一些原则更是被近现代印人奉为艺术创作准则。

明代杨士修在《印母》中说道："古印推秦汉，今印推文何。"[1]周铭在《赖古堂印谱·小引》中有言："论书法必宗钟王，论印法必宗秦汉。学书者不宗钟王，非佻则野；学印者不宗秦汉，非俗则诬。"[2]清代人桂馥在《续三十五举》中提到王兆云曾说："秦汉印章，传至于今，不啻钟、王法帖，何者？法帖犹借工人临石，非真手迹。至若印章，悉从古人手出，刀法、章法、字法，灿然俱在。"[3]清代吴先声《敦好堂论印》中有云："印之宗汉也，如诗之宗唐，字之宗晋。"[4]诸如此类对秦汉时期印章的推崇、赞美之辞，在明清及近现代的印论中并不少见。

蓬勃期的印章风格在不同的地域之间并不一致，在这种状况下，印章的征信与凭证作用并不能在古代各个国家与部落地区之间充分发挥，进而又影响到社会政治、经济生活的其他方面。到了典则期，大一统的社会政治环境、稳定的政权、发展的社会经济文化，为印章文化的成熟提供了必备的外在条件。而在内因方面，要求印章能够更加畅行无阻地发挥作用的因素，也促使它形成了中国印章发展史上的第一大高峰。

在内外因的共同作用下，本期印章的使用范围更为广泛，佩印成为风尚，印章的文字与形制在此期也发生了重大的转变。在印文的书体上，平正

1　杨士修：《印母》，载韩天衡编订《历代印学论文选》上册，西泠印社，1985，第93页。
2　郁重今：《历代印谱序跋汇编》，西泠印社出版社，2008，第195页。
3　桂馥：《续三十五举》，载韩天衡编订《历代印学论文选》上册，西泠印社，1985，第375页。
4　吴先声：《敦好堂论印》，清道光海虞顾氏刻本。

端和的小篆、摹印篆替代了东周文字，布局较为均衡、严谨，构图形式与手法多样且富于变化，线条浑厚劲挺。根据相关记载，秦朝时李斯、孙寿等人有过治印实践，他们可以被称为最早的印人。另外，东汉时期马援曾经讨论"伏波将军印""成皋令印"的用字问题，这应当是印章用字的最早研究之一了。[5]

从以往的文献记载中也可以看出，典则期所跨朝代若干，印章在这几个朝代之间自然会产生一些变化，不管是印章制度，还是印体、文字，都会有所不同。目前来说，对于蓬勃期的玺印加以更细致的分节研究还是有些困难的，但是，对于典则期的印章来说，就必须进行分节研究了，这种分节研究与时代变化是有一定联系的。

显然，典则期印章中的一些情况还是以朝代为主线来进行分节叙述比较好。比如说，对印陶印文、泥封、画印等用印具体状况的叙述；印章的考古出土情况以及在各个朝代的不同情况；典则期印章在不同地域所展现的风格问题，这个问题虽然不像在蓬勃期时那样成为玺印研究的关键的问题，但在各朝代还是有不同的表现。

下面将从文献资料的记载、资料来源、具体分节特点等方面来对典则期的印章进行详细阐述。

5　周晓陆：《古代玺印》，中国书店，1998，第 166 页。

第一节　关于典则期印章的一些文献记载

　　典则期是中国古代公印制度形成和发展极为重要的一个时期，汉代的公印制度继承、沿袭秦代，并且在秦代制度的基础上进一步完善。同秦代的公印制度相比，两汉时期的公印制度体系已经发展得相对完整，两汉公印的授予等级划分得极为细致，在公印的制作、保管、上缴等方面的制度也比较严格。[6]关于本期的公印制度，文献记载比较多，也比较详细，到了汉代，公印的等级制度、授予制度、管理制度及使用制度在传世与出土文献中都有明确规定。

　　《汉书·百官公卿表》中说："秦兼天下，建皇帝之号，立百官之职。汉因循而不革。明简易，随时宜也。其后颇有所改。"[7]从中可以了解到汉初的官职基本上沿袭秦代的旧制，印章制度自然也是因循旧制，变化并不大。那种有边栏和界格，用摹印篆入印的白文公印，创始于秦代，一直沿用到西汉初期。

　　《汉旧仪》记载："秦以前民皆佩绶，以金、银、铜、犀、象为方寸玺，各服所好。汉以来，天子独称玺，又以玉，群臣莫敢用也。"又说："皇帝六玺，皆白玉螭虎钮。文曰'皇帝行玺''皇帝之玺''皇帝信玺''天子行玺''天子之玺''天子信玺'。凡六玺，以'皇帝行玺'为凡杂；以'皇帝之玺'赐诸侯王书；以'皇帝信玺'发兵；其征大臣，以'天子行玺'；策拜外国事，以'天子之玺'；事天地鬼神，以'天子信玺'"，"皇后玉玺，文与帝同。皇后玉玺，金螭虎钮"。[8]

　　汉代的印绶制度，据《汉书·百官公卿表》可知：诸侯王，金玺盭绶；相国、丞相、太尉、太傅、太师、太保、前后左右将军，皆金印紫绶；彻侯，因避武帝讳，曰通侯，或曰列侯，金印紫绶；御史大夫，银印青绶；自太常至执金吾，秩皆中二千石；自太子太傅至右扶风，皆秩二千石；凡吏秩比二千石以上，皆银印青绶，光禄大夫无；秩比六百石以上，皆铜印黑绶，大夫、博士、御史、谒者、郎无；其仆射、御史治书尚符玺者，有印绶；比二百石以上，皆铜印黄绶。[9]又《汉旧仪》中记载："诸侯王印，黄金橐驼钮，文曰玺，赤地绶。列侯黄金印，龟钮，文曰印；丞相、大将军黄金印，

6　张晶晶：《汉代官印制度考述》，硕士学位论文，吉林大学，2011。
7　班固：《汉书》卷十九上《百官公卿表第七上》，中华书局，1962，第722页。
8　孙星衍：《汉官六种·汉旧仪补遗》，中华书局，1990，第62、76页。
9　班固：《汉书》卷十九上《百官公卿表第七上》，中华书局，1962，第724—743页。

龟钮，文曰章。御史大夫章。匈奴单于黄金印，橐驼钮，文曰章。御史、二千石银印，龟钮，文曰章。千石、六百石、四百石铜印，鼻钮，文曰印。章二百石以上，皆为通官印。"[10]

西汉武帝时期曾经对公印制度下过两次诏书，其中一次在《汉旧仪》中有记载："孝武皇帝元狩四年，令通官印方寸大小，官印五分。王、公、侯金，二千石银，千石以下铜印。"[11]另一次在《汉书·武帝纪》中有载西汉武帝太初元年（公元前104年）："夏五月，正历，以正月为岁首。色上黄，数用五，定官名，协音律"[12]。其后注中有张晏曰："汉据土德，土数五，故用五，谓印文也。若丞相曰'丞相之印章'，诸卿及守相印文不足五字者，以'之'足之。"[13]

东汉建武元年（25年）又定制："复设诸侯王金玺綟绶，公、侯金印紫绶。九卿、执金吾、河南尹秩皆中二千石，大长秋、将作大匠、度辽诸将军、郡太守、国傅相皆秩二千石，校尉、中郎将、诸郡都尉、诸国行相、中尉、内史、中护军、司直秩皆比二千石，以上皆银印青绶。中外官尚书令、御史中丞、治书侍御史、公将军长史、中二千石丞、正、平、诸司马、中宫王家仆、洛阳令秩皆千石，尚书、中谒者、谒者、黄门冗从四仆射、诸都监、中外诸都官令、都侯、司农部丞、郡国长史、丞、侯、司马、千人秩皆六百石，家令、侍、仆秩皆六百石，洛阳市长秩四百石，主家长秩皆四百石，以上皆铜印黑绶。诸署长、楫棹丞秩三百石，诸秩千石者，其丞、尉皆秩四百石，秩六百石者，丞、尉秩三百石，四百石者，其丞、尉秩二百石，县国丞、尉亦如之，县、国三百石，其丞、尉亦二百石，明堂、灵台丞、诸陵校长秩二百石，丞、尉、校长以上皆铜印黄绶。县国守宫令、相或千石或六百石，长相或四百石或三百石，长相皆以铜印黄绶。"[14]

关于皇帝玺印、诸侯王公官印及官员官印的授予程序，《后汉书·礼仪志》与《汉旧仪》中都有明确说明，如下：

"三公奏尚书顾命，太子即日即天子位于枢前，请太子即皇帝位，皇后为皇太后。奏可。群臣皆出，吉服入会如仪。太尉升自阼阶，当枢御座北面稽首，读策毕，以传国玉玺绶东面跪授皇太子，即皇帝位。中黄门掌兵以玉具、随侯珠、斩蛇宝剑授太尉，告令群臣，群臣皆伏称万岁。或大赦天下。遣使者诏开城门、宫门，罢屯卫兵。群臣百官罢，入成丧服如礼。兵官戎。

10　孙星衍等：《汉官六种·汉旧仪补遗》，中华书局，1990，第 93 页。
11　同上书，第 188 页。
12　班固：《汉书》卷六《武帝纪第六》，中华书局，1962，第 199 页。
13　同上书，第 200 页。
14　刘珍等：《东观汉记校注》卷四《百官表》，中华书局，2008，第 143–144 页。

三公、太常如礼"[15]，"拜皇太子之仪：……读策书毕，中常侍持皇太子玺绶东向授太子"[16]。

"拜诸侯王公之仪：百官会，位定，谒者引光禄勋前。谒者引当拜前，当坐伏殿下。光禄勋前，一拜，举手曰：'制诏其以某为某。'读策书毕，谒者称臣某再拜。尚书郎以玺印绶付侍御史。侍御史前，东面立，授玺印绶。王公再拜顿首三下。赞谒者曰：'某王臣某新封，某公某初，谢。'中谒者报谨谢。赞者立曰：'谢皇帝为公兴。'皆冠，谢起就位。供赐礼毕，罢。"[17]

"拜御史大夫为丞相，左、右、前、后将军赞，五官中郎将授印绶；拜左、右、前、后将军为御史大夫，中二千石赞，左、右中郎将授印绶；拜中二千石，中郎将赞，御史中丞授印绶；拜千石、六百石，御史中丞赞，侍御史授印绶。印绶盛以箧，箧绿绨表，白素裹。尚书令史捧，西向，侍御史东向，取箧中印绶。授者却退，受印绶者手握持出，至尚书下，乃席之。"[18]

在典则期的印章中，公印的制作、保管、上缴以及对失印、伪刻印的惩处也都有零散记载。比如《通典·职官》中记载："二汉侍御史所掌凡有五曹，一曰令曹，掌律令。二曰印曹，掌刻印。"[19]《汉旧仪》记载："皇帝带绶，黄地六采，不佩玺。玺以金银縢组，侍中组负以从。"[20]文献中各种零散的记载都说明当时国家对公印的管理从制作、颁发、使用到回收都有严格规定。[21]

在本期中，关于公印的使用也有一系列的制度，比如说，在绶的等级、印绶的佩戴、公印的使用方法等多方面都有明确的规定。

其中，关于绶的等级，《后汉书·舆服志》中有载："鞸佩既废，秦乃以采组连结于璲，光明章表，转相结受，故谓之绶。汉承秦制，用而弗改，故加之以双印佩刀之饰。"[22]《汉书·百官公卿表》中载："相国、丞相，皆秦官，金印紫绶，……太尉，秦官，金印紫绶，……御史大夫，秦官，位上卿，银印青绶，……太傅，古官，高后元年初置，金印紫绶。……太师、太保，皆古官，平帝元始元年皆初置，金印紫绶。……前后左右将军，皆周

---

15 范晔：《后汉书·志》第六《礼仪下》，中华书局，1965，第3143页。

16 范晔：《后汉书·志》第五《礼仪中》，中华书局，1965，第3120页。

17 同上书，第3120-3121页。

18 孙星衍等：《汉官六种·汉旧仪补遗》，中华书局，1990，第35页。

19 杜佑：《通典》卷二十四《职官六·侍御史》，中华书局，1988，第669页。

20 孙星衍等：《汉官六种·汉旧仪补遗》，中华书局，1990，第62页。

21 张晶晶：《汉代官印制度考述》，硕士学位论文，吉林大学，2011。

22 范晔：《后汉书·志》第三十《舆服下》，中华书局，1965，第3671-3672页。

末官，秦因之，位上卿，金印紫绶"[23]，"诸侯王，高帝初置，金玺盭绶，掌治其国"[24]，"凡吏秩比二千石以上，皆银印青绶，光禄大夫无。秩比六百石以上，皆铜印黑绶，大夫、博士、御史、谒者、郎无。其仆射、御史治书尚符玺者，有印绶。比二百石以上，皆铜印黄绶。……绥和元年，长、相皆黑绶。哀帝建平二年，复黄绶"[25]。到了东汉时期，绶带等级已经发展得比较完善，《后汉书·舆服志》中有详细记载[26]。

除了两汉时期的用印制度，典则期也包括新莽时期的印章，但其用印制度多沿袭西汉之制，文献记载也都是零散的，在《汉书·王莽传》中有关于当时公印的些许记载，比如"五威将奉符命，赍印绶，王侯以下及吏官名更者，外及匈奴、西域，徼外蛮夷，皆即授新室印绶，因收故汉印绶"[27]，"北出者，至匈奴庭，授单于印，改汉印文，去'玺'曰'章'"[28]。这些都反映了新莽时期对域外及民族地区用印制度的变化。

此外，新莽时期的职官名称有所更改和增添，这些也都反映在当时的公印内容中，像《汉书·王莽传》中所记载："置大司马司允，大司徒司直，大司空司若，位皆孤卿。更名大司农曰羲和，后更为纳言，大理曰作士，太常曰秩宗，大鸿胪曰典乐，少府曰共工，水衡都尉曰予虞，与三公司卿凡九卿，分属三公。……更名光禄勋曰司中，太仆曰太御，卫尉曰太卫，执金吾曰奋武，中尉曰军正，又置大赘官，……改郡太守曰大尹，都尉曰太尉，县令长曰宰，御史曰执法，公车司马曰王路四门，长乐宫曰常乐室，未央宫曰寿成室，前殿曰王路堂，长安曰常安。……又置司恭、司徒、司明、司聪、司中大夫及诵诗工、彻膳宰，以司过。"[29]这些内容反映到印章中，为我们鉴别新莽公印起到了重要的作用。

23　班固：《汉书》卷十九上《百官公卿表第七上》，中华书局，1962，第724-726页。

24　同上书，第741页。

25　同上书，第743页。

26　范晔：《后汉书·志》第三十《舆服下》，中华书局，1965，第3673-3675页。

27　班固：《汉书》卷九十九中《王莽传第六十九中》，中华书局，1962，第4114页。

28　同上书，第4115页。

29　同上书，第4103-4104页。

第二节　典则期印章的资料来源

关于典则期印章的实物遗存与用印痕迹，到今天为止，海内外公私收藏的数量已经多不胜数。

关于典则期印章资料的来源，主要可以分为以下四方面：

一、墓葬出土

考古发掘的墓葬中出土的印章不仅有随葬印，也有实用印入葬的例子。当然，秦汉时期墓葬中的随葬印比较多见，随葬的情况也比较复杂，随葬印中公印、私印皆有。在有些墓葬中，出土的文字资料（比如竹简、木牍文字）上，明确记载有随葬印章、印衣等。

两汉时期，存在着赐葬印绶的制度，就像《后汉书·陈王列传》中所记载的：王允死，"帝思允忠节，使改殡葬之，……赐东园秘器，赠以本官印绶，送还本郡"[30]。

典则期中能见到的随葬印实物很多，比如"皇后之玺""广陵王玺"等，这些应当都是符合当时制度规定的。随葬印章有的制作得极为工致，像上文提到的"皇后之玺""广陵王玺"便是很好的例子；有的却镌刻得非常随性以至于低劣的程度，比如湖南出土的秦汉时期大量用于随葬的滑石质地的公印、私印。秦汉时期随葬印的数量在典则期存世印章中占比较大。

此外，秦汉时期的墓葬中，除了出土有印章实体，还有印陶印文、漆器烙印等用印痕迹，这些也都是研究公、私印章的重要资料。

二、遗址出土

通过考古发掘，典则期的一部分印章在一些古城镇、古代政治工商中心的遗址中也都有出土。其中，既有公印也有私印，这些印章应当都是在当时的社会生活中由于疏忽丢失遗留下来的实用印章。

在一些城市、村庄或其他聚落遗址中的灰坑、井窖等遗迹中，也出土了比较多的泥封、器物上的印陶印文、砖瓦上的印文等用印痕迹，这些都为研究当时的政治、地理、社会生活等方面提供了可靠的信息。比如说，西安相家巷村出土的大量秦泥封，丰富了秦文字文物，为研究当时的职官制度、地理沿革提供了必不可少的实物资料。

※知识链接：秦泥封

战国秦至秦朝所有泥封的统称，大批量被发现于20世纪90年代的西安北郊相家巷村，最早由周晓陆、路东之公之于众，在澳门最早参与鉴定这一重要发现的还有萧春源、孙慰祖等。这项发现引起了学术界的广泛关注。秦泥封是秦出土文献的重要组成部分，可以说是研究秦职官、地理等历史文化的宝库。

30　范晔：《后汉书》卷六十六《陈王列传第五十六·王允传》，中华书局，1965，第2178页。

三、窖藏出土

在典则期中，有些未及颁发的印章因为种种变故而被窖藏于地下。近些年来，在河南、河北、山东、陕西等地都有出土东汉到三国时期的各级军旅用印的窖藏，有的数量竟然达八百枚之多，这些印章大多数尚未使用，应是当时未及颁发便被集中埋入地下。

四、其他

除了以上所述三种出土情况，典则期印章的实物及用印痕迹也有其他一些来源不明的情形，它们既不是出土于墓葬、遗址，也不是窖藏中所获，应当说是零星出土。这些零星出土的印章资料没有准确、科学的地层学依据，其断代主要依靠形制和印文。

近百年来，除了考古发现，还有大量的印章资料见诸非考古出土，其最初的来源已经无从考证。这些印章资料有的具备比较可靠的出土地点信息，有的出土状况不明，但总体上都属于以上几种出土情况。目前，随着印刷技术和网络技术的发展，越来越多的海内外公私机构所藏的印章资料披露于世，虽然它们的科学性不如考古出土品，但其数量之多、学术价值之高，是不容忽视的。

第三节　典则期印章的分节研究

上文中也已经提到过典则期的印章跨了若干个朝代，所以，必须分节来进行叙述。但是，在这些分节中，除新莽时期印章的面目比较独特之外，在其他各小节有关的朝代之间，印章风格仍然是交叉发展着的，并不会因为朝代不同而截然有别。

典则期印章的发展大体上可以分为四小节，下面将以时间顺序为主线、以印文风格为标准对典则期的印章进行论述。在每一小节之下，按照印文的内容将典则期的印章主要分为公印和私印两大类来进行阐述。

私印在印章总体中的数量应该比公印要多，所反映的内容也比公印要复杂，其中既有实用印章，也有用来随葬的印章。在私印这一大分类之下还有若干小类，比如姓氏名字印、姓氏名字加其他内容印、宗教印等。这些也将放到后文的第一小节中来详细表述。

此外，典则期中还有词语印和图形印两类印章。从战国晚期的秦国，到秦朝，到两汉时期，词语印和图形印的分节特点与风格并不是很明显，甚至在一些小节中并不能明确区分出来。在很多著作中，叙述词语印时会将秦汉时期的笼统概括，谈到图形印时，会从战国的图形印直接跳到汉代图形印，可见词语印和图形印风格变化并不明显，很难具体分节说明。所以，在典则期的分节研究中，笔者便不将词语印与图形印单列出来进行阐述了，但是会在每一小节的私印分类列举之后另加说明。

还有一类印章，在本期中存在的数量不少，可以将其放入私印中进行讨论，那就是双面印、多面印和套印。如果按照印文内容来说，这类印章与上文所叙述的分类有不少重合之处，但是由于其自身的独特性，还是单列出来加以分析比较好。所以，在下面各小节词语印与图形印的叙述之后，会单独另辟段落对这类印章进行叙述。

所谓"双面印"，源于蓬勃期，两汉时期数量比较多，以私印为主，也有词语印、图形印等。印面主要有方形、块形。在印的侧面，往往有穿鋬，是系绶带的地方，所以又被称为"穿带双面印"。双面印上的穿鋬在战国到秦朝基本都是圆形的，到了汉代，则逐渐变为方形。

所谓"多面印"，从战国时期开始，便出现除印面外，在印的侧面都附有印文的多面印。在典则期的多面印中，有三面印、四面印和五面印，这三类印章在东汉时多见，秦朝及西汉少有。

所谓"套印"，常见的有两套印、三套印，其最外部的印被称为"母印"，两套印在里面的一枚印被称为"子印"，合称"母子两套印"；而三套印在里面的两枚印依次被称为"子印""孙印"，合称"母子孙三套印"。其中，两套印源于战国时期，三套印源于东汉前期。套印的最外面往往有钮，例如龟钮、狮钮、辟邪钮等；套印最里面的一枚印有些有附钮，例如小龟钮、小辟邪钮、小瓦钮等；但也有许多是没有钮的，比如说扁平的小双面印。

在此先声明一点，在公印的分类之下，应当有短暂的政权用印这一类，但是，在"典则期"这一章中，此类公印所属的政权都极为短暂，像秦末的陈胜、吴广起义后立国号为"大楚"此类政权，寿命比较短暂，而且其公用印的特征可能与当时其他的公印风格比较一致，到目前为止并不能明确地指认出来哪些属于短暂的政权用印，所以，对本期印章中的短暂政权用印就不进行更多的讨论了。

一、战国末期至西汉初期

本小节的时间范围大致从战国末期秦国开始，发展到秦朝，直至西汉初期。在这一小节中，存世的印章多数为实用印，但殉葬印的数量也在急剧上升；从考古发现的情况来看，既有遗址发现和零星发现，也有墓葬出土。除了印章实体，本节中现存于世的用印痕迹还有部分陶器上的文字戳印、漆器上的烙印以及泥封等。本小节印章除了帝后玺印，其专称不再用"玺"字，而比较常用"印"字，目前还未见到有"章"字专称，同时，也有不少印章不用专称。

许雄志曾提及，所谓"秦印"，严格来说，应该是指秦统一六国到秦灭亡的这十五年间所制作的印章。但是，即便是秦统一六国之后十五年间墓葬中出土的印章，其墓主人也是早年生活在战国时期，所以印章仍然可能是战国时期制作的。在考古学中，明确划分战国时期的秦国和统一的秦王朝是比较困难的，所以我们将秦统一六国前的数十年间的印章也算作秦印。

西汉初年，天下甫定，百废待兴，对于秦代的典章制度，"汉因循而不革。明简易，随时宜也。其后颇有所改"[31]。可以看出，汉初大多因循秦制，对于印章制度来说亦如此，同时又有新的风气逐渐显现出来。

关于本小节中印章的判断方法，罗福颐在《近百年来对古玺印研究之发展》一文中说："秦汉私印之断代，过去是比较模糊的，《十钟山房印举》不分秦与西汉私印，而称作周秦。要知此类印，只应称作秦汉，今日我们的

31　班固：《汉书》卷十九上《百官公卿表第七上》，中华书局，1962，第722页。

秦印标准，是据秦权量上文字书法来断定的。"[32]王人聪在《秦官印考述》中对于秦印的辨认，除了根据印文字体和印面设计的特点，还通过对印文中所体现的官名、地名的考证来确认。[33]直到今日，这些也是辨认秦印的主要方法。

20世纪90年代，由路东之与周晓陆首先确认的数以千计的秦泥封，主要集中出土于陕西西安市的北郊。这些秦泥封是典则期中实用印章的用印痕迹，其中既有公印，也有极少数的私印，其中的文字更是典型地反映了"摹印篆"的特征。这批秦泥封的出土是20世纪末期印学史上的重大发现，也是秦出土文献的重要组成部分，一定程度上弥补了历史文献之阙，在证史、纠史等方面有极大的帮助，对了解秦文化与历史等方面都有极为重要的意义。

（一）公印

对本小节中秦公印的认识，学术界经历了一个比较漫长的过程。对秦公印进行断代研究比较早的是罗福颐，他在《古玺印概论》一书中说："据所见之秦官印，皆凿款白文。一般二三厘米见方，有的略长一些，也有约二厘米见方的，可见当时官印的制度不很严格。秦印文字有自然风趣，整齐而不呆板，有类秦权量、诏版上的书法。方印多加田字格，半通印（长方印）多加日字格。"[34]如今看来，寥寥百字就概括了秦印的基本特点，其文字之后还列举了七方公印，分别是"昌武君印"（图4.3.1）、"中行羞府"（图4.3.2）、"中官徒府"（图4.3.3）、"法丘左尉"（图4.3.4）、"左中将马"（图4.3.5）、"弄狗厨印"（图4.3.6）、"菅里"（图4.3.7）。

随后，罗福颐在其主编的《秦汉南北朝官印征存》一书中收录了四十三方秦公印，包括封君、朝官及郡县乡等内容，并在卷首说："左官印四十三方，从其具有田字格，并多凿印为标识，故定为秦。虽未必全当，殆可得其大半。"[35]书中论及西汉初期公印时，将其单列一卷并说道："从皆具田字格，是汉初因秦制之证。其文字渐趋工整而多出铸造，其半通印亦然，故定此类为汉初期官印。"[36]这应当是第一次有人在印谱中明确区分秦公印与汉公印，其中，罗福颐对于秦公印特征的概括对后人的研究也具有重要的指导意义。经过近几年来实物资料的增多及进一步的观察，其观点有些还是值得商榷的。

1990年，王人聪在《秦官印考述》中收录了秦公印六十五方，并指出了

32 中国书法家协会主编《当代中国书法论文选·印学卷》，荣宝斋出版社，2010，第37页。

33 王人聪、叶其峰：《秦汉魏晋南北朝官印研究》，香港中文大学文物馆，1990，第1页。

34 罗福颐编《古玺印概论》，文物出版社，1981，第48页。

35 罗福颐主编《秦汉南北朝官印征存》，文物出版社，1987，第1页。

36 同上书，第9页。

图 4.3.1
昌武君印，铜质，鼻钮

图 4.3.2
中行羞府，铜质，鼻钮

图 4.3.3
中官徒府，铜质，鼻钮

图 4.3.4
法丘左尉，铜质，鼻钮

图 4.3.5
左中将马，铜质，鼻钮

图 4.3.6
弄狗厨印，铜质，鼻钮

图 4.3.7
菅里，铜质，鼻钮

十一点秦公印的特征，这里面确定的秦公印比《秦汉南北朝官印征存》多出了二十多方，概括得较为全面，考证更为详尽。

1995年到1996年间，陕西西安北郊的相家巷村陆续出土了4000余枚秦公印泥封，品类齐全，数量众多，其中涉及的秦代官署和职官相当广泛，是继清末山东发现大批泥封以后最重要的一次发现。这批秦泥封的出土及陆续发表，不仅是泥封发现史上的一次重大突破，也是秦文字史料的重要发现，对于研究秦官制、行政地理以及秦政治制度有不可替代的学术价值，也弥补了秦印资料的不足与空缺。

在谈到秦及两汉公印的分期时，大多都按照"秦—汉高祖至文景时期—汉武帝至西汉末—新莽时期—东汉时期"这种序列来论述，很少有将秦与汉初一起讨论的。

本小节将时间范围定为战国末期的秦国直至西汉初期，也是考虑了印文风格等因素来划分的。本小节公印的质地以铜质为主，也有金、玉、滑石等多种质地，如金质"文帝行玺"（图4.3.8）、玉质"帝印"（图4.3.9）、滑石质"舆里乡印"（图4.3.10）等。大多数为阴文凿印，少量为铸印。印面上有边栏和界画，正方形印多为"田"字界格，少数为一竖界画，在这一小节中常见"半通印"，多为"日"字界格。

从正方形公印的尺寸来看，在2.3—2.4厘米之间，也有超大或超小者存在；而长方形公印的尺寸在1.3—2.3厘米之间，从存世的长方形公印的印文来看，使用此类印章的职官职位较低。印文字体以摹印篆为主，字体结体以紧敛圆活、自然错落为特点。[37]印文内容的排列以排成两列为主。本小节中公印的印钮多为鼻钮、半环钮，瓦钮开始出现。

在本小节中，南方地区有的印章规制比较大，比如广州南越王墓中出土的金质"文帝行玺"，钮用龙钮，应是南越王赵眜仿照汉朝皇帝之制，这也从侧面印证皇帝"行玺"的存在，同出的还有"帝印"，钮式为螭虎钮，[38]南越王墓中所出这些印章实为僭越；陈介祺旧藏"皇帝信玺"泥封（图4.3.11），观其印文与界画，或为秦二世之物。以上两例证实了卫宏在《汉旧仪》中所述的"皇帝六玺"应当可信。

下面将分若干类别来叙述本小节中的公印，其中，关于乡、亭、里及其他社会基层组织的官署印较多，在职官印中便不再详细说明。

1. 官署印

官署印是指印面上仅出现官署或有关机构的名称，或某个地名加之某个

37　孙慰祖：《孙慰祖论印文稿》，上海书店出版社，1999，第56页。

38　周晓陆主编《二十世纪出土玺印集成》，中华书局，2010，第311页。

图 4.3.8
文帝行玺，金质，龙钮，尺寸 3.1 cm × 3 cm

图 4.3.9
帝印，玉质，螭虎钮，尺寸 2.3 cm × 2.3 cm

图 4.3.10
舆里乡印，滑石质，龟钮

图 4.3.11
皇帝信玺，泥封

官署或机关的名称，并不缀以首长或官吏的名称，在使用的时候，可能只代表官署而不代表官吏个人，也可能这种官署印只由同级的最高首长使用。

（1）中央官署印

在这一阶段中，与中央官署或机构有关的玺印实体及泥封、陶文等用印痕迹皆有。玺印实体例见"弄狗厨印"（图4.3.6）、"中行羞府"（图4.3.2）、"中官徒府"（图4.3.3）、"右褐府印"、"北私库印"（图4.3.12）、"泰仓"（图4.3.13）、"厩印"（图4.3.14）；泥封有"乐府"、"御府之印"、"池室之印"、"郡左邸印"（图4.3.15）、"车府"（图4.3.16）、"具园"（图4.3.17）、"麋圈"（图4.3.18）、"上寝（寝）"（图4.3.19）等。这些实物资料的发现，不仅在证史方面有一定作用，而且在补史方面亦有不小的贡献，可对一些未见史料记载或记载不明确的内容进行补充。

像现藏河南博物院的"弄狗厨印"，印面有"田"字界格，字体笔势自然有趣、整齐而不呆板，当为秦印。"弄狗"一词，见于《后汉书·孝灵帝纪》中记载：光和四年（181年），孝灵帝"又于西园弄狗，著进贤冠，带绶"[39]。其中所说的"弄狗"与此印中的"弄狗"或有一定关系。罗福颐曾认为是"弄狗厨夫之印"[40]。《史记·司马相如列传》："蜀人杨得意为狗监。"[41]《史记·佞幸列传》："延年坐法腐，给事狗中。（《集解》：'徐广曰：主猎犬也。'《索隐》：'或犬监也。'）"[42]此印中的"弄狗"可能是指狗监官署的名称。"厨"，指厨官，《汉书·百官公卿表》中有载，詹事、主爵中尉、京兆尹等属官中均有厨官。"弄狗厨"可能是当时狗监的属官，"弄狗厨印"或为其长官使用的官署印。

故宫博物院所藏"中行羞府"秦印，"中行"，不明其意；"羞府"，应当是掌膳馐的官署。《汉书·百官公卿表》中记载："水衡都尉，武帝元鼎二年初置，掌上林苑，有五丞。属官有……御羞……"[43]可以看出，水衡都尉属官有御羞令。而《史记·秦始皇本纪》中有言："赵高用事于中。"[44]"中"可能是中官的意思，罗福颐认为此印"疑是宦者随行在御羞府之省文"[45]。陈直在《汉书新证》中提道："御羞即御馐省文，所管为帝王膳馐之原料，太官、汤官所管为帝王之烹调。《善斋吉金录》卷中二页有

图 4.3.12
北私库印，铜质，鼻钮

图 4.3.13
泰仓，铜质，鱼钮

图 4.3.14
厩印，铜质，鼻钮

图 4.3.15
郡左邸印，泥封

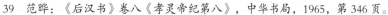

39 范晔：《后汉书》卷八《孝灵帝纪第八》，中华书局，1965，第346页。

40 罗福颐主编《秦汉南北朝官印征存》，文物出版社，1987，第3页。

41 司马迁：《史记》卷一百一十七《司马相如列传第五十七》，中华书局，1982，第3002页。

42 司马迁：《史记》卷一百二十五《佞幸列传第六十五》，中华书局，1982，第3195页。

43 班固：《汉书》卷十九上《百官公卿表第七上》，中华书局，1962，第735页。

44 司马迁：《史记》卷六《秦始皇本纪第六》，中华书局，1982，第273页。

45 罗福颐主编《秦汉南北朝官印征存》，文物出版社，1987，第2页。

图 4.3.16
车府，泥封

秦'中行羞府'印，所掌管的应该也是膳馐事宜。《地理志》注交趾郡有羞官，南海郡有圃羞官，皆馐字省作羞之明证。"[46]

故宫博物院所藏的另一枚秦印"中官徒府"，"中官"即宫中之官，是宫廷中宦官的通称，罗福颐认为这枚印"殆宦者所掌刑徒之府"[47]。

《秦封泥集》中著录有"乐府"泥封。《汉书·百官公卿表》中记载少府属官有"乐府令丞"。《通典·职官七》中云"又少府属官，并有乐府令丞"[48]。此泥封当为乐府官署印的用印痕迹，或为乐府最高长官所使用。"乐府之署，有始置于秦、汉两说，今以权、钟铭等可知，其始于秦无疑，属少府。"[49]

又有"御府之印"泥封。《汉书·百官公卿表》中说少府属官有御府令丞。颜师古曰："御府主天子衣服也。"[50]《后汉书·百官三》："御府令一人，六百石。"[51]《通典·职官八》："秦汉有御府令丞，掌供御服，而属少府。"[52]此泥封内容当为御府官署印。

图 4.3.17
具园，泥封

（2）地方官署印

秦汉之时的地方官署亦自有一套体系，反映到玺印中的有故宫博物院所藏"修武库印"（图4.3.20），此印为铜质，钮式为鼻钮，印面有"田"字界格。《汉书·地理志》中记载河内郡有修武县。[53]《后汉书》中记载修武属于河内郡："修武故南阳，秦始皇更名。……有小修武聚。"[54]《礼记训纂》中云："在库言库。"[55]又有注："库，谓车马、兵甲之处也。"[56]此印可以解释为修武县的库印。如果"武库"是专名的话，那么"修"可以理解为修县，此印就是修县的武库官署印。

图 4.3.18
廪园，泥封

除了有明确官署名称的玺印、泥封，还有一批玺印、泥封的内容为地名，或为当地的地方官署用印，或为当地最高行政长官用印。例见"宜阳津印"（图4.3.21）、"安平乡印"（图4.3.22）、"长平乡印"（图

46　陈直：《汉书新证》，天津人民出版社，1979，第116页。

47　罗福颐主编《秦汉南北朝官印征存》，文物出版社，1987，第2页。

48　孙楷：《秦会要订补》卷十四《职官上·宫官·少府》，徐复订补，中华书局，1959，第212页。

49　周晓陆、路东之：《秦封泥集》，三秦出版社，2000，第136页。

50　班固：《汉书》卷十九上《百官公卿表第七上》，中华书局，1962，第732页。

51　范晔：《后汉书·志》第二十六《百官三·少府》，中华书局，1965，第3595页。

52　孙楷：《秦会要订补》卷十四《职官上·宫官·卫尉》，徐复订补，中华书局，1959，第211页。

53　班固：《汉书》卷二十八上《地理志第八上》，中华书局，1962，第1554页。

54　范晔：《后汉书·志》第十九《郡国一》，中华书局，1965，第3395页。

55　朱彬：《礼记训纂》卷二《曲礼下第二》，中华书局，1996。

56　同上。

图 4.3.19
上寑（寝），泥封

4.3.23）、"舆里乡印"（图4.3.10）、"菅里"（图4.3.7）、"营浦"（图4.3.24）、"敦浦"（图4.3.25）、"留浦"（图4.3.26）以及泥封"南郑之印"（图4.3.27）等。

上海博物馆藏"宜阳津印"，根据印章形制及印文特点判断应为秦印。《史记》中多处提及宜阳，其中一处张守节《正义》云："故韩城一名宜阳城，在洛州福昌县东十四里，即韩宜阳县城也。"[57]又根据《汉书·地理志》可知弘农郡下有宜阳县。[58]而"津"字作"渡"解。此印或为宜阳县掌津关渡口的官署用印。

1965年长沙野坡2号墓出土的"舆里乡印"，滑石质地，龟钮，印面2.4厘米见方。该墓属于西汉早期，此印为汉初长沙国乡一级的官署印，但并非实用印，而是随葬印。

秦泥封"南郑之印"，根据《后汉书》所载：秦置汉中郡，下设有南郑县。[59]故"南郑之印"应当是南郑县官署用印，或为南郑县长官所用。

2. 职官印

职官印就是印面上有职官的名称。一些玺印上出现的是持印者的身份（如帝、后、诸侯王、公侯封君等），与一般的行政或军事官员不一样，但划分时仍将其放在职官印这一类别中。

（1）帝后、王侯、封君玺印

根据文献记载，秦始皇统一天下后，天子之印才能称"玺"，前文中提到的陈介祺旧藏泥封"皇帝信玺"（图4.3.11）便是一例，而广州南越王墓中出土的"文帝行玺"（图4.3.8）则为僭越。

这一小节中关于帝后、王侯、封君用印的实物资料并没有很多，例见"昌武君印"（图4.3.1）、"帝印"（图4.3.9）、"信平侯印"（图4.3.28）、"轪侯之印"（图4.3.29）。

广州南越王墓中还出土有"泰子"金印、玉印各一枚（图4.3.30、图4.3.31），玉质、铜质鎏金"左夫人印"各一枚（图4.3.32、图4.3.33），金质"右夫人玺"一枚（图4.3.34），"夫人"玉印一枚（图4.3.35），铜质鎏金"泰夫人印"一枚（图4.3.36），铜质鎏金"部夫人印"一枚（图4.3.37）。这些印章从印文风格来看，或多或少还带有秦印的特征，应为西汉初期之物。

像故宫博物院所藏"昌武君印"，时代为战国秦国时期。秦朝有封君，有的特立名号，有的以封地为号，《史记·秦始皇本纪》中记载有昌

图 4.3.20
修武库印，铜质，鼻钮

图 4.3.21
宜阳津印，铜质，鼻钮

图 4.3.22
安平乡印，铜质，瓦钮

图 4.3.23
长平乡印，铜质，鼻钮

57　司马迁：《史记》卷四《周本纪第四》，中华书局，1982，第111页。

58　班固：《汉书》卷二十八上《地理志第八上》，中华书局，1962，第1549页。

59　范晔：《后汉书·志》第二十三《郡国五》，中华书局，1965，第3506页。

图 4.3.24
营浦，石质，瓦钮

图 4.3.25
敦浦，铜质，鱼钮

图 4.3.26
留浦，铜质，兽钮

图 4.3.27
南郑之印，泥封

图 4.3.28
信平侯印，铜质，鼻钮

图 4.3.29
轵侯之印，铜质鎏金，龟钮

图 4.3.30
泰子，金质，龟钮

图 4.3.31
泰子，玉质，覆斗钮

图 4.3.32
左夫人印，玉质，龟钮

图 4.3.33
左夫人印，铜质鎏金，龟钮

图 4.3.34
右夫人玺，金质，龟钮

图 4.3.35
夫人，玉质，鼻钮

图 4.3.36
泰夫人印，铜质鎏金，龟钮

图 4.3.37
部夫人印，铜质鎏金，龟钮

武侯，[60]《汉书·地理志》中记载胶东国（故齐）下设八县，其中便有昌武县。[61]然而，"昌武君"无明确记载可考。

湖南出土的"信平侯印"，铜质，鼻钮，印面有田字格，具有西汉早期公印风格。《汉书·高惠高后文功臣表》中载："长修平侯杜恬，三月丙戌封，四年薨，位次曰信平侯。"《补注》有云："信平即新平，淮阳县。"王人聪认为，这方印是目前所知年代最早的西汉官印。[62]

1973年湖南长沙马王堆2号墓出土的"轪侯之印"，铜质鎏金，龟钮，印面2.2厘米见方，印文凿刻得极为随意，显然是随葬印而非实用印。《汉书·高惠高后文功臣表》载："轪侯黎朱苍，以长沙相侯，七百户。（惠帝）二年四月庚子封，八年薨。"[63]由此可知，轪侯死于汉惠帝八年，也就是高后元年（前187年），故此印可以说是有明确墓葬年代的西汉初期职官随葬印中的代表之一。

（2）中央职官印

秦始皇统一天下后，建立了严密的政治体系，中央设立三公九卿，其下还有各种属官。隶属中央的职官，除了中央属百官，还有负责诸厩、宫苑、陵邑、陵寝的各种职官。这些职官名称在中央职官印及泥封中都有所体现。

①中央属百官印

体现中央属百官的实物资料中，有与三公相关的，例见泥封"左丞相印"（图4.3.38）、"右丞相印"（图4.3.39）；亦有执掌具体政务、掌管具体事务的百官，例见"安民正印"（图4.3.40）、"钜粟将印"（图4.3.41）、"邦侯"印（图4.3.42）、泥封"泰医丞印"（图4.3.43）、泥封"宗正"（图4.3.44）、泥封"左司空印"（图4.3.45）等。

其中，"左丞相印""右丞相印"皆为相家巷出土的秦泥封。《汉书·百官公卿表》："相国、丞相，皆秦官，金印紫绶，掌丞天子助理万机。秦有左右。"[64]

"安民正印""钜粟将印"皆为故宫博物院所藏秦印，均为铜质，鼻钮，有"田"字界格。《汉书·百官公卿表》："廷尉，秦官，掌刑辟，有正、左右监，秩皆千石。"[65]由此可知，安民正或为掌管刑狱诉讼的官员。《汉书·百官公卿表》："治粟内史，秦官，掌谷货，有两丞。"[66]"钜粟

图 4.3.38
左丞相印，泥封

图 4.3.39
右丞相印，泥封

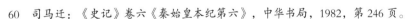

60 司马迁：《史记》卷六《秦始皇本纪第六》，中华书局，1982，第246页。

61 班固：《汉书》卷二十八下《地理志第八下》，中华书局，1962，第1634–1635页。

62 王人聪：《汉信平侯考》，《中国文物报》1992年12月6日。

63 班固：《汉书》卷十六《高惠高后文功臣表第四》，中华书局，1962，第618页。

64 班固：《汉书》卷十九上《百官公卿表第七上》，中华书局，1962，第724页。

65 同上书，第730页。

66 同上书，第731页。

图 4.3.40
安民正印，铜质，鼻钮

图 4.3.41
钰粟将印，铜质，鼻钮

图 4.3.42
邦侯，铜质，鼻钮

图 4.3.43
泰医丞印，泥封

图 4.3.44
宗正，泥封

图 4.3.45
左司空印，泥封

将印"中的"铚粟"可能就是"治粟"，铚粟将或为治粟内史的属官。

"邦候"印，则为故宫博物院所藏的秦半通印，铜质，鼻钮，有"日"字界格。《礼记注疏》："至于邦门。"郑玄注："邦门，城门也。"《汉书·百官公卿表》："城门校尉掌京师城门屯兵，有司马、十二城门候。"[67] 颜师古注曰："门各有候。"[68]邦候或为城门候。

像泥封"泰医丞印""宗正""左司空印"，均为相家巷村出土的秦泥封。其中，"泰医"即太医，《汉书·百官公卿表》："奉常，秦官，掌宗庙礼仪，有丞……属官有太乐、太祝、太宰、太史、太卜、太医六令丞。"[69]此外，"少府，秦官……有六丞。属官有尚书、符节、太医……官令丞。"[70]由此可知，少府属官亦有太医令丞。关于"宗正"，《汉书·百官公卿表》亦有记载："宗正，秦官，掌亲属，有丞。"[71]而关于"左司空"，根据《汉书·百官公卿表》可知少府属官有左、右司空令丞。[72]

②诸厩、宫苑职官印

诸厩与宫苑的职官，负责皇室马厩及各个宫苑的具体事宜，这一类职官印及用印痕迹存世也不少。

诸厩职官反映到公印及泥封上，例见"右厩将马"（图4.3.46）、"左厩将马"（图4.3.47）、泥封"宫厩丞印"（图4.3.48）、泥封"家马"（图4.3.49）、泥封"章厩丞印"（图4.3.50）等。

泥封"家马"与"章厩丞印"，均属秦印，西安相家巷村出土。

"家马"泥封上印面形制为半通，《汉书·百官公卿表》记载："太仆，秦官，掌舆马，有两丞。属官有大厩、未央、家马三令，各五丞一尉。"[73]

"章厩丞印"泥封上印面有"田"字界格。章或为章台之省，《史记·秦始皇本纪》："诸庙及章台、上林皆在渭南。"[74]《史记·苏秦列传》："今乃欲西面而事秦，则诸侯莫不西面而朝于章台之下矣。"[75]而章厩丞应为管理章厩之官。

章厩或即章台附近的厩，与宫苑职官有关的公印、泥封，例见"宜春

图 4.3.46
右厩将马，铜质，鼻钮

图 4.3.47
左厩将马，铜质，瓦钮

图 4.3.48
宫厩丞印，泥封

图 4.3.49
家马，泥封

---

67 班固：《汉书》卷十九上《百官公卿表第七上》，中华书局，1962，第 737 页。

68 同上书，第 738 页。

69 同上书，第 726 页。

70 同上书，第 731 页。

71 同上书，第 730 页。

72 同上书，第 731 页。

73 同上书，第 729 页。

74 司马迁：《史记》卷六《秦始皇本纪第六》，中华书局，1982，第 239 页。

75 司马迁：《史记》卷六十九《苏秦列传第九》，中华书局，1982，第 2259 页。

图 4.3.50
章厩丞印，泥封

图 4.3.51
宜春禁丞，铜质，鼻钮

图 4.3.52
南宫尚浴，铜质，鼻钮

图 4.3.53
杜南苑丞，泥封

图 4.3.54
阳陵禁丞，泥封

禁丞"（图4.3.51）、"南宫尚浴"（图4.3.52）、泥封"杜南苑丞"（图4.3.53）等。

"宜春禁丞"一印，为故宫博物院所藏，有"田"字界格，很像秦印，但文字又比秦印文字要丰满、方正，是西汉初期的公印。"宜春"为园名（园也作苑）。宜春苑有上苑和下苑，也称为左苑和右苑，"禁"是"禁圃"官名的省略。[76]

"南宫尚浴"为故宫博物院藏秦印，铜质，鼻钮，有"田"字界格。《汉书·高帝纪》："上居南宫。"[77]据此可知"南宫"为宫名。《汉书·惠帝纪》："宦官尚食比郎中。"[78]应劭注曰："尚，主也。旧有五尚。尚冠、尚帐、尚衣、尚席亦是。"[79]"汉长信宫灯：'长信尚浴。'"[80]"尚浴"应是主管浴室之官。

泥封"杜南苑丞"，为《秦封泥集》所收录。《史记·秦始皇本纪》："以黔首葬二世杜南宜春苑中。"[81]《汉书·司马相如传》："息宜春。"[82]颜师古注曰："宜春，宫名，在杜县东，即今曲江池是其处也。"[83]

③陵邑（汉元帝以后陵邑属于地方）、陵寝职官印

此时，负责陵邑、陵寝相关事宜的职官隶属于中央，存世公印并不多见，可从泥封中窥得一二，例见"阳陵禁丞"（图4.3.54）。

泥封"阳陵禁丞"为秦时之物，西安相家巷村出土。《汉书·地理志》："左冯翊，故秦内史……阳陵，故弋阳，景帝更名。"[84]《史记·秦本纪》："子庄襄王立。（索隐：……葬阳陵。）"[85]《秦封泥集》考证云："是秦汉各有阳陵。秦阳陵约属内史，今约在陕西省西安市东韩森寨至浐河以西之间。禁，陵寝之地，亦为皇家禁地，置禁宫、禁苑、禁军。"[86]

（3）地方职官印

秦朝推行郡县制，到西汉时仍郡国并行。无论是郡县官员还是王国、侯国属官，都为地方职官。存世的印章及用印痕迹为了解当时的地方行政制度起到了不小的作用，同时也有助于掌握当时的地理信息。

76　牛济普：《汉代官印分期例举》，《中原文物》1998 年第 1 期。

77　班固：《汉书》卷一下《高帝纪第一下》，中华书局，1962，第 61 页。

78　班固：《汉书》卷二《惠帝纪第二》，中华书局，1962，第 85 页。

79　同上书，第 86 页。

80　周晓陆、路东之：《秦封泥集》，三秦出版社，2000，第 160 页。

81　司马迁：《史记》卷六《秦始皇本纪第六》，中华书局，1982，第 275 页。

82　班固：《汉书》卷五十七上《司马相如传第二十七上》，中华书局，1962，第 2567 页。

83　同上书，第 2568 页。

84　班固：《汉书》卷二十八上《地理志第八上》，中华书局，1962，第 1545 页。

85　司马迁：《史记》卷五《秦本纪第五》，中华书局，1982，第 219 页。

86　周晓陆、路东之：《秦封泥集》，三秦出版社，2000，第 214 页。

①郡县职官印

秦在统一六国之前，便已设有若干郡治，而且最迟在春秋时期已经在地方行政管理中推行县制；统一六国之后，郡县制成为全国行政的框架。虽然秦郡的数目及名称向来没有定论，但其单个面积可能比汉代郡国还大。

在印章及用印痕迹中，反映郡长官及属官、县名称及佐丞的内容比较多。例见泥封"南郡司空"（图4.3.55）、泥封"太原守印"（图4.3.56）、泥封"四川太守"（图4.3.57）、泥封"江左盐丞"（图4.3.58）、"杜阳左尉"（图4.3.59）、"曲阳左尉"（图4.3.60）、"高陵右尉"（图4.3.61）、"泉州丞印－范阳丞印"[87]（图4.3.62）、"浙江都水"（图4.3.63）等。

图 4.3.55
南郡司空，泥封

其中，"杜阳左尉""曲阳左尉""高陵右尉"均为秦印，质地为铜，钮式或鼻钮或瓦钮，印面皆有"田"字界格。关于"杜阳"，根据《汉书·地理志》记载可知，右扶风下有杜阳县。[88]《后汉书·百官五》："尉大县二人，小县一人。"[89]而"曲阳"，在《汉书·地理志》中记载东海郡下有曲阳县。[90]"高陵"根据《汉书·地理志》可知为左冯翊下一县，而大县置左右尉，故有"高陵右尉"。

上海博物馆所藏"浙江都水"，为汉初之物，蛇钮，"田"字界格。"江水东至会稽山阴为浙江。"据《汉书·百官公卿表》可知，奉常下置都水，[91]水衡都尉属官亦有都水。[92]

图 4.3.56
太原守印，泥封

此外，地名印从蓬勃期便已经出现，有可能是省略了官署机构或者官吏的名称，但是仍然起着官署印章的作用，这在地方官署印部分也提到过。另外，有一些地名印根据历史文献的研究可以指认实地，然而有些因为过于简洁或者单位过小（比如乡、亭、里）而并不能明确查明其地。地名印的用法可能与一般官署印、职官印等有一定的区别，还需要更多的资料来考据、证明。

②王国、侯国属官印

本小节的王国、侯国属官印多为西汉初期之物，王国、侯国体制依照中央，有一套比较完善的职官制度，例见"长沙丞相"（图4.3.64）、"楚宫司丞"（图4.3.65）、泥封"费侯邑丞"（图4.3.66）等。

图 4.3.57
四川太守，泥封

87　周晓陆主编《二十世纪出土玺印集成》，中华书局，2010，第309页。

88　班固：《汉书》卷二十八上《地理志第八上》，中华书局，1962，第1547页。

89　范晔：《后汉书·志》第二十八《百官五》，中华书局，1965，第3623页。

90　班固：《汉书》卷二十八上《地理志第八上》，中华书局，1962，第1588页。

91　班固：《汉书》卷十九上《百官公卿表第七上》，中华书局，1962，第726页。

92　同上书，第735页。

图 4.3.58

江左盐丞，泥封

图 4.3.59

杜阳左尉，铜质，鼻钮

图 4.3.60

曲阳左尉，铜质，瓦钮

图 4.3.61

高陵右尉，铜质，瓦钮

图 4.3.62

泉州丞印－范阳丞印，石质，双面印

图 4.3.63

浙江都水，铜质，蛇钮

图 4.3.64

长沙丞相，铜质鎏金，龟钮

图 4.3.65

楚宫司丞，铜质，鼻钮

图 4.3.66

费侯邑丞，泥封

"长沙丞相"为长沙马王堆2号墓出土的鎏金铜印，长沙在汉初是长沙国的省称，《汉书·百官公卿表》："诸侯王，高帝初置……丞相统众官。"[93]长沙丞相为汉初长沙国的最高行政长官。

"楚宫司丞"出土于江苏徐州。楚国在汉高帝时有置，宣帝更为彭城郡，黄龙元年（公元前49年）复故。[94]此印"丞"字具有西汉初期特征，故应是汉初之物。

（4）军旅印

军旅印反映了军官等秩有差，有高级将军，也有最下级军吏。有的直接担负征战任务，有的负责后勤军屯方面的值守任务，如陕西阳陵从葬坑出土的"车骑将军"龟钮金印（图4.3.67）。

（5）民族地区及域外职官印

这类公用印反映了历史上民族地区、域外诸国与中央王朝的隶属关系，这些印上有的缀以行政或军事官员名称，而有的表示统治者的身份。目前看来，尚未见到属于本小节风格的此类公印。

根据以上内容可以总结出本小节公印的特征：

第一，从印章制度方面来说，自秦统一六国以来，"玺"字为皇帝专用，普通官印均称"印"，只有帝后印才可以称作"玺"，这是公印名称制度上的一个重要变化。后世各朝多沿袭秦制，不过有的朝代制度比较宽松，王印也可以称作"玺"。

第二，从印文书体方面来说，本小节公印的文字均为凿刻的印文，印文字体为摹印篆，许慎在《说文解字·序》中提道："自尔秦书有八体：一曰大篆，二曰小篆，三曰刻符，四曰虫书，五曰摹印，六曰署书，七曰殳书，八曰隶书。"其中，摹印篆以小篆字法为基础，以适合于印面的有限空间，参考其他书类如署书、刻符、殳书、隶书的字法，稍变方折而成，并开启了秦汉之际"缪篆"的先河。本小节公印的字体在风格上不像东周古玺上的印文那样多姿而奇崛，也不似汉印文字的体势圆浑、方正浑厚，而是在端庄中富有自然变化。

第三，从印面形制方面来说，本小节公印的印面大多施边栏和界画，方印多施"田"字界格，半通印多施"日"字界格。因为有"田"字界格，其印文的排列方式就不像东周古玺那样活泼、多变，但是印文读法多样，除了一般的右起上下读，还有右起横读、右起交叉读、左起交叉读等多种读法，其中的变化之多在后部分三小节的印迹中比较少见。

图 4.3.67
车骑将军，金质，龟钮，印面边长0.7 cm

93　班固：《汉书》卷十九上《百官公卿表第七上》，中华书局，1962，第741页。
94　班固：《汉书》卷二十八下《地理志第八下》，中华书局，1962，第1638页。

第四，从印体和印钮形制方面来说，本小节公印的印体大多数呈方形。印面边长一般在2.3厘米左右，也就是所谓的"方寸之印"。这与东周古玺中齐国、楚国、燕国的方形鼻钮印和坛钮印大体相同，而东周古玺中的巨型大印及长条形、圆形、一边有凸起等异形印在本小节中全部被淘汰了。有的公印的印台钮座尚呈斜坡状，这也是东周古玺形制的遗韵，其他大多数公印的印台呈平板状。本小节公印的鼻钮与东周古玺的鼻钮相比，钮比较大，穿鋬比较宽，这与东周古玺的风格迥然不同。

典则期印章无论是入印文字还是形制都趋向于整齐划一，这也反映了秦始皇推行大一统政策的效果。本期印章的公印制度奠定了之后三国两晋南北朝公印制度的基础，从秦到两汉，公印制度逐渐成熟并定型，其方寸大小的形制、印文字体、治印手法都为后世所效法。

（二）私印

本小节的私印质地在中原地区是以铜质为主的，也有少量的质地为金、银、骨、木，如《二十世纪出土玺印集成》收录的"王武"（图4.3.68），珍秦斋所藏私印"王嫠"（图4.3.69）、"李印"（图4.3.70）、"刍容"（图4.3.71）等。本小节玉印的数量也不少，如长瀍书屋所藏"赵陕"（图4.3.72），《二十世纪出土玺印集成》收录的"杨差"（图4.3.73）、"赵衷"、"利苍"（图4.3.74）等，石印主要分布在南方地区。

在本小节中，私印印文以阴文凿刻为主，也有部分为铸印。有一部分印面上是有边栏和界画的，如"王武""杨差"；有的有边栏而无界画，如"利苍"；也有的既无边栏也无界画，如"刍容"。

罗福颐在《古玺印概论》一书中谈到秦私印与汉初私印时说："秦私印：多凿款，铸印较少。多作长方形，方形的比较少，间有圆形、椭圆形，还有两面印。除姓名印外，还有成语印。……（西汉）初期仍沿秦风格，多凿印，大小约一厘米见方，或略大些，长方形半通印较少，而印文上多加界格。"[95]当时由于时代因素的限制，资料并不全面，因此观点会受到局限。

近年来，随着出土实物资料与私人藏印披露于世的数量的增加，对本小节私印的认识也在不断地完善与进步。如今看来，本小节中私印的印面面型还是以正方形为主，也有块形、圆形，还有仿照公印中的"半通印"结构。本小节中原地区的私印印面一般要小于公印，方形边长不超过2厘米，而在南方地区出现了边长接近甚至超过公印尺寸的私印。

本小节私印的钮式多种多样，有鼻钮、坛钮、台钮、桥钮、覆斗钮、柱钮、亭钮，以及动物形钮等各种钮式。

95　罗福颐编《古玺印概论》，文物出版社，1981，第48—53页。

图 4.3.68
王武，金质，鼻钮

图 4.3.69
王鼗，银质，鼻钮

图 4.3.70
李印，银质，鼻钮

图 4.3.71
刍容，骨质，鼻钮

图 4.3.72
赵陕，玉质，覆斗钮

图 4.3.73
杨差，玉质，桥钮

图 4.3.74
利苍，玉质，覆斗钮

图 4.3.75
郭夸－臣夸，铜质，双面印

图 4.3.76
王鞅－臣鞅，铜质，双面印

图 4.3.77
臣胜－胜，铜质，双面印

图 4.3.78
更名－臣欣，铜质，双面印

两面印在本小节中数量不少，如故宫博物院藏"郭夸－臣夸"（图4.3.75）、"王鞅－臣鞅"（图4.3.76）、"臣胜－胜"（图4.3.77）、"更名－臣欣"（图4.3.78）、"江去疾－江达疾"（图4.3.79）等，秦时两面印的穿鼻多为圆形，这也是区别秦汉两面印的依据之一。多面印及套印在本小节中罕见。

在考古发掘之中所发现的战国墓与汉墓比较多，而秦朝的墓葬则较难辨明。上文中也提到秦统一六国后国祚很短，仅有短短十五年的时间，即使是秦统一六国后下葬的墓主人，其生活的主要时间还是在战国晚期。而且，并没有见到秦统一六国后关于私印制度的明确规定，可以推测当时人们行用的私印应该都还是沿袭战国晚期的形制。

关于私印的分类，按照内容主要可以分为姓氏名字印、姓氏名字加其他内容印。这些分类中难免有重复之处，在举例时，就按照"见前不见后"原则来陈述。

以下为私印的具体分类及介绍：

第一类，姓氏名字印，这是私印的最基本的形式，在以往的著录中很多只是笼统地称其为"姓名印"。叶其峰在《古玺印与古玺印鉴定》一书中说："秦以后姓氏合一，反映在印章上，古玺中复杂的氏，已变成后世所习见的姓了。所以说，从秦朝开始，才有名副其实的姓名印。"[96]

姓名印如"露毋忌"（图4.3.80）、"淳于庆忌"（图4.3.81）、"上官贤"（图4.3.82）、"苑赢"（图4.3.83）、"张视"（图4.3.84）等，印面有方有圆，较为随意，印钮为鼻钮，也有穿鼻无钮的。姓名印后加印章专称，如"赵相如印"（图4.3.85）、"方将吉印"（图4.3.86）；臣印、妾印印例如"臣寅"（图4.3.87）、"妾辛追"（图4.3.88）等，形式为"臣或妾+名或字"；人名单字印如"寓"（图4.3.89）、"差"（图4.3.90）等。此外，还有姓氏单字印，如"李印"（图4.3.70）、"郑印"（图4.3.91）等。

第二类，姓氏名字加其他内容印，即以姓名作为主体内容，再增添其他内容的印章，如故宫博物院藏一枚铜质私印"遗－图形"（图4.3.92），其印面内容即为"名+图案"形式。

根据以上内容，可以总结出本小节中私印的特点：

第一，这一时期的私印同公印一样，专称不用"玺"而用"印"，"玺"成为帝后专用。从现有资料来看，本小节中私印用专称的也并不多。

第二，从印章质地方面来说，本小节中私印的质地以铜为主，制作比较工致，亦有不少玉印存世。

96　叶其峰：《古玺印与古玺印鉴定》，文物出版社，1997，第58页。

图 4.3.79

江去疾－江达疾，铜质，双面印

图 4.3.80

露毋忌，铜质，鼻钮

图 4.3.81

淳于庆忌，铜质，鼻钮

图 4.3.82

上官贤，铜质，鼻钮

图 4.3.83

苑赢，铜质，鼻钮

图 4.3.84

张视，铜质，瓜形印，穿鋬无钮

图 4.3.85

赵相如印，铜质，
鼻钮

图 4.3.86

方将吉印，铜质，
穿鋬无钮

图 4.3.87

臣寅，铜质，
鼻钮

图 4.3.88

妾辛追，木质，
覆斗钮

图 4.3.89

寓，铜质，鼻钮

图 4.3.90

差，铜质，鼻钮

图 4.3.91

郑印，铜质，鼻钮

图 4.3.92

遗－图形，铜质，鼻钮

第三，从印章形制方面来说，本小节私印的钮制以鼻钮为多见，印面形制有方形、长方形、圆形等。印面上多有边栏，多有界画，多"田"字界格和"日"字界格，也有少量印面不施界画的。蓬勃期流行的各式鼻钮印和穿銎印在本小节也都在行用，在本小节的秦印中还有二穿印，到了西汉则基本不见。

第四，从印文内容和书体方面来说，本小节中私印的印文同公印一样，多为阴刻摹印篆，笔画比较匀称，笔势婉曲圆转，字形会随印面空间而变化，文字自然端丽，线条细腻。

（三）词语印与图形印

本小节中词语印的内容多为箴言与吉语，主要与修身做人，表达对安定生活的向往，祈求吉祥如意，以及表现男女情感内容有关。

其中，与修身做人相关的词语印中，有关于对上、对礼制的内容，比如"敬""愻"等单字印；有关于对待他人的内容，比如"言身""中身"等；有关于对待自己的内容，比如"正行无私"、"中精外诚"（图4.3.93）、"中壹"（图4.3.94）等。

还有一些似乎与表现男女情感内容相关，例见"相思得志"（图4.3.95）、"慎"（图4.3.96）等。

秦时常见的词语印有"日敬毋治"（图4.3.97）、"忠仁思士"（图4.3.98）、"壹心慎事"、"安众"（图4.3.99）、"正行"（图4.3.100）、"思言敬事"（图4.3.101）、"百尝"、"高志"（图4.3.102）等。

本小节的词语印尚能根据印文内容与字体等方面来判断时代、划定分期，但图形印由于种种原因并不好明确地区分前后时代，毕竟图形并不会因为时代变化而区别立现。所以，在很多关于印章的论著中，谈到图形印时，从战国直接跳过秦朝，而进入汉代，这也与秦朝享国时间过短有关。而汉初的种种又是沿袭秦制，在很多方面又与秦风格相似，所谓"汉初无文物"即是如此，本小节的图形印更是风格不明显，不能够明确判断出来。在上一期中已有对这类印章的表述、举例，本小节中的图形印便不再做具体分析了。

二、西汉时期

本小节的时间范围大致从西汉早期开始，发展到西汉中晚期，有一部分跳过新莽时期，而直接影响到东汉时期。在本小节存世的印章中随葬印逐渐占多数；从考古发现的情况来看，墓葬出土占多数，也有少数零星出土及遗址发现。

除了玺印实体，本小节出土的泥封数量也比较多，主要出土地点在山

图 4.3.93
中精外诚，铜质，鼻钮

图 4.3.94
中壹，铜质，鼻钮

图 4.3.95
相思得志，铜质，鼻钮

图 4.3.96
慎，铜质，鼻钮

图 4.3.97
曰敬毋治，铜质，鼻钮

图 4.3.98
忠仁思士，铜质，鼻钮

图 4.3.99
安众，铜质，鼻钮

图 4.3.100
正行，铜质，鼻钮

图 4.3.101
思言敬事，铜质，鼻钮

图 4.3.102
高志，铜质，鼻钮

东、陕西、河南、四川等省，其他的省区也有不少出土。此外，印陶文字和
烙漆文字也都有发现。

在本小节中，帝、后、诸侯王用印的印章专称为"玺"，例见"皇后
之玺"（图4.3.103）、"淮阳王玺"（图4.3.104）等。其他专称比较常用
"印"字，例见"上林尉印"（图4.3.105）、"织室令印"（图4.3.106）。
西汉中期以后，有一部分公用印的印章专称为"章"，例见"中部将军
章"（图4.3.107）等。同时也有不少印章不用专称，例见"保虎圈"（图
4.3.108）、"渭陵园令"（图4.3.109）等。

关于本小节印章的研究，不论是公印，还是私印、词语印、图形印，在
此之前发表的相关论著与文章就已经比较丰富与完备。像瞿中溶、陈介祺、
吴式芬、罗福颐、沙孟海、叶其峰、孙慰祖、王人聪、周晓陆、赵平安等在
汉印及其用印痕迹方面的研究都有不少建树。

主要着眼于印章的形制、断代和史料方面的论著与文章有罗福颐的《古玺
印概论》《秦汉南北朝官印征存》，叶其峰的《西汉官印丛考》，叶其峰与王
人聪合著的《秦汉魏晋南北朝官印研究》，罗随祖的《论秦汉南北朝官印的断
代》，以及孙慰祖的《两汉官印汇考》、《西汉官印、封泥分期考述》、《古
封泥集成》、《古封泥概述》和《战国秦汉玺印钮制的演变》，等等。有关本
小节印章印体与书体艺术的文章比较多，就不列举了。

关于本小节印章的研究，不仅依靠和借助了考古学的科学成果和考古学
方法，而且综合了历史学、古文字学等学科的专业知识，研究涉及史料学、
印制学、形制学、文字学以及艺术学的方方面面。由于资料相对齐备，而且
投入的研究力量比较集中，相对于中国古代印章发展史上的其他阶段，对典
则期中西汉印章的研究是比较完善的。

在公私印的分类中，笔者会对本小节印章研究史作简单介绍。

（一）公印

关于本小节的公印，从宋代开始便见于辑录，但是真正具有学术研究性
质的考释著作在晚清时才出现。其中，瞿中溶的《集古官印考证》具有开拓
意义，收录了包括汉代在内的历朝公印九百多枚，"证以正史中官制地理，
为之分别时代，辨其异同，正其讹谬"。但是，此书的缺憾在于没有印蜕记
载，所做的断代大多是从文献出发而缺少与印文书体、印章形制的综合辨
析，如此得出的某些结论在今天看来是不甚确切的，当然这是时代条件限制
所致。[97]

97　孙慰祖主编《两汉官印汇考》，上海书画出版社，1993，第 1 页。

图 4.3.103

皇后之玺，玉质，螭虎钮

图 4.3.104

淮阳王玺，玉质，覆斗钮

图 4.3.105

上林尉印，铜质，瓦钮

图 4.3.106

织室令印，铜质，鼻钮

图 4.3.107

中部将军章，铜质，龟钮

图 4.3.108

保虎圈，铜质，瓦钮

图 4.3.109

渭陵园令，铜质，瓦钮

之后，吴式芬与陈介祺所著《封泥考略》是第一部汇集泥封资料并且加以考释的专书。此书中所收的公印泥封以两汉及新莽时期的为多，考证精当，有理有据。尤为重要的是，《封泥考略》中公印泥封的编排是依据《汉书》和《后汉书》所记载的官署及职官来列成系统的，印证历史的主旨更为明显，这是极具创造性的一点。

罗福颐在《秦汉南北朝官印征存》一书中，将西汉公印分为朝官及其属官印、王侯及其属官印、郡县乡里官印、半通及道家印四部分进行收录，印例多且引证精审，对后世影响极大。不过，随着出土资料的增多，其中也有一些印例值得进一步商榷。

罗福颐的另一著作《汉印文字征》收录汉魏公私印章上所用的文字2646个，重文有7432个，共10078个字。这些文字是根据明清以来各收藏家的四十余种印谱，按照原印大小所摹写，为汉印研究提供了文字查找的工具书。

孙慰祖的《两汉官印汇考》收录两汉及新莽职官印章、泥封共1432方，其中印章744方，泥封688方，以具有史料价值为收录标准，以印文不相重复为原则，信息标注完整，引证翔实，其中公印、泥封图片尺寸均为实物原大，图像清晰。在前人基础上增加了创新之处，对印文的考释也更为丰富，为汉公印研究提供了更多的参考资料。

近一个世纪以来，史学界与考古学界都日益注重汉代公印资料的著录，特别是关于考释断代方面的成果，并且，在其研究工作中更为重视对这些资料的利用。尤其是在西汉公印的用途和类别等方面，近年来在考古发掘和研究中颇有新知所获，有前人所不及的地方。

然而，明代以来长期沿袭的公私印并存、仅辑录一家之藏的谱录方式并未得到根本改变。有的印谱虽然对其中的公印做了断代，但其所定年代范围往往比较宽泛。对于一些出土较晚的泥封，或由于传统习惯的限制，或由于断代较难，往往不会辑录在印谱中，将公印与公印泥封加以综合考释的谱录迄今还未见到。当然，传统的谱录记载习惯有一定科学的道理，但到了如今这个资源层出不穷、新资料愈加丰富的大数据时代，关于公印及其用印痕迹的辑录、研究也需要与时俱进。

罗福颐在《古玺印概论》一书中谈到西汉公印时说："这时官印多出于铸造，只将军印和给兄弟民族的官印，多出于凿款。印的形制，一般是2.5厘米见方。……汉官印多作龟钮或瓦钮，给兄弟民族官印作驼钮或羊钮。"[98]

《秦汉南北朝官印征存》中"前汉官印"一卷也写道："西汉官印文字多半整齐端重，出铸造者较多，用此标识可十得七八而已。而近年长沙古墓

98　罗福颐编《古玺印概论》，文物出版社，1981，第50页。

出一些石质的殉葬专用印，文字金草率，多出西汉，其文字与利仓墓出软侯之印及长沙丞相二铜印文字相近。此二印亦凿而不铸，殆以急于入殓，其印用铜不用石，当是利仓官高故尔。"[99]以上论述精简、全面，为如今我们认识汉印提供了理论基础。

本小节公印的质地以铜质为主，也见有金、银、玉、琥珀、石等多种质地，例见金质"滇王之印"（图4.3.110）、"石洛侯印"（图4.3.111），"朱庐执刲"银印（图4.3.112），玉质"皇后之玺"（图4.3.103），"劳邑执刲"琥珀印（图4.3.113），"长沙仆"滑石印（图4.3.114），等等。印钮以鼻钮为主，半环钮和瓦钮的数量在上升，西汉初期的"长沙丞相"（图4.3.115）算是目前见到的时间较早的公印龟钮，龟钮渐渐行用并有了等级意义。据目前资料而言，到西汉晚期，民族地区公印才开始出现，印章多用羊钮、驼钮。

大部分印面上都没有边栏和界画，这是与上一小节有明显区别的一点，例见"皇后之玺"、"淮阳王玺"（图4.3.104）、泥封"御史府印"（图4.3.116）等。半通印在本小节中较多，也没有界画，比如"司空"（图4.3.117）、"马府"（图4.3.118）等。正方形印面的边长大多在2.3厘米左右，这与汉制中记载的一寸正相符合。现在看来，当时的印文并非如前人所说的多为铸造，而是多为阴文凿刻，只有少量铸印。

本小节中印面文字排列以两列为主，西汉中期以后出现了三列的，但是数量并不多。在本小节中，以笔道均匀、体态方折硬朗的"缪篆"作为入印文字正式形成，关于"缪篆"的具体介绍将放到本小节的私印部分再加以说明，这一时期的文字填满印面，体势宽博敦朴、工整严谨，风格自信、圆融而不刻板，例见西汉"皇后之玺"等。到西汉晚期，印文字体"进一步走向方峻整肃，圆转的笔意趋于消退"[100]。

中原、北方地区的公印印体比较规整，文字也很整齐，基本摆脱了小篆的影响；南方（两湖、两广）地区的印体不甚规范，印文刻字往往比较简率泼辣，有的也受到小篆影响，有的能看出隶书的笔意，在印章材质上，也有使用滑石等软质材料的。

此外，值得一提的是，西汉时期泥封的使用也比较多，本小节的泥封遗存亦十分丰富，这是一份重要的史料，可以与当时的公印互为补充，提供大量的关于当时官制、地理和文字演变等方面的重要资料。同时泥封所具有的艺术性也不容忽视，这是全面认识当时印章艺术的另一个参照系统。

图 4.3.110
滇王之印，金质，蛇钮

图 4.3.111
石洛侯印，金质，龟钮

99　罗福颐主编《秦汉南北朝官印徵存》，文物出版社，1987，第19页。
100　孙慰祖：《孙慰祖论印文稿》，上海书店出版社，1999，第56页。

图 4.3.112
朱庐执刲，银质，蛇钮

图 4.3.113
劳邑执刲，琥珀质，蛇钮

图 4.3.114
长沙仆，滑石质，鼻钮

图 4.3.115
长沙丞相，铜质鎏金，龟钮

图 4.3.116
御史府印，泥封

图 4.3.117
司空，铜质，瓦钮

图 4.3.118
马府，铜质，瓦钮

下面，将按照印文内容来对本小节中的公印进行分类及简单阐述：

1. 官署印

本小节的官署印仍分为中央与地方两部分来叙述，汉袭秦制，不少官署名称都能从秦代的职官制度中寻找到。一些公印仅见地名，或为地方官署的省称，在本小节中也一并放到地方官署印中，不再单独讨论。

（1）中央官署印

属于本小节的中央官署印，例见"保虎圈"（图4.3.108）、"马府"（图4.3.118）、"器府之印"（图4.3.119）、"中官府印"（图4.3.120）、"武徒府"（图4.3.121）、"脣印"（图4.3.122）、"庙衣府印"（图4.3.123）、"御小府"（图4.3.124）、泥封"御史府印"（图4.3.116）、泥封"库印"（图4.3.125）、泥封"少府"（图4.3.126）等。

其中，"御小府"这一名称在史书中没有明确记载，《汉书·百官公卿表》中云少府属官有御府，[101]此"御小府"可能也是少府属官。

"御史府印"为上海博物馆所藏的西汉中期泥封，《汉书·楚元王传》中提道："今二府奏佞諂不当在位，历年而不去。（如淳曰：'二府，丞相、御史也。'）"[102]又《汉书·公孙刘田王杨蔡陈郑传》中："若夫丞相、御史两府之士，不能正议以辅宰相……"[103]以上两处文献都提到丞相、御史合称"二府"，孙慰祖认为"御史府为御史大夫官署"[104]。

（2）地方官署印

本小节的地方官署印例见湖南长沙出土的"长沙顷庙"（图4.3.127）、"仓印"（图4.3.128）等。

其中，"长沙顷庙"为滑石印，《汉书·景十三王传》中载："长沙定王发，……孝景前二年立。……二十八年薨。子戴王庸嗣，二十七年薨。子顷王鲋鮈嗣，十七年薨。"[105]故"长沙顷庙"可以理解为长沙顷王之庙，应为顷庙官吏所用的官署印。"仓印"为铜印，"仓"是各级政府贮存谷物之地，"仓印"应为王国或县属的仓署用印。

像"春陵之印"（图4.3.129）、"兰陵之印"（图4.3.130）、"西立乡"（图4.3.131）、"鲁都乡"（图4.3.132）以及泥封"邘厉邑印"（图4.3.133）、"定陵邑印"（图4.3.134）、"槐里之印"（图4.3.135）等以地

图 4.3.119
器府之印，铜质，鼻钮

图 4.3.120
中官府印，铜质，瓦钮

图 4.3.121
武徒府，铜质，瓦钮

图 4.3.122
脣印，铜质，瓦钮

101　班固：《汉书》卷十九上《百官公卿表第七上》，中华书局，1962，第731页。

102　班固：《汉书》卷三十六《楚元王传第六》，中华书局，1962，第1944-1945页。

103　班固：《汉书》卷六十六《公孙刘田王杨蔡陈郑传第三十六》，中华书局，1962，第2904页。

104　孙慰祖主编《两汉官印汇考》，上海书画出版社，1993，第2页。

105　班固：《汉书》卷五十三《景十三王传第二十三》，中华书局，1962，第2426页。

图 4.3.123

庙衣府印，铜质，鼻钮

图 4.3.124

御小府，铜质，瓦钮

图 4.3.125

库印，泥封

图 4.3.126

少府，泥封

图 4.3.127

长沙顷庙，滑石质，鼻钮

图 4.3.128

仓印，铜质，瓦钮

图 4.3.129

舂陵之印，石质，鼻钮

图 4.3.130

兰陵之印，铜质，鼻钮

图 4.3.131

西立乡，铜质，瓦钮

图 4.3.132

鲁都乡，铜质，鼻钮

图 4.3.133

郳厉邑印，泥封

图 4.3.134

定陵邑印，泥封

图 4.3.135

槐里之印，泥封

名为内容的印章或泥封，如上文所说可能是省略官署名称的官署印，也可能是省略了地方长官名称的职官用印。且放在这里说明，在下文的地方职官印中将不再提及。

2. 职官印

（1）帝后、王侯、封君玺印

本小节的帝后玺印例见"皇后之玺"（图4.3.103），白玉螭虎钮，印面2.8厘米见方。此印1968年采集于陕西咸阳渭河北原，现藏陕西历史博物馆。在前文的文献记载中已经提到"皇帝六玺，皆白玉螭虎钮"[106]，"皇后玉玺，文与帝同。皇后玉玺，金螭虎钮"[107]。此印可能为后世祭祀之用，而非吕后在世时之实用物。

王侯、封君玺印例见"石洛侯印"（图4.3.111）、"淮阳王玺"（图4.3.104）、"诸国侯印"（图4.3.136）、"君侯之印"（图4.3.137）以及泥封"河间王玺"（图4.3.138）、"菑川王玺"（图4.3.139）等。

其中，"石洛侯印"出土于山东地区，金质，龟钮，印面2.3厘米见方。石洛侯为城阳顷王子，元狩元年（公元前122年）四月戊寅封。

"淮阳王玺"，玉质，覆斗钮，印文极规整。罗福颐在《秦汉南北朝官印征存》中考证："汉书诸侯王表：宣帝子刘钦于元康三年立为淮阳王。死后，子刘玄、刘缤相继袭位。"[108]若照此说法，那么该印当为西汉晚期之物。

（2）中央职官印

①中央属百官印

本小节的中央官制与第一小节大体相同，三公职官印及用印痕迹亦有，其他等级较低的百官用印实物资料比较多。例见"司空"（图4.3.117）、"大鸿胪"（图4.3.140）、"都水丞印"（图4.3.141）、"斡官泉丞"（图4.3.142）、"代郡农长"（图4.3.143）、"织室令印"（图4.3.106）以及泥封"少府丞印"（图4.3.144）、"尚书令印"（图4.3.145）等。

其中，"司空"一印的印面纵1.4厘米，横0.8厘米，比正常公印尺寸要小。西汉成帝绥和元年（公元前8年）将御史大夫更名为大司空，[109] 为三公之一。

"大鸿胪"在《汉书·百官公卿表》中有记载："典客，秦官，掌诸归义蛮夷。……武帝太初元年更名大鸿胪。"[110] "都水丞印"，据《汉书·百

图 4.3.136
诸国侯印，金质，龟钮

图 4.3.137
君侯之印，银质，龟钮

图 4.3.138
河间王玺，泥封

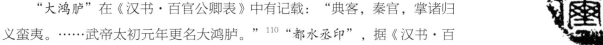

106　孙星衍等：《汉官六种·汉旧仪补遗》，中华书局，1990，第62页。

107　同上书，第76页。

108　罗福颐主编《秦汉南北朝官印征存》，文物出版社，1987，第41页。

109　班固：《汉书》卷十九上《百官公卿表第七上》，中华书局，1962，第725页。

110　同上书，第730页。

图 4.3.139
菑川王玺，泥封

图 4.3.140
大鸿胪，铜质，鼻钮

图 4.3.141
都水丞印，铜质，鼻钮

图 4.3.142
斡官泉丞，铜质，鼻钮

图 4.3.143
代郡农长，铜质，鼻钮

图 4.3.144
少府丞印，泥封

图 4.3.145
尚书令印，泥封

官公卿表》载，奉常属官有均官，都水两长丞，武帝元鼎二年（公元前115年）初置之水衡都尉属官也有都水，为主治渠隄水门之官。[111]

"斡官泉丞"与"代郡农长"均为治粟内史（武帝太初元年更名大司农）属官，《汉书·百官公卿表》中记载治粟内史时云其属官有斡官、铁市两长丞以及郡国诸仓农监。[112]

"织室令印"与泥封"尚书令印"所反映的职官均为少府属官。根据《汉书·百官公卿表》可知，少府属官有尚书、导官以及东织、西织等令丞，汉成帝河平元年（公元前28年）省东织，更名西织为织室。[113]而少府有六丞，故泥封"少府丞印"应为少府佐官用印痕迹。

②诸厩、宫苑职官印

关于诸厩职官印在上一小节中已做过阐述，这里便不赘言。印例见"未央厩丞"（图4.3.146），《汉书·百官公卿表》："太仆，秦官，掌舆马，有两丞。属官有大厩、未央、家马三令，各五丞一尉。"[114]《后汉书·百官二》："太仆，……未央厩令一人，六百石。本注曰：主乘舆及厩中诸马。"[115]由此可以推测，未央厩丞或为负责未央宫马厩相关事物的属官。

宫苑职官印例见"上林尉印"（图4.3.105）、"园里监印"（图4.3.147）、"右苑泉监"（图4.3.148）以及泥封"禁圃左丞"（图4.3.149）。

其中，关于"右苑泉监"一印有两种说法，罗福颐将印文读为"右苑泉监"，认为是水衡都尉掌上林苑，此苑泉监当是其属。[116]而瞿中溶《集古官印考证》作"右泉苑监"，孙慰祖也将此印读为"右泉苑监"，认为秦汉官职每有左右之分，"泉苑"之名史籍无征或为甘泉苑之省文。[117]

③陵邑、陵寝职官印

汉元帝之前，陵邑职官尚隶属于中央；而汉元帝之后，陵邑职官则属于地方。

据《汉书·百官公卿表》可知奉常属官有诸庙寝园食官令长丞。[118]汉代帝、后陵寝均有园，园置令、长、丞掌管相关事宜，例见"渭陵园令"（图4.3.109）、"霸陵园丞"（图4.3.150）、"康陵园令"（图4.3.151）以及泥封"孝昭园令印"（图4.3.152）、"顷园长印"（图4.3.153）。汉代诸庙寝

111　班固：《汉书》卷十九上《百官公卿表第七上》，中华书局，1962，第731页。

112　同上书，第730页。

113　同上书，第730-731页。

114　同上书，第729页。

115　范晔：《后汉书·志》第二十五《百官二》，中华书局，1965，第3582页。

116　罗福颐主编《秦汉南北朝官印征存》，文物出版社，1987，第39页。

117　孙慰祖主编《两汉官印汇考》，上海书画出版社，1993，第26页。

118　班固：《汉书》卷十九上《百官公卿表第七上》，中华书局，1962，第726页。

图 4.3.146
未央厩丞，铜质，鼻钮

图 4.3.147
园里监印，铜质，龟钮

图 4.3.148
右苑泉监，铜质，瓦钮

图 4.3.149
禁圃左丞，泥封

图 4.3.150
霸陵园丞，铜质，鼻钮

图 4.3.151
康陵园令，铜质，瓦钮

图 4.3.152
孝昭园令印，泥封

图 4.3.153
顷园长印，泥封

亦有令长丞，例见泥封"高寑（寝）丞印"（图4.3.154）、"孝惠寑（寝）丞"（图4.3.155）、"孝文庙令"（图4.3.156）等。

其中，"霸陵园丞"为故宫博物院所藏的西汉早期印章，据《汉书·文帝纪》可知霸陵为汉文帝刘恒之陵寝。[119]霸陵园丞应为霸陵园令的佐官。

泥封"顷园长印"之顷园长应为顷王的寝园长。西汉谥号为顷王的有赵顷王昌、菑川顷王遗、代顷王阳、河间顷王缓、鲁顷王封、平干顷王偃、长沙顷王鲋鮈、中山顷王辅、胶东顷王音、真定顷王平、高密顷王章，而此印中的"顷园"属于哪位顷王尚未可考。[120]

"高寑（寝）丞印"为上海博物馆所藏西汉早期泥封，《汉书·惠帝纪》："令郡诸侯王立高庙。"[121]颜师古注曰："诸郡及诸侯王国皆立庙也。"[122]《汉书·公孙刘田王杨蔡陈郑传》："车千秋，本姓田氏，其先齐诸田徙长陵。千秋为高寝郎。"[123]颜师古注曰："高庙卫寝之郎。"[124]孙慰祖云："此'高寝丞'未冠郡国名，当是奉常卿所属。"[125]高寝丞或为汉高祖庙卫寝之官。

"孝惠寑（寝）丞"与"孝文庙令"皆为西汉早期泥封，孝惠寝应当为汉惠帝陵寝，孝惠寝丞应是守孝惠帝陵寝的职官。据"高寑（寝）丞印"解释可知，孝文庙令应为奉常属官。

（3）地方职官印

①郡县职官印

史籍中记载的西汉郡县在公印中得以印证，其中错误之处也可以通过印章及泥封等实物资料得以纠正，并且遗漏之处也可以增补。本小节的郡县职官印例见"合浦太守章"（图4.3.157）、"东莱守丞"（图4.3.158）、"武陵尉印"（图4.3.159）、"渭成令印"（图4.3.160）、"朔方长印"（图4.3.161）、"成皋丞印"（图4.3.162）、"朝那左尉"（图4.3.163）、"杜陵右尉"（图4.3.164）、"上沅渔监"（图4.3.165）等。

其中，"合浦太守章"一印，根据《汉书·地理志》可知合浦为汉郡名，武帝元鼎六年（公元前111年）开，属交州。[126]《汉书·百官公

———————

119　班固：《汉书》卷四《文帝纪第四》，中华书局，1962，第 132 页。

120　孙慰祖主编《两汉官印汇考》，上海书画出版社，1993，第 180 页。

121　班固：《汉书》卷二《惠帝纪第二》，中华书局，1962，第 88 页。

122　同上。

123　班固：《汉书》卷六十六《公孙刘田王杨蔡陈郑传第三十六》，中华书局，1962，第 2883 页。

124　同上书，第 2884 页。

125　孙慰祖主编《两汉官印汇考》，上海书画出版社，1993，第 4 页。

126　班固：《汉书》卷二十八下《地理志第八下》，中华书局，1962，第 1609 页。

图 4.3.154

高寝（寝）丞印，泥封

图 4.3.155

孝惠寝（寝）丞，泥封

图 4.3.156

孝文庙令，泥封

图 4.3.157

合浦太守章，石质，龟钮

图 4.3.158

东莱守丞，铜质，鼻钮

图 4.3.159

武陵尉印，铜质，瓦钮

图 4.3.160

渭成令印，铜质，瓦钮

图 4.3.161

朔方长印，铜质，鼻钮

图 4.3.162

成皋丞印，铜质，鼻钮

图 4.3.163

朝那左尉，铜质，瓦钮

图 4.3.164

杜陵右尉，铜质，鼻钮

图 4.3.165

上沅渔监，铜质，钮残

卿表》："郡守，秦官，掌治其郡，秩二千石。……景帝中二年更名太守。"[127]

"东莱守丞""武陵尉印""渭成令印""朔方长印""成皋丞印""朝那左尉""杜陵右尉"皆为汉县属官印，其县名可从《汉书·地理志》中找到记载。而"渭成令印"中的"渭成"与史书记载有出入，《汉书·地理志》中云右扶风下有渭城县，[128]既有公印这一实物资料作为证据，《汉书》应是将"成"误作"城"。

"上沅渔监"一印已残，"上沅"在史籍中并无记载，或为沅水上游之地，其地望在汉武陵郡与长沙国之间。监，应当是监管之官。"上沅渔监"可能是掌管上沅渔利的特设官吏。[129]

②王国、侯国属官印

根据《汉书·百官公卿表》可知，高帝初置诸侯王，诸侯国内职官制度如中央，景帝中五年（公元前145年）改丞相曰相，诸官长丞皆损其员。[130]本小节的王国、侯国属官印既反映了当时的诸侯国名称，也体现了诸侯国内的职官制度。例见"湘成侯相"（图4.3.166）、"睢陵家丞"（图4.3.167）、"牧丘家丞"（图4.3.168）、"防乡家丞"（图4.3.169）、"平的国丞"（图4.3.170）、"卑梁国丞"（图4.3.171）等。

根据《后汉书·百官志》可知列侯所食国置相，如县令长，列侯家臣有家丞、庶子。[131]而"国丞"在史书中未见记载。"睢陵家丞"即为睢陵侯家丞，"牧丘家丞"为牧丘侯家丞，"防乡家丞"为防乡侯家丞。

③乡、亭、里及其他社会基层组织官印

西汉时期，郡县之下的乡、亭、里等社会基层组织有一套稳定的管理体制，《汉书·百官公卿表》中对于乡、亭、里有所记载："大率十里一亭，亭有长。十亭一乡，乡有三老、有秩、啬夫、游徼。三老掌教化。"[132]通过留存于世的公印，可以对这些社会基层组织进行进一步了解。例见"孝子单祭尊"（图4.3.172）、"外里祭尊"（图4.3.173）、"慈孝单左史"（图4.3.174）、"孝弟单右史诩"（图4.3.175）、"万岁单三老"（图4.3.176）等。

单，是古代村社组织；祭尊，应为古代乡官。根据"孝子单祭尊""外里祭尊"两方印推测，单与里或为相同等级的社会基层组织。故"孝

图 4.3.166
湘成侯相，铜质，瓦钮

图 4.3.167
睢陵家丞，铜质，鼻钮

127　班固：《汉书》卷十九上《百官公卿表第七上》，中华书局，1962，第742页。

128　班固：《汉书》卷二十八上《地理志第八下》，中华书局，1962，第1547页。

129　陈松长：《湖南古代玺印》，上海辞书出版社，2004，第52页。

130　班固：《汉书》卷十九上《百官公卿表第七上》，中华书局，1962，第741页。

131　范晔：《后汉书·志》第二十八《百官五》，中华书局，1965，第3631页。

132　班固：《汉书》卷十九上《百官公卿表第七上》，中华书局，1962，第742页。

图 4.3.168
牧丘家丞，铜质，鼻钮

图 4.3.169
防乡家丞，铜质，鼻钮

图 4.3.170
平的国丞，铜质，瓦钮

图 4.3.171
阜梁国丞，铜质，瓦钮

图 4.3.172
孝子单祭尊，铜质，瓦钮

图 4.3.173
外里祭尊，铜质，龟钮

图 4.3.174
慈孝单左史，铜质，瓦钮

图 4.3.175
孝弟单右史诩，铜质，龟钮

图 4.3.176
万岁单三老，铜质，龟钮

图 4.3.177
校尉之印，银质，龟钮

图 4.3.178
禽适将军章，铜质，龟钮

图 4.3.179
裨将军印，铜质，龟钮

图 4.3.180
将军长史，铜质，瓦钮

子""慈孝""孝弟""万岁"等应是乡里之名。

（4）军旅印

西汉时期的军旅印实物资料存世较多，尤其是西汉中晚期，武官印、将军印及其他属官印都比较多见，比如"校尉之印"（图4.3.177）、"禽适将军章"（图4.3.178）、"裨将军印"（图4.3.179）、"将军长史"（图4.3.180）、"上将军印章"（图4.3.181）、"营军司空"（图4.3.182）、"护军之印章"（图4.3.183）、"中部护军章"（图4.3.184）、"护军印章"（图4.3.185）等。

其中，"禽适将军章"藏于台北"故宫博物院"，"禽适将军"这一职官在《史记》《汉书》《后汉书》中都没有记载。有一种观点认为"禽适将军"即"擒敌将军"，据这一印章可知汉列将军有此名号。[133]

"将军长史"应主掌幕府之事，《汉书·百官公卿表》："前后左右将军，皆周末官，秦因之，位上卿，金印紫绶。……有长史，秩千石。"[134]

"营军司空"为大将军属官，《汉书·杜周传》："昭帝初立，大将军霍光秉政，以延年三公子，吏材有余，补军司空。"对于"军司空"，"苏林曰：'主狱官也。'如淳曰：'律，营军司空、军中司空各二人。'"[135]

"护军之印章""中部护军章""护军印章"之类，依据《汉书·百官公卿表》中记载："护军都尉，秦官，……平帝元始元年更名护军。"[136]时代应为西汉晚期及之后。

（5）民族地区及域外职官印

目前所见到的民族地区及域外职官印在本小节中开始出现，例见"滇王之印"（图4.3.110）、"汉保塞近群邑长"（图4.3.186）、"归义邑长"（图4.3.187）、"归义长印"（图4.3.188）以及"越青邑君"（图4.3.189）、"越贸阳君"（图4.3.190）。

"滇王之印"，现藏于中国国家博物馆，金质，蛇钮。据《史记·西南夷传》中记载："西南夷君长以什数，夜郎最大；其靡莫之属以什数，滇最大……"[137]故滇为古代西南少数民族国名。又"元封二年，天子发巴蜀兵击灭劳浸、靡莫，以兵临滇。滇王始首善，以故弗诛。滇王离难西南夷，举

133　孙慰祖主编《两汉官印汇考》，上海书画出版社，1993，第29页。

134　班固：《汉书》卷十九上《百官公卿表第七上》，中华书局，1962，第726页。

135　班固：《汉书》卷六十《杜周传第三十》，中华书局，1962，第2662页。

136　班固：《汉书》卷十九上《百官公卿表第七上》，中华书局，1962，第737页。

137　司马迁：《史记》卷一百一十六《西南夷列传第五十六》，中华书局，1982，第2991页。

图 4.3.181
上将军印章，铜质，瓦钮

图 4.3.182
营军司空，铜质，鼻钮

图 4.3.183
护军之印章，铜质，鼻钮

图 4.3.184
中部护军章，铜质，龟钮

图 4.3.185
护军印章，铜质，瓦钮

图 4.3.186
汉保塞近群邑长，铜质，龟钮

图 4.3.187
归义邑长，铜质，瓦钮

图 4.3.188
归义长印，铜质，瓦钮

图 4.3.189
越青邑君，铜质，瓦钮

图 4.3.190
越贸阳君，铜质，瓦钮

国降，请置吏入朝。于是以为益州郡，赐滇王王印，复长其民"[138]。

"汉保塞近群邑长"藏于天津博物馆，铜质，龟钮。"保塞近群邑长"在史书中没有明确记载。"归义邑长"与"归义长印"两枚印章中族名都没有标明。这三枚印所反映的职官名应是汉朝廷赐给少数民族部落首领的官号。

"越青邑君"与"越贸阳君"中的"越"为国名，战国以后泛指古东南沿海及岭南地区的民族，又有"百越"之称。"青邑"与"贸阳"或为当时百越人邑落名，已无可考。这两枚印章应是汉朝廷赐给百越人邑落首领的官号。

根据上文可以总结出本小节公印的特征：

第一，从用印制度方面来说，本小节公印的用印制度在前朝基础上进一步改革、完善，既因循秦制，也有所创新，从公印材质，到印钮形制，乃至印文专称与印文字数都有所规定。

第二，从印钮形制方面来说，本小节公印主要以龟钮和鼻钮为主，龟钮印为侯爵及秩比二千石以上高官所佩，而鼻钮印为秩比千石以下中下级官吏的佩印，令、长及朝官僚属均佩鼻钮印。

第三，从印面形制和内容方面来说，本小节公印印面不再施边栏和界格，汉武帝之前四字方印为多，到汉武帝时期五字印成为法定印式，并开始在公印中用"章"字，进入了"印"与"章"专称并用的时期。

第四，从入印文字的书体方面来说，本小节公印的印文书体多为缪篆，笔画雄健刚劲，布局严谨丰满，字形宽博质朴。这一时期印文的排列也进一步规范，读法多为右起上下读。

（二）私印

关于本小节的私印，早期的研究中，罗福颐有言："这时私印亦多白文，……中期铸印渐多，大到二至三厘米见方，印文渐不加界格，由二字或三字发展到某某之印、某某私印，形式种类渐多变化。从物质上看，除铜印外，还有玉印及银印等。从书体上看，除一般篆体外，还有缪篆和鸟篆。从钮制上看，有鼻钮、坛钮、桥钮、龟钮、两面印。这时的出土印，有河北满城汉墓出'窦绾'两面印，江苏海州汉墓出'侍其繇'银印，以及湖北凤凰山汉墓出张偃两面木印等。"[139]

本小节私印的质地以铜质为主，也有金、银、玉、石、木、玛瑙、琥珀、琉璃、水晶、绿松石、云母等多种材质，例见金质"闵都君印"（图

138　司马迁：《史记》卷一百一十六《西南夷列传第五十六》，中华书局，1982，第2997页。

139　罗福颐编《古玺印概论》，文物出版社，1981，第53页。

4.3.191）、银质"朱萌私印"（图4.3.192）、"絑婴"玉印（图4.3.193）、"单寒氏"绿松石印（图4.3.194）、"孙安国"水晶印（图4.3.195）、"妾媆"玛瑙印（图4.3.196）、"黄文"滑石印（图4.3.197）、"刘殖"琥珀印（图4.3.198）等。

本小节印面文字多为阴文凿刻，在金属印中也有少量是铸印，铸印的印文中有阴文、阳文，私印中也有阴阳合文。印面上大部分不设边栏，没有界画。例见"王宫私印"（图4.3.199）、"王相之印"（图4.3.200）、"王充之印"（图4.3.201）等。一般印面比较小，有部分玉、石、水晶、玛瑙等质地的印章印面比较大。

中原、北方地区的印体、文字都比较规整；南方地区的印体、文字除了玉印、玛瑙印、一部分铜印等比较严整，一些私印往往比较简率。西汉中晚期之后，私印上比较常见"印、之印、私印、信印、印信"等专称，例见"单千岁印"（图4.3.202）、"莒定之印"（图4.3.203）、"杨彭私印"（图4.3.204）、"贾建信印"（图4.3.205）、"左晋印信"（图4.3.206）等。

在本小节中，私印的印钮多种多样，除了常见的鼻钮、瓦钮、桥钮、龟钮，还有熊钮、狮钮、兽钮。从目前的出土资料来看，印钮有新的发现，比如2016年海昏侯墓出土的"刘贺"玉印（图4.3.207），钮式为鸱鸮钮，不常见。另外，本小节的双面印不少，套印也开始出现。

此时的印文字体主要用缪篆，除此之外，也有以鸟虫书入印，例见桐华居所藏玉印"周右车"（图4.3.208）、湖南出土玉印"曹媆"（图4.3.209）等。关于西汉的缪篆私印，前人的讨论比较多，也存在不少争议，有的学者将属于鸟虫书的部分汉代印章字体命名为"缪篆"。罗福颐曾经这样提道："汉许慎《说文解字》叙目：亡新居摄，改定古文，时有六书，'五曰缪篆，所以摹印也'。今传世官印，文皆平方正直；只有私印中有一种笔画故作屈曲回绕，此当是许氏所谓缪篆。过去有人称汉魏印上文字皆为缪篆，这是不对的。此种缪篆，官印上不用，只用于私印。"[140]其中所说的"缪篆"应当为鸟虫书。

叶其峰《古玺印与古玺印鉴定》一书中也提道："缪篆仅见于汉，以笔画盘曲、结体紧密为基本特征。"[141]而且，叶其峰认为缪篆的源头可追溯到春秋战国时期吴越地区流行的鸟虫书，并列举了汉姓名印中缪篆的三种形态。[142]笔者认为其中所讲的"缪篆"为"鸟虫书"，并非真正的"缪篆"，

图 4.3.191
闵都君印，金质，馒头形穿带印

图 4.3.192
朱萌私印，银质，龟钮

140　罗福颐编《古玺印概论》，文物出版社，1981，第55页。

141　叶其峰：《古玺印与古玺印鉴定》，文物出版社，1997，第63页。

142　叶其峰：《古玺印通论》，紫禁城出版社，2003，第179、180页。

图 4.3.193
240f婴，玉质，覆斗钮

图 4.3.194
单寒氏，绿松石质，覆斗钮

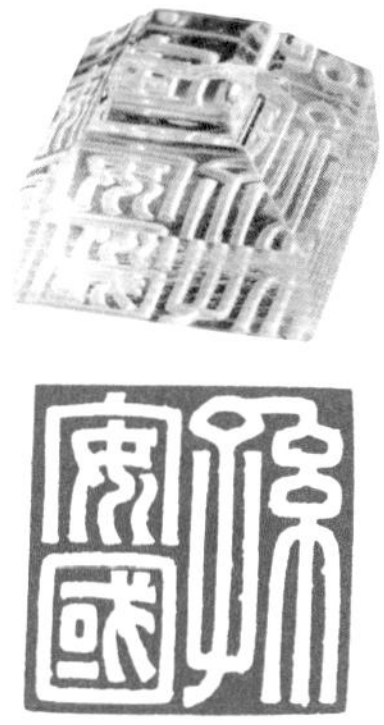

图 4.3.195
孙安国，水晶质，覆斗钮

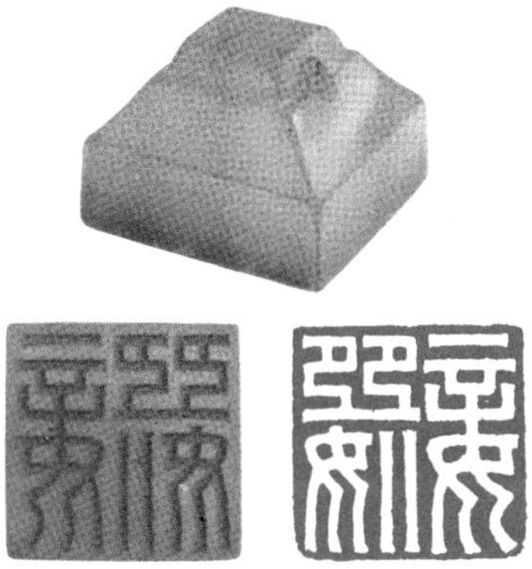

图 4.3.196
妾嫼，玛瑙质，覆斗钮

图 4.3.197
黄文，滑石质，鼻钮

图 4.3.198
刘殖，琥珀质，馒头形穿带印

图 4.3.199
王宫私印，铜质，瓦钮

图 4.3.200
王相之印，铜质，桥钮

图 4.3.201
王充之印，铜质，瓦钮

图 4.3.202
单千岁印，铜质，鼻钮

图 4.3.203
笪定之印，铜质，瓦钮

图 4.3.204
杨彭私印，铜质，瓦钮

图 4.3.205
贾建信印，铜质，瓦钮

图 4.3.206
左晋印信，铜质，拱钮

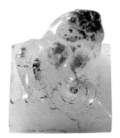

图 4.3.207
刘贺，玉质，鸱鸮钮

图 4.3.208
周右车，玉质，覆斗钮

图 4.3.209
曹媄，玉质，覆斗钮

图 4.3.210
赵通之印，铜质，瓦钮

图 4.3.211
臣偃，玉质，覆斗钮

图 4.3.212
臣顺，玉质，覆斗钮

而且在"秦书八体"中"缪篆"与"鸟虫书"是并列而言的，如果按照以上解释也是说不通的。

　　在如今看来，孙慰祖与周晓陆的说法极具参考价值。孙慰祖认为"缪篆"是以小篆为基本结构规范的，其根本的特点是依据印章特定的布局方法和相应空间做出体态和部分笔画的变形，又由于上述特定空间是以正方形为主，因此我们今天看到的"缪篆"是一种以平方正直为主的形体。[143]

　　周晓陆在《古代玺印》一书中提道："所谓'缪篆'，当起源于秦汉之际，它一是用于'摹印'的字体，二是直接继承了秦'摹印篆'，三是其字法结构是屈曲填满以适应印章印面，它的线条平直匀称以区别于其他书体。……它是对秦'摹印篆'的继承发展，又吸取了部分隶书笔法。"[144]故本小节印章所用的"缪篆"当为如周晓陆所说的字体，例见"杨彭私印"、"赵通之印"（图4.3.210）等。

　　如果以印文内容来分类的话，本小节中的姓氏名字印数量最多。前文中提到的"单千岁印""杨彭私印""赵通之印"等，均为姓名印。像"妾嬊"、"臣偃"（图4.3.211）、"臣顺"（图4.3.212）等印例皆为"臣或妾+名或字"形式的臣印、妾印。

　　近年来重要的发现有江西海昏侯墓椁室出土的"大刘记印"（图4.3.217），这引起了业界内外的广泛关注，关于这枚印的考证也极为热闹。后来随着"刘贺"玉印的出土，"大刘记印"属于汉废帝即海昏侯刘贺所有的结论才尘埃落定。

　　"大刘记印"为玉质，龟钮，尺寸为1.7厘米见方，印面无边栏、界画，印文为阴文。"大刘"这种"大+姓氏"的印文组合与"巨+姓氏"这种组合相似，在汉代词语印中多见，而"大刘记印"应是侧重于刘氏的皇族身份。"记印"应为印章的专称，早在《古代玺印》一书中，周晓陆已经提到"记印"为"东汉以后所见，为另一专称'记'与'印'的结合，数量不多，用于私印"[145]。由于资料的限制，当时认为"记印"的专称是东汉以后才出现，现在海昏侯墓"大刘记印"的出土，将"记印"这种专称出现的时间提前到了西汉。

　　除了姓氏名字印，还有姓氏名字与其他内容相结合的印文，例见"王子孺印"（图4.3.218），便是姓名与图形相结合的代表。

　　在本小节中，发端于战国的穿带两面印较为流行，数量较多，青铜质地为主，上一小节的圆形穿鋬在本小节中基本变为长方形，但也有例外，比如

143　孙慰祖：《可斋论印新稿》，上海辞书出版社，2003，第53页。

144　周晓陆：《古代玺印》，中国书店，1998，第28页。

145　同上书，第20页。

图 4.3.213
王长寿印，铜质，桥钮

图 4.3.214
卜千秋印，铜质，桥钮

图 4.3.215
苏将军印，铜质，龟钮

图 4.3.216
韩大夫，铜质，鼻钮

图 4.3.217
大刘记印，玉质，龟钮

图 4.3.218
王子孺印，铜质，桥钮

"庄摩－图形"水晶双面印（图4.3.219）和"田延年－日昌"铜质双面印（图4.3.220）都是圆形穿鋬。

两面印印例如"周阮－臣阮印"（图4.3.221）、"高乘马－臣乘马"（图4.3.222）、"段可俎印－臣可俎"（图4.3.223）等，印面内容表现为一面是姓名，另一面是"臣+名"；像"王信－王少君"（图4.3.224）、"辛骓－辛长君"（图4.3.225）等两面印，内容表现为一面是姓名，另一面是姓氏与表字的组合。

像"董范人－日利"（图4.3.226）等两面印的内容为一面是姓名，另一面是吉语。此外，还有一面内容为姓名，另一面为图形的两面印，例见"侯疾巳－图形"（图4.3.227），"李卿－图形"（图4.3.228）等。也有两面内容皆为吉语的印例，如"长幸－长富"（图4.3.229），"日内千金－鸿幸"（图4.3.230）等。

本小节多面印已出现，例见"侯婴－图形"（图4.3.231），两面印加侧面印，共四面，其中一面内容为阴阳文"侯婴"，另三面为图形印。套印也有出现，形制多样，有龟瓦相套、龟身龟首相套、虎瓦相套、熊瓦相套等形式，正如《可斋论印新稿》所言："这类形式既拓展了印体的利用空间，适应更为丰富的文字内容需要和印章用途，同时又有携带方便并具玩赏的价值。"[146]套印印例如"臣信－弓信－弓长孙"瓦钮三套印（图4.3.232）。

根据以上内容，可以将本小节私印的特征总结如下：

第一，从印章质地来说，本小节的私印除了玉、金、银、铜这四种公印中已使用的材质，牙、木、水晶、玛瑙、琉璃、煤精等也被用作印材。私印的材质并不受等级的限制，选材广泛，玉质私印比较多。

第二，从印钮方面来说，本小节的私印除了比较常见的鼻钮、瓦钮、龟钮和少见的虎钮、驼钮、蛇钮、鸥鹟钮，还重新使用曾一度中断的战国流行的一些钮式，比如覆斗钮（主要用于玉印）、角觿钮、带钩钮、三联鼻钮、四联鼻钮等，同时也有一些新出现的钮式，比如桥钮、盘龙钮、泉钮、狮钮、鹿钮、兔钮等。

第三，从印面与印体形制来说，本小节私印的印面上已经不再流行上一小节常使用的边栏和界格；双面印在此时比较流行，套印在西汉中期已经流行。

第四，从印章内容与印文来说，本小节私印的内容灵活多样，仅姓氏名字印就有多种组合；印文书体以缪篆为主流，同时也出现了刻意美术字化的鸟虫篆；印文的表现方式有阴文，有阳文，也有阴阳文相间；印文的布局

图 4.3.219
庄摩－图形，水晶，双面印

图 4.3.220
田延年－日昌，铜质，双面印

146　孙慰祖：《可斋论印新稿》，上海辞书出版社，2003，第51页。

图 4.3.221
周阮－臣阮印，铜质，双面印

图 4.3.222
高乘马－臣乘马，铜质，双面印

图 4.3.223
段可俎印－臣可俎，铜质，双面印

图 4.3.224
王信－王少君，铜质，双面印

图 4.3.225
辛骓－辛长君，铜质，双面印

图 4.3.226
董范人－日利，铜质，双面印

图 4.3.227
侯疾巳－图形，铜质，双面印

图 4.3.228
李卿－图形，铜质，双面印

图 4.3.229
长幸－长富，铜质，双面印

图 4.3.230
日内千金－鸿幸，铜质，双面印

图 4.3.231
侯婴－图形，铜质，四面印

图 4.3.232
臣信－弓信－弓长孙，铜质，三套印，瓦钮

图 4.3.233
巨郅千万，铜质，橛钮

章法以端庄、严谨为主，同时也常见疏朗、奇险的风格。总体风格以庄严大度、遒劲典雅、浑厚质朴为主流，俊逸潇洒、粗犷雄健、朴拙苍茫者亦有之。

（三）词语印与图形印

1. 词语印

本小节的词语印中数量最多的应当是内容为吉语的一类，本小节词语印的吉语内容同上一小节相比，在内容侧重点与用词方面都有一定的区别。

西汉文景之后的词语印与秦及汉初词语印最大的区别在于镌刻"官"字的印章少见，而"利""倍""大""巨""光"等字大量出现。[147]这与当时商业的蓬勃发展有一定关系。

文景之后，国家统一，社会稳定，休养生息的政策给商业的发展提供了比较有利的条件，商人阶层队伍壮大，具有较大影响力，反映在词语印中，促使印文中有"利"字的印章大量出现。有关财富的词语印，例见"日利""大利""巨利""万倍""大倍"等。

西汉词语印中带"巨"与"大"字的印章值得注意。"巨"字与"大"字意思相近，《方言》："巨……大也，齐宋之间曰巨。""大某千万"与"巨某千万"应当意思相近，比如"巨苏千万"、"大徐千万"、"巨郅千万"（图4.3.233）、"巨王千万"（图4.3.234）、"大利旦中公"（图4.3.235）等。

图 4.3.234
巨王千万，铜质，橛钮

其中，大量镌有"光"字的词语印，应该是寓显贵荣耀，《韩非子·解老》中有言："所谓光者，官爵尊贵，衣裘壮丽也。"似乎也反映了这一已得利益阶层的满足和怡然自得的心态。[148]

此外，值得注意的一点是，西汉吉语印的印文内容与汉代铜镜铭文也有比较密切的联系。有的铜镜铭文与词语印内容相同，有的相似，有的词语印印文是镜铭的简省。这也反映出同一个时代中不同种类物质资料的共同之处和相互联系之处，也是一个时代的风格与风貌的反映，对鉴定而言也可以互为辅证。

2. 图形印

汉代是图形印发展的高峰期，本小节中图形印内容丰富、艺术价值高，是风格、形式都比较鲜明独特的一类。西汉到新莽，再到东汉，图形印的内容有一定共性，其具体时代并不容易明确判断。在上文中已经提到过目前很多印谱或论著中的图形印都用钤朱的方式盖在纸上，这样只能得其轮廓而不

图 4.3.235
大利旦中公，铜质，橛钮

147　叶其峰：《古玺印通论》，紫禁城出版社，2003，第 183 页。

148　同上书，第 184 页。

能观其全形。孙慰祖也提道："大量的汉代肖形印，用今天的钤朱方式表现出来仅是对象的轮廓而已，以封泥方式还原当时的表现形态，才是具体而微的物象。"[149]如今，我们也越来越清晰地认识到要深入了解图形印，载体的正确性极为重要。

　　本小节图形印的题材既继承了战国以动物纹样为主的传统，也出现了人物活动的内容，像舞乐百戏类，民俗风情与神话传说类，祥瑞动物类，兽、鸟、虫类等题材均有出现。

　　表现舞乐百戏类的图形印，在印面上表达各种歌舞场景、不同乐器，例见盘舞（图4.3.236）、角抵戏（图4.3.237）、乐器表演（图4.3.238）等图形印。

　　表现民俗风情的图形印，有对上层贵族生活的表达，像车马出行纹印；有对骑射狩猎的表达，比如骑射纹印、狩猎纹印；有对农家生活的表达，例见牛耕纹印（图4.3.239）、饲养家禽纹印（图4.3.240）。

　　表现游戏类的图形印，例见蹴鞠纹印（图4.3.241）。

　　表现神话传说的图形印，有对汉人神仙思想的表达，像乘龙纹印（图4.3.242）；有对逐鬼活动的表达，例见方相氏纹印（图4.3.243）；有与神话人物相关的表达，例见青鸟纹印（图4.3.244）、蟾蜍纹印（图4.3.245）；有关于《山海经》中描述形象的表达，例见鸟首人身神仙纹印（图4.3.246）、双头鸟纹印（图4.3.247）、三头鸟纹印（图4.3.248）等。

　　表现祥瑞动物的图形印，可以说是汉代图形印中数量最多的一类，祥瑞是当时流行的谶纬之学的重要内容，加之统治者的宣传，当时迷信祥瑞之风盛行。像四神纹印（图4.3.249）、龙纹印（图4.3.250）、飞廉纹印（图4.3.251）、赤鸟纹印（图4.3.252）等，都是祥瑞动物纹印的代表。

　　表现鸟、兽、虫的图形印，实际上很难做出明确的分类，可能在目前的认知中，此类图形印也存在不少与上文叙述的几类图形印的重复之处。像兽纹印中有不少怪兽，可能并非现实中的动物，而是取材于《山海经》中描述的怪兽，正因为对当时了解得不够，所以定名也是一个难题，需要进一步深入研究的地方颇多。而鸟纹印中有一些已经可以明确定名，像鸵鸟纹印（图4.3.253）等，但是还有一大部分鸟纹印是无法找到明确出处与原型的，可能还是神话传说中的神鸟，像图4.3.254、图4.3.255中的两枚图形印。

　　这一时期的图形印与之前战国时期的图形印相比，也有一处新的表现，那就是西汉时有相当一部分的图形印与词语印或姓名印共同组成双面印的形式，这也显示出当时印章活泼、多变的一面，以及对印章欣赏的风气。

149　孙慰祖：《可斋论印新稿》，上海辞书出版社，2003，第55页。

图 4.3.236
盘舞

图 4.3.237
角抵戏

图 4.3.238
乐器表演

图 4.3.239
牛耕纹

图 4.3.240
饲养家禽纹

图 4.3.241
蹴鞠纹

图 4.3.242
乘龙纹

图 4.3.243
方相氏纹

图 4.3.244
青鸟纹

图 4.3.245
蟾蜍纹

图 4.3.246
鸟首人身神仙纹

图 4.3.247
双头鸟纹

图 4.3.248
三头鸟纹

图 4.3.249
四神纹

图 4.3.250
龙纹

图 4.3.251
飞廉纹

图 4.3.252
赤鸟纹

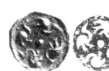

图 4.3.253
鸵鸟纹

图 4.3.254
神鸟纹

图 4.3.255
神鸟纹

总之，本小节词语印与图形印数量大，种类丰富，形式多样，创作手法灵活多变，题材广泛。本小节词语印内容以吉语为主流，比较集中于吉祥、富贵、平安、长乐等美好愿望；图形印的题材既继承了蓬勃期以动物纹样为主的传统，也出现了人物活动等内容，涉及社会生活各方面。这些印章为了解当时的社会种种提供了丰富的资料。

三、新莽时期

本小节的时间范围大致在新莽时期，也有少量私印的风格流传至东汉初期，虽然时间并不长，但是其中的印章极具特色。新莽历时仅有十余年，不过王莽在位期间大力推行改革，在诸多器用、制度等方面上留下了鲜明的痕迹，而且与前后时代相比区别比较明显。

中国古钱币学界有"泉莫精于莽"的说法，在中国古代印章上也可以说是"印莫精于莽"。这一小节中的存世印章既有殉葬印，也有实用印。从考古发现来看，墓葬和遗址都有出土。除了印章实体，本小节中所见到的泥封数量比上一节有所减少。其他的用印痕迹，如印陶文字和烙漆文字等都比较少见。在本小节中，印章的专称常见"印""之印""信印""印信""印章"等，也有不少印章不用专称。

对新莽时期印章的研究，清代瞿中溶的《集古官印考证》以及陈介祺、吴式芬所著《封泥考略》等印学著作中已经有不少精到的论证，这些论证中不乏新莽印章中所涉及的职官制度的变化以及地理名称的沿革。

罗福颐在《古玺印概论》一书中谈到新莽时期的公私印章："西汉末期手工艺发达，所以王莽时的泉币、铜镜、印章等，均较过去为精。新莽的官印多有特点，因其官制喜复古，爵称有子有男，如'光符子家丞'、'昌威德男家丞'之类；还改县令为宰。此外，还有马丞、徒丞、空丞等，都是王莽时特有的官名。因为当时的尺度也复古制，因而官印略小于西汉，多为二三厘米见方，印文多是五字或六字。书体是整齐的，钮制有龟钮、瓦钮，雕造比较精美。"[150]之后举公印印例15枚。不过在此书中关于新莽时期私印的叙述较少，仅举私印印例4枚。

在《秦汉南北朝官印征存》一书中，罗福颐收录新莽时期的公印167枚，并在印例前介绍说："新莽官印比较明确：印文无四字的，多是五字以上；文字端正，而有宰、马丞、徒丞、空丞的特殊官名。颁给兄弟民族印上均有新字，故附于末。"[151]寥寥数语，已经将新莽时期公印的鲜明特征列于

150　罗福颐编《古玺印概论》，文物出版社，1981，第57页。
151　罗福颐主编《秦汉南北朝官印征存》，文物出版社，1987，第89页。

纸上。在阐述具体的印例时，将公印分为朝官及其属官印、五等爵及世子印、州郡县乡官印、颁给兄弟民族官印四大类，这也为后人对新莽时期公印的分类研究提供了参考。

除了以上研究，王献唐、叶其峰、王人聪等印学家都对新莽公印进行了比较深入的研究，同时也归纳总结出了许多新莽公印的规律和特点。比如说，王人聪《新莽官印汇考》一文参考了多方面的文献资料，共考证了172枚新莽公印，并归纳出了新莽公印的12种特点。

以往各位学者的研究不仅对理解新莽时期的印制、职官、地理等各方面有极大的帮助，是治新莽时期历史必备的文献资料，而且为了解新莽时期的印章艺术提供了参考。

现在看来，当时罗福颐对新莽时期公印的了解已经极为深入，而且其他诸位印学大家在后来的研究中也将新莽时期的公印论述得比较全面了。然而，关于新莽时期私印的讨论却有些单调、欠缺，还需要从印章艺术的各方面来积极发掘。

（一）公印

本小节的公印质地以铜质为主，也见有银印。印文多为阴文凿刻，铸印较少，印面上没有边栏和界画，印面大多数为正方形，印面边长在2.3厘米左右，半通印比较少。

在这一小节中，南北方的地域差别基本不见。印文字体极为修美，缺乏刚劲之气，印文内容多排列成三列，少数在四列以上。印面上的最后一个字——"印"字，常常被平均分成上下两部分，每部分约占一个字的位置，这一特点在前后两小节中都没有见到。以上特点也反映了新莽时期在文字中企图"复古"小篆的传统。本小节中，钮式有龟钮、鼻钮、瓦钮等。民族地区用印常冠以"新"字。

新莽时期的公印常记"复古"的爵位内容，比如子、男等。此时行五等爵制，王莽对自己的亲属封爵时，"大功为伯，小功为子，缌麻为男，其女皆为任。男以睦，女以隆为号焉，皆授印韨"[152]，反映到公印中有"盈睦子印章"（图4.3.256）、"通睦子印章"（图4.3.257）、"趋武男印章"（图4.3.258）、"厚陆任之印"（图4.3.259）、"乐陆任之印"（图4.3.260）等。

王莽时称汉为"汉氏"，立国号为"新"，反映到公印中，印例有"汉氏文园宰"（图4.3.261）、"新越余坛君"（图4.3.262）、"新前胡小长"（图4.3.263）等。

图 4.3.256
盈睦子印章，泥封

图 4.3.257
通睦子印章，泥封

152　班固：《汉书》卷九十九中《王莽传第六十九中》，中华书局，1962，第4099页。

图 4.3.258
趋武男印章，泥封

图 4.3.259
厚陆任之印，泥封

图 4.3.260
乐陆任之印，泥封

图 4.3.261
汉氏文园宰，铜质，龟钮

图 4.3.262
新越余坛君，铜质，瓦钮

图 4.3.263
新前胡小长，铜质，瓦钮

图 4.3.264
纳言右命士中，铜质，龟钮

图 4.3.265
奋武中士印，铜质，龟钮

图 4.3.266
蒙阴宰之印，铜质，龟钮

图 4.3.267
修合县宰印，铜质，龟钮

　　王莽托古改制，依照《周礼》中的官名对西汉的官名进行更改。比如说，西汉的"大司农"，新莽时期称为"纳言"，印例有"纳言右命士中"（图4.3.264）；西汉时的"执金吾"，新莽时期称为"奋武"，印章中有"奋武中士印"（图4.3.265）；西汉时的县级长吏令、长，新莽时改称为"宰"，印例如"蒙阴宰之印"（图4.3.266）、"修合县宰印"（图4.3.267）、"圉阳宰之印"（图4.3.268）；西汉的"关内侯"，到新莽时期称为"附城"，反映在印章中有"显美里附城"（图4.3.269）、"便安里附城"（图4.3.270）等。王莽篡权后，对西汉政治制度的改动在作为权力象征的公印中得到充分印证。[153]

　　另外，王莽时新定的地名在公印中也极为常见，比如说，西汉的敦煌郡在新莽时期改称"文德""敦德"，反映在公印中便有"文德左千人"（图4.3.271）、"敦德步广曲侯"（图4.3.272）；西汉时的长沙国到新莽时期被称为"填蛮"，印例有"填蛮军司马"（图4.3.273）；西汉时称为利乡的地名，到新莽时期改称"章符"，在公印中有"章符子家丞"（图4.3.274）；西汉时的北海郡剧魁，王莽改称"上符"，例见"上符子家丞"（图4.3.275）。诸如此类还有不少例子。[154]

　　新莽时期特殊的官名、地名、称谓与国号是此时的一大特征，也是判断新莽公印的重要依据。

　　一些新莽时期的印章内容为"职官名+人名"，此前有人认为这是随葬印而非实用印。近年来新出了一批新莽泥封，其内容也是"职官名+人名"，例见"大司空士王俊"（图4.3.276）、"大司马士王尊"（图4.3.277）、"国将士石龚印"（图4.3.278）等，由此可推测这类印章并非完全是随葬印，有的是具备实用功能的。

　　新莽时期的公印品类比较多，虽然不少是沿袭西汉制度，但王莽托古改制后，公印内容有多处改动，特殊性比较强。而且目前所见到的这一时期的公印及泥封，其内容多与职官有关，官署印不多见。所以从印文内容方面来说，新莽时期公印的分类与西汉、东汉都有所不同，如下：

　　1. 五等爵及世子印

　　前文中提及王莽将爵位复古，实行五等爵制，同时添加并改动了一些爵位名称。《汉书·王莽传》中记载居摄三年（8年）春，王莽奏请"诸将帅当受爵邑者爵五等，地四等。……于是封者高为侯伯，次为子男，当赐爵关内侯者更名曰附城，凡数百人。击西海者以'羌'为号，槐里以'武'

153　叶其峰：《古玺印通论》，紫禁城出版社，2003，第92页。
154　同上。

图 4.3.268

圉阳宰之印，铜质，龟钮

图 4.3.269

显美里附城，泥封

图 4.3.270

便安里附城，铜质，龟钮

图 4.3.271

文德左千人，铜质，龟钮

图 4.3.272

敦德步广曲候，铜质，龟钮

图 4.3.273

填蛮军司马，铜质，鼻钮

图 4.3.274

章符子家丞，铜质，瓦钮

图 4.3.275

上符子家丞，铜质，鼻钮

图 4.3.276

大司空士王俊，泥封

图 4.3.277

大司马士王尊，泥封

图 4.3.278

国将士石龚印，泥封

图 4.3.279
助威世子印，铜质，龟钮

图 4.3.280
展武世子印，铜质，龟钮

图 4.3.281
黄室私官右丞，铜质，鼻钮

图 4.3.282
上林弘南捕奸，铜质，龟钮

为号，翟义以'虏'为号"[155]。前有注"苏林曰'爵五等'，公、侯、伯、子、男也。'地四等'，公一等，侯伯二等，子男三等，附庸四等"[156]。

五等爵公印的印例如泥封"盈睦子印章""通睦子印章""趋武男印章""厚陆任之印""乐陆任之印""显美里附城""便安里附城"等。

前文提到王莽为亲属封爵时"大功为伯，小功为子，缌麻为男，其女皆为任。男以睦，女以隆为号焉，皆授印韨"。印例中的"盈睦子""通睦子""趋武男""厚陆任""乐陆任"均为当时所封爵号。其中"其女皆为任"且"女以隆为号"，但是泥封"厚陆任之印""乐陆任之印"则说明以"陆"为号，《汉书》中或许将"陆"误记为"隆"。

王莽将关内侯称为附城，孙慰祖考证新莽附城食邑曰"里"[157]，那么"显美里""便安里"当为附城所食邑名。根据《汉书·地理志》记载，"显美"属张掖郡（莽曰设屏）。[158]而"便安"并未在史书中查到具体记载。

本小节的世子印例见"助威世子印"（图4.3.279）、"展武世子印"（图4.3.280）等。始建国元年（9年）王莽"令诸侯立太夫人、夫人、世子，亦受印韨"[159]。故这两枚世子印均为当时所立世子之印。其中，"助威"在史书中未找到相关记录，而"展武"在《汉书·地理志》中有相关记载：会稽郡下有海盐县，此县故武原乡，莽曰展武。[160]

2. 中央职官印

（1）宫苑、陵寝属官印

新莽时期，负责宫廷苑囿、陵园寝地的职官在公印中也有体现，例如"黄室私官右丞"（图4.3.281）、"上林弘南捕奸"（图4.3.282）、"汉氏成园丞印"（图4.3.283）、"汉氏文园宰"（图4.3.261）等。

其中，关于"黄室私官右丞"，有人考证皇后之官又称私官。其依据是《汉书·王莽传》："改定安太后号曰黄皇室主，绝之于汉也。"[161]又《汉书·百官公卿表》中载詹事属官有私府令长丞，颜师古注为皇后之官。[162]然而，"黄室"是否为"黄皇室"并无确证，故此印可能是负责某一宫室之官的属官印，具体宫室还需探究。

155　班固：《汉书》卷九十九上《王莽传第六十九上》，中华书局，1962，第4090页。
156　同上。
157　孙慰祖主编《两汉官印汇考》，上海书画出版社，1993，第183页。
158　班固：《汉书》卷二十八下《地理志第八下》，中华书局，1962，第1614页。
159　班固：《汉书》卷九十九中《王莽传第六十九中》，中华书局，1962，第4105页。
160　班固：《汉书》卷二十八上《地理志第八上》，中华书局，1962，第1532页。
161　班固：《汉书》卷九十九中《王莽传第六十九中》，中华书局，1962，第4121页。
162　班固：《汉书》卷十九上《百官公卿表第七上》，中华书局，1962，第734页。

图 4.3.283
汉氏成园丞印，铜质，鼻钮

西汉时便有上林苑，"弘南"无从考证，"上林弘南捕奸"可能是掌管上林苑弘南之地苑禁的属官。

王莽"以秋九月亲入汉氏高、元、成、平之庙"[163]。故成园应为汉成帝庙园寝，文园则为汉文帝陵园，"汉氏成园丞印"与"汉氏文园宰"应为当时掌管陵园相关事宜的属官之印。

（2）中央属百官印

始建国元年，王莽改制后，中央属官名称亦有不少更变。例见"大司空士王俊"（图4.3.276）、"大司马士王尊"（图4.3.277）、"国将士石龚印"（图4.3.278）、"纳言右命士中"（图4.3.264）、"奋武中士印"（图2.3.265）、"司空左大夫"（图4.3.284）、"大师右考事五"（图4.3.285）、"司徒中士张尚"（图4.3.286）、"执法直二十二"（图4.3.287）、"尚书大夫章"（图4.3.288）、"尚书散郎田邑"（图4.3.289）、"昭城门候印"（图4.3.290）、"常乐苍龙曲候"（图4.3.291）、"文竹门掌户"（图4.3.292）等。

王莽始建国元年"置大司马司允，大司徒司直，大司空司若，位皆孤卿。……每一卿置大夫三人，一大夫置元士三人，凡二十七大夫，八十一元士，分主中都官诸职"[164]。故"司空左大夫"为大司空下属官员。而"大司马士王尊""司徒中士张尚""大司空士王俊"中的大司马士、司徒中士、大司空士分别为大司马、大司徒、大司空的属官。

根据《汉书·王莽传》可知"国将"为新莽所立四辅之一，位上公。[165]而"国将士石龚印"中的国将士当为国将属官。

王莽将"大司农"更名为"纳言"，"执金吾"更名为"奋武"，而"四百石曰中士，五百石曰命士"。[166]故"纳言右命士中"应为纳言属官，其中"右"或许指三大夫之一，"中"或为对大夫下属元士的编号；"奋武中士印"当为奋武之属官印。

王莽将"御史"更名为"执法"，[167]又"中郎将、绣衣执法各五十五人，分填缘边大郡，督大奸猾擅弄兵者，皆便为奸于外，扰乱州郡，货赂为市，侵渔百姓"[168]。故推测"执法直二十二"中的"直二十二"或为其编号。

新莽时期有尚书大夫，而"尚书散郎"一职在《汉书》中并无记载。"尚书散郎田邑"一印中的"田邑"应是人名。

图 4.3.284
司空左大夫，泥封

图 4.3.285
大师右考事五，泥封

163　班固：《汉书》卷九十九中《王莽传第六十九中》，中华书局，1962，第 4100 页。

164　同上书，第 4104 页。

165　同上书，第 4179 页。

166　同上书，第 4104 页。

167　同上书，第 4104 页。

168　同上书，第 4126 页。

图 4.3.286
司徒中士张尚，铜质，鼻钮

图 4.3.287
执法直二十二，铜质，龟钮

图 4.3.288
尚书大夫章，铜质，龟钮

图 4.3.289
尚书散郎田邑，铜质，龟钮

图 4.3.290
昭城门候印，铜质，龟钮

图 4.3.291
常乐苍龙曲候，铜质，龟钮

图 4.3.292
文竹门掌户，铜质，龟钮

"昭城门候印"当为城门校尉属官之印，其依据为《汉书·百官公卿表》中记载城门校尉有十二城门候。[169]

王莽将"长乐宫"改名为"常乐室"，将"长安"改名为"常安"，[170]故"常乐苍龙曲候"中的"常乐"应为宫名；"苍龙"在古代多代表东方，又《后汉书》载"宫门苍龙司马，主东门"[171]，故"常乐苍龙曲候"一印或为掌守常乐室宫门的属官印。

《汉书·百官公卿表》中载"郎中令，秦官，掌宫殿掖门户，有丞。……属官有大夫、郎、谒者，皆秦官。……郎掌守门户，出充车骑，有议郎、中郎、侍郎、郎中，……中郎有五官，左、右三将，秩皆比二千石。郎中有车、户、骑三将，秩皆比千石"[172]。故"文竹门掌户"一印当是郎中令属官之印。

3. 地方职官印

（1）五等爵属官印

新莽时期虽然有爵五等，但是在目前所能见到的公印中，五等爵的属官印多为侯、子、男属官印，其中以子、男属官印最多。

据《汉书》可知列侯所食国令长名相，王莽规定"公食同，侯伯食国，子男食则"[173]，故子、男封地之相为"则相"，例见"弘睦子则相"（图4.3.293）、"顺武男则相"（图4.3.294）。而"扶恩相徒丞"（图4.3.295）则为扶恩侯相之属官。

列侯属官还有家丞，例见"安昌侯家丞"（图4.3.296）、"审睦子家丞"（图4.3.297）、"宁陈男家丞"（图4.3.298）等。

此外，王莽将县令长更名为"宰"，而通过"庶乐则宰印"（图4.3.299）可知子、男所食则内亦有宰印。"长聚则丞印"（图4.3.300）则为子或男封地中之佐官印。

（2）州部郡县职官印

新莽时期地方政治体制有所变更，地方官制及地名亦发生变化。近年来新出一批新莽泥封，《新出新莽封泥选》[174]一书中有所记录，其内容所涉及的地方职官印种类比较丰富，对研究新莽时期的地方官制及地名意义重大。

《汉书》中载"莽以《周官》《王制》之文，置卒正、连率、大尹，职如太守；属令、属长，职如都尉。置州牧、部监二十五人，见礼如三公。监

图 4.3.293
弘睦子则相，铜质，龟钮

图 4.3.294
顺武男则相，铜质，龟钮

169 班固：《汉书》卷十九上《百官公卿表第七上》，中华书局，1962，第 737 页。
170 班固：《汉书》卷九十九中《王莽传六十九中》，中华书局，1962，第 4104 页。
171 范晔：《后汉书·志》第二十五《百官二》，中华书局，1965，第 3579 页。
172 班固：《汉书》卷十九上《百官公卿表第七上》，中华书局，1962，第 727 页。
173 班固：《汉书》卷九十九中《王莽传六十九中》，中华书局，1962，第 4144 页。
174 马骥：《新出新莽封泥选》，西泠印社·中国印学博物馆，2016。

图 4.3.295
扶恩相徒丞，铜质，瓦钮

图 4.3.296
安昌侯家丞，铜质，瓦钮

图 4.3.297
审睦子家丞，铜质，瓦钮

图 4.3.298
宁陈男家丞，铜质，龟钮

图 4.3.299
庶乐则宰印，铜质，龟钮

图 4.3.300
长聚则丞印，铜质，鼻钮

位上大夫，各主五郡。公氏作牧，侯氏卒正，伯氏连率，子氏属令，男氏属长，皆世其官。其无爵者为尹"[175]。

根据现存的印章及泥封可知，部有部牧、部监，例见"东部牧印章"（图4.3.301）、"魏部牧印章"（图4.3.302）、"魏部牧贰印"（图4.3.303）、"东部监之印"（图4.3.304）、"中部左监章"（图4.3.305）。

州有州牧，同时也有州监、州长，例见"冀州牧印章"（图4.3.306）、"扬州监印章"（图4.3.307）、"雒阳纬言州长"（图4.3.308）。

文献上所记载的新莽时期郡官在泥封中有不少印例。卒正，例见"辽东襄平卒正"（图4.3.309）、"延平助有卒正"（图4.3.310）等；连率，例见"富生句容连率"（图4.3.311）、"朔平善和连率"（图4.3.312）、"通路得鱼连率"（图4.3.313）等；大尹，例见"桓宁大尹章"（图4.3.314）、"广年尹印章"（图4.3.315）等；属令、属长，例见"辅平属令章"（图4.3.316）、"井关肥累属长"（图4.3.317）等。

又"分长安城旁六乡，置帅各一人。分三辅为六尉郡，……置大夫，职如太守；属正，职如都尉。更名河南大尹曰保忠信卿"[176]。这些在泥封中亦均有体现，例见"常安宗乡师光尉大夫"（图4.3.318）、"蕃穰属正章"（图4.3.319）、"保忠信卿章"（图4.3.320）等。

县一级的属官，前文已提到王莽将县令长更名为"宰"，例见"蒙阴宰之印"（图4.3.266）、"修合县宰印"（图4.3.267）、"圜阳宰之印"（图4.3.268）等。

此外，《汉书·王莽传》："郡县以亭为名者三百六十，以应符命文也。……诸侯国闲田，为黜陟增减云。"[177]其中提到郡县有以"亭"命名者，且诸侯国有闲田，相关职官印例见"庐江亭闲田宰"（图4.3.321）、"肥累闲田宰"（图4.3.322）、"有年亭县宰"（图4.3.323）等。

像"灵武尹丞印"（图4.3.324）、"武威后尉丞"（图4.3.325）、"东平陆马丞"（图4.3.326）等印例也都属于新莽时期的地方职官印。

（3）乡、亭、里及其他社会基层组织官印

在西汉时期的印例中已经提到社会基层组织有单印，新莽时期亦有，这里不再进行具体阐述，例见"都集单右尉印"（图4.3.327）、"长寿万年单左平政"（图4.3.328）、"长寿单右厨护"（图4.3.329）、"新成顺德单右集之印"（图4.3.330）等。

4. 军旅印

新莽时期军旅印的实物资料存世不少，将军印与将军属官之印均能见

图 4.3.301
东部牧印章，泥封

图 4.3.302
魏部牧印章，泥封

图 4.3.303
魏部牧贰印，铜质，龟钮

175　班固：《汉书》卷九十九中《王莽传第六十九中》，中华书局，1962，第4137页。
176　同上。
177　同上。

图 4.3.304
东部监之印，泥封

图 4.3.305
中部左监章，泥封

图 4.3.306
冀州牧印章，泥封

图 4.3.307
扬州监印章，泥封

图 4.3.308
雒阳纬言州长，泥封

图 4.3.309
辽东襄平卒正，泥封

图 4.3.310
延平助有卒正，泥封

图 4.3.311
富生句容连率，泥封

图 4.3.312
朔平善和连率，泥封

图 4.3.313

通路得鱼连率，泥封

图 4.3.314

桓宁大尹章，泥封

图 4.3.315

广年尹印章，泥封

图 4.3.316

辅平属令章，泥封

图 4.3.317

井关肥累属长，泥封

图 4.3.318

常安宗乡师光厨大夫，泥封

图 4.3.319

蕃穰属正章，泥封

图 4.3.320

保忠信卿章，泥封

图 4.3.321

庐江亭闲田宰，铜质，龟钮

图 4.3.322
肥累闲田宰，泥封

图 4.3.323
有年亭县宰，泥封

图 4.3.324
灵武尹丞印，铜质，龟钮

图 4.3.325
武威后尉丞，铜质，龟钮

图 4.3.326
东平陆马丞，铜质，瓦钮

图 4.3.327
都集单右厨印，铜质，瓦钮

图 4.3.328
长寿万年单左平政，铜质，龟钮

图 4.3.329
长寿单右厨护，铜质，瓦钮

图 4.3.330
新成顺德单右集之印，铜质，瓦钮

到，例见"偏将军印章"（图4.3.331）、"广汉大将军章"（图4.3.332）、
"大师公将军司马印"（图4.3.333）、"军司马之印"（图4.3.334）、"平
狄中司马"（图4.3.335）、"定胡军司马"（图4.3.336）、"填蛮军司马"
（图4.3.273）、"厌难都尉印"（图4.3.337）。

　　其中，"广汉大将军"这一名号在史书中并无记载。"大师公"即"太
师公"，是新莽时期对太师的另一种称呼，而"大师公将军"却并无记载。
司马为武官名，"大师公将军司马印"应为大师公将军的属官之印。

　　据《后汉书·百官志》中"大将军营五部，……军司马一人，比
千石"[178]，可知，军司马为将军属官。《汉书·王莽传》中有"平狄将
军""定胡将军"之名号，故"平狄中司马""定胡军司马"均为将军属官
之印。虽然无"填蛮将军"之名，但据以上结论可以推测，当时应有填蛮将
军，而"填蛮军司马"当为填蛮将军的属官之印。同理，"厌难都尉印"应
为厌难将军属官之印。

　　此外，还有一些军旅用印并无明确记载，例见"讨薉办军印"（图
4.3.338）、"偏将军理军"（图4.3.339）、"中垒左执奸"（图4.3.340）、
"破奸猥千人"（图4.3.341）、"大师军垒壁前和门丞"（图4.3.342）。

　　5. 民族地区及域外职官印

　　新莽时期的民族地区及域外职官印的内容均冠以"新"字，例见"新
越余坛君"（图4.3.262）、"新前胡小长"（图4.3.263）、"新保塞乌
桓羱犁邑率众侯印"（图4.3.343）、"新西国安千制外羌佰右小长"（图
4.3.344）、"新西河左佰长"（图4.3.345）、"新五属左佰长印"（图
4.3.346）、"新前胡佰长"（图4.3.347）等。

　　根据这些现存的职官印，再与史书相结合，可以更好地了解新莽时期民
族地区及域外的地理情况与对应的职官制度。这些实物资料的出现让史籍记
载更为立体化，令观者有更直观的感受。同时，在一定程度上起到了证史、
补史、纠史的作用。

　　根据以上内容，可以看出新莽时期的公印制度基本上仍然沿袭西汉的传
统，但是也有不少明显的变动，经过这些改动之后的公印特点主要有以下几
方面：

　　第一，从印钮形制方面来说，通官印一般依照不同的等级制度分别使用
龟钮、鼻钮两种钮式，新莽时期龟钮的使用范围比西汉要广，龟钮的龟形更
为工致，造型比西汉样式多。根据对西汉文献记载与公印遗存的了解，西汉
千石以下的通官印，比如县令长印，都用铜质鼻钮，而新莽时期则将秩千石

178　范晔：《后汉书·志》第二十四《百官一》，中华书局，1965，第3563页。

图 4.3.331
偏将军印章，铜质，瓦钮

图 4.3.332
广汉大将军章，银质，龟钮

图 4.3.333
大师公将军司马印，铜质，龟钮

图 4.3.334
军司马之印，铜质，龟钮

图 4.3.335
平狄中司马，铜质，鼻钮

图 4.3.336
定胡军司马，铜质，龟钮

图 4.3.337
厌难都尉印，铜质，瓦钮

图 4.3.338
讨薉办军印，铜质，龟钮

图 4.3.339
偏将军理军，铜质，龟钮

图 4.3.340
中垒左执奸，铜质，龟钮

图 4.3.341
破奸猥千人，铜质，龟钮

图 4.3.342
大师军垒壁前和门丞，
铜质，龟钮

图 4.3.343
新保塞乌桓爰犁邑率众侯印，
金质，龟钮

图 4.3.344
新西国安千制外羌佰右小长，
铜质，瓦钮

图 4.3.345
新西河左佰长，
铜质，瓦钮

图 4.3.346
新五属左佰长印，
铜质，瓦钮

图 4.3.347
新前胡佰长，
铜质，瓦钮

官员的公印改为铜质龟钮，现在能看到的新莽县宰印如"蒙阴宰之印"（图4.3.266）、"修合县宰印"（图4.3.267）等便是证据。

第二，从印文内容与书体方面来说，新莽时期的公印不仅五字印比较普遍，而且还使用六字印以及多字印，四字印几被废除。西汉中晚期时流行的宽厚朴实、笔势圆转的字体基本被废弃，取而代之的是一种字形修美、笔画匀称圆润的字体。其中，新莽时期的"印"字作为五字印中最后一字时，往往占印面面积的三分之一，字形修长，"印"字的上下两部分分得很开，似两个字，这也是新莽时公印的特点。

第三，从印面与印体的形制方面来说，新莽时期公印的印面边长与印台厚度跟西汉的公印相比差别不大，但比东汉的公印要薄。

第四，从公印的内容方面来说，新莽时期的公印反映了当时王莽改制后政治、地理名称上的变动。从公印所反映的内容来看，在中央和地方上都有新增官职，也有官名改动，实行五等爵制；收回了西汉时颁赐给民族地区的印绶，而改为以"新"字开头的印绶，并改"玺"为"章"；在地名上，西汉时的郡县名称几乎全部被拆散并改变。

（二）私印

本小节私印的质地也以铜质为主，另外也有金、玉、玛瑙、琥珀等多种质地，例见"王精"金印（图4.3.348）。私印钮式与西汉时期相差不多，不过龟钮有其特征，能看出向东汉演化的趋势，例见"李凡私印"（图4.3.349）、"赵吴私印"（图4.3.350）。新莽时期铜印的印文多为阴文铸造而成，其他质地的印章文字则多为凿刻而成。

除了一部分私印受到西汉私印的影响，本小节中的私印受同时期公印的影响比较大，印文字体修长美观。印面上没有边栏和界画，印面的边长一般是在2厘米左右。

两面印、多面印与套印在本小节中的数量也比较少，并且与前后时代明确区分也比较难。

按照印文内容来分类的话，新莽时期私印数量最多的也是姓氏名字印，其中有些与西汉晚期、东汉早期风格比较接近，不易区分。有些加印章专称，例见"杜嵩之信印"（图4.3.351）、"冯常私印信"（图4.3.352）、"郭尚之印信"（图4.3.353）、"计珍之印章"（图4.3.354）、"许宪之印信"（图4.3.355）等；有些则无印章专称，例见"王精"（图4.3.356）、"黄晏"（图4.3.357）等。

姓名印在姓氏名字印中较多，例见"郑从私印"（图4.3.358）、"邓曾私印"（图4.3.359）、"樊长印"（图4.3.360），以及上文中提到的姓名印等。

图 4.3.348
王精，金质，龟钮

图 4.3.349
李凡私印，铜质，龟钮

图 4.3.350
赵吴私印，铜质，龟钮

图 4.3.351
杜嵩之信印，铜质，龟钮

图 4.3.352
冯常私印信，泥封

图 4.3.353
郭尚之印信，铜质，狮钮

图 4.3.354
计珍之印章，泥封

图 4.3.355
许宪之印信，泥封

图 4.3.356
王精，金质，龟钮

图 4.3.357
黄晏，铜质，钮残

图 4.3.358
郑从私印，铜质，瓦钮

图 4.3.359
邓曾私印，铜质，钮残

图 4.3.360
樊长印，铜质，拱钮

除了姓名印，臣印也有不少，例见"臣诩"（图4.3.361）、"臣况"（图4.3.362）。新出土的一批新莽泥封中，臣印数量更多，像"臣充"（图4.3.363）、"臣光"（图4.3.364）、"臣广"（图4.3.365）、"臣强"（图4.3.366）、"臣普"（图4.3.367）等。妾印在这批泥封中也有，例见"妾阿"（图4.3.368）、"妾知女"（图4.3.369）等。其实，单从字体来看，新莽私印与西汉的印差别并不大，仅个别字体，如"印"字等存在明显区别。

根据以上所说的内容，可以将新莽时期私印的特征进行总结：

第一，新莽时期的私印主要受同时期的公印影响，对它们的界定，也是依赖于从同期的公印形制与印文特征的比较中获得的直接的证据，但这样也有局限性，并不能全面反映新莽私印在汉印的发展过程中起到的过渡性的作用。

第二，从印面构图和印文风格方面来说，新莽私印主要有两种类型。一种是钮式、章法布局、印文体势等方面都受同时期公印的影响，这类印章以五字或六字印文排列成三列等分印面，其中五字印中最后一字拉长成第三列，不足五字者加"之"字来补足，其印文刻铸得比较精美，体势修长，字体修美，印面宽度往往在2.3厘米左右；另一种是在章法构图上承袭西汉中后期私印的风格，这类私印的印文字形比较方峻整饬，笔道纤劲挺厉，但在笔画转折的地方还带有圆转之意。

第三，从钮式上来说，新莽时期的龟钮形体虽然继承了西汉中后期龟钮的风格，但是龟腹与印台之间的穿孔变得更大；新莽时期的瓦钮钮边较之以前有所增厚，钮面也加宽，穿孔近乎圆形，有向东汉时期过渡的特征。

此外，根据陕西、河南等地新莽墓中出土的一部分私印实物来看，新莽时期的人们沿用西汉中后期私印的现象也存在，这提醒我们在断代时更需要多加注意、充分考虑。

关于新莽时期的词语印与图形印，数量比上一小节有所减少，而且特征并不明显，很难将它们进行断代分析，在本小节中便不做更多的论述了。

四、东汉至西晋

本小节的时间范围主要在东汉，三国、两晋时期存在一些印文比较规整的印章，从其风格来说亦可归入本小节。

在这一小节中，存世印章除了殉葬印，实用印尤其是军旅用印的比例大大上升。从考古发现的情况来看，墓葬出土以及遗址出土的印章数量减少，而零星出土的印章数量比较多。

在本小节中，有不少地方，比如河南、河北、陕西等地，都出土过若干窖藏。本小节除了玺印实体，其他的用印痕迹还有部分陶文，但是泥封的数量减少。在本小节中，诸侯王所用公印专称为"玺"，诸侯王之下所用印章

图 4.3.361
臣诩，铜质，龟钮

图 4.3.362
臣况，铜质，瓦钮

图 4.3.363
臣充，泥封

图 4.3.364
臣光，泥封

图 4.3.365
臣广，泥封

图 4.3.366
臣强，泥封

图 4.3.367
臣普，泥封

图 4.3.368
妾阿，泥封

图 4.3.369
妾知女，泥封

专称多用"印"字，也有用"章"字的，同时还有不少印章不用专称。

关于本小节的印章，罗福颐在《古玺印概论》中简单介绍了东汉公印的文字、质地与形制，内容如下："这时的官印文字，谨严渐逊于前。凿印较多，其质地有金、银、铜、玉。钮制有瓦钮、龟钮，半通印皆鼻钮或瓦钮。"[179]之后，他在其他书中又谈到关于断代方面的问题："前后汉官印标识明确性不大，有些由官职上、地理上可以断代，然遇有历代沿袭，或至魏晋仍然，就不易判断。今只有参看文字刻工上，更待来者之佐证。"[180]

关于本小节的私印，罗福颐曾谈道："这时的私印有铸有凿。其大小，多数为1.5—3厘米见方。此外，还有长方形、圆形、柿蒂形的。多白文，但也有半朱半白和朱白相间的。还有姓名外加四灵为装饰的，或姓名下加吉语、加籍贯及表字的。成语印也有的附刻人物、鱼、雁、鸟、兽、守宫等。还有画印，刻画均很生动。这时的钮制，有鼻钮、瓦钮、桥钮、坛钮、觿钮、龟钮、虎钮、兽钮等。此外，两面印、套印、两套印及三套印，是这时的创作。这些创作，充分表现了古代工匠的巧思。东汉印章的质地，有铜、金、银、玉、牙、琥珀、玛瑙等。"[181]这段描述已经将东汉时期私印的特征与风格讲解得较为详尽，不过，其中对于两面印、套印、两套印及三套印的说法并不完全正确，两面印战国时便有，而套印西汉时已有，套印也包括两套印和三套印。

前人的研究成果为认识本小节的印章提供了思路与理论基础。随着近年来出土资料的不断增多，今人对本小节印章的了解更为深入，对以往的看法可以做出新的补充，对一些如今看来不够精当的说法能够进行纠正。

（一）公印

其实，东汉光武年间的公印，基本上还是沿用西汉公印的形制，直到东汉中晚期才逐渐形成自己的特征，也就是属于本小节中最为鲜明的特点。

本小节公印的质地以青铜为主，也有金、银、玉、滑石等材质，例见金质"广陵王玺"（图4.3.370）、银质"琅邪相印章"（图4.3.371）、"沅南左尉"滑石印（图4.3.372）等。印文多为阴文凿刻，也有少量阳文金属印印文为铸造而成。另有少量石质、铅质的两面印，如"武原令印"石质两面印（图4.3.373）。

本小节的印文字体仍然沿用缪篆，有的圆滑纯熟，有的趋向于率简，有的笔画凿边凿端，带有形式主义的倾向，前面三小节中印文用字刚健宽博、柔美秀丽的风格逐渐不见。印面内容多排成两列，民族地区及域外用印的印

179　罗福颐编《古玺印概论》，文物出版社，1981，第58页。

180　罗福颐主编《秦汉南北朝官印征存》，文物出版社，1987，第119页。

181　罗福颐编《古玺印概论》，文物出版社，1981，第60页。

图 4.3.370
广陵王玺，金质，龟钮，
尺寸 2.3 cm × 2.3 cm － 2.1cm

图 4.3.371
琅邪相印章，银质，龟钮，
尺寸 2.2 cm × 2.6 cm

图 4.3.372
沅南左尉，滑石质，鼻钮

图 4.3.373
武原令印，石质，双面印母，
尺寸 2.3 cm × 2.3 cm − 1cm

图 4.3.374
汉委奴国王，金质，蛇钮

图 4.3.375
汉匈奴恶适尸逐王，铜质鎏金，驼钮

文排列以三列为主，例见"汉委奴国王"（图4.3.374）、"汉匈奴恶适尸逐王"（图4.3.375）。

东汉公印的印文字数也遵循了西汉的制度，沿用西汉武帝年间所推行的五字印，而且五字印的专称为"章"，四字印的专称为"印"，这种制度在东汉时全面执行，比如"河东太守章"（图4.3.376）、"司徒护军章"（图4.3.377）、"频阳令印"（图4.3.378）、"九原丞印"（图4.3.379）等。

虽然印文字数沿袭了西汉制度，但东汉公印的印文风格与西汉时期相比已经很不相同，它完全抛弃了西汉公印文字的那种较为圆转的形态，而是采用比较方折的笔画。东汉初的公印中便已经能看到坚挺平直的笔势，字形方正的字体得到广泛应用，字体严谨的有，制作草率的也有，平实、质朴的风格比较多见。

这一时期，能见到的民族地区用印明显增多，这类公印常常冠以"汉"字，比如"汉匈奴恶适尸逐王"、"汉鲜卑率众长"（图4.3.380）等。而到三国两晋时期，这类民族地区用印常冠以"魏""晋"等字。

印钮的钮式以鼻钮、瓦钮、龟钮为主，民族地区公印常置羊钮、驼钮，比如"汉匈奴破虏长"（图4.3.381）为驼钮，"汉归义賨邑侯"（图4.3.382）为羊钮。同时，颁赐给附属国的公印有蛇钮，例见"汉委奴国王"金印（图4.3.383）。

东汉公印的鼻钮印中，印台明显变厚，钮边也加厚，钮孔则相对变小，有些印面也变得更为宽阔，这种形制甚至一直影响到魏晋南北朝时期，例见"池阳家丞"（图4.3.384）。与西汉、新莽时期的相比，鼻钮的这种变化可以说是一项重要的变革。西汉时期常见的瓦钮逐渐被淘汰。

下面将对本小节公印按照印文内容进行分类、列举并加以阐述，如下：

1. 官署印

（1）中央官署印

在前文中所提及的中央官署印既包括诸厩、宫苑官署印，也有陵邑、陵寝所用官署印等。东汉的这类印章例见"药藏府印"（图4.3.385）、"中厨印信"（图4.3.386）、"帑府"（图4.3.387）、"园印"（图4.3.388）。

"药藏府印"应为东汉早期之物，印文比较稳健，尚有圆转之意，有西汉之风。《后汉书·百官志》有云："太医令一人，……药丞、方丞各一人。本注曰：药丞主药，方丞主药。"[182]正如孙慰祖所言"药藏府，主贮药之官署"[183]。

182　范晔：《后汉书·志》第二十六《百官三》，中华书局，1965，第3592页。
183　孙慰祖主编《两汉官印汇考》，上海书画出版社，1993，第16页。

图 4.3.376

河东太守章，泥封

图 4.3.377

司徒护军章，铜质，龟钮

图 4.3.378

频阳令印，铜质，瓦钮

图 4.3.379

九原丞印，铜质，瓦钮

图 4.3.380

汉鲜卑率众长，铜质，驼钮

图 4.3.381

汉匈奴破虏房长，铜质，驼钮

图 4.3.382

汉归义寰邑侯，金质，羊钮

图 4.3.383

汉委奴国王，金质，蛇钮

图 4.3.384

池阳家丞，铜质，鼻钮

图 4.3.385

药藏府印，铜质，瓦钮

图 4.3.386

中厨印信，铜质，瓦钮

图 4.3.387

帑府，铜质，瓦钮

图 4.3.388

园印，铜质，鼻钮

"中厨印信"时代应在东汉晚期，其印文用字趋于草率，并不端正，"中厨"在《汉书》《后汉书》中均无记载。因汉代皇后所居宫室为中宫，故推测中厨或为皇后宫中之厨，那么此印便是中宫之厨所用印。

关于"帑府"，《后汉书·百官志》："大司农，卿一人，中二千石。本注曰：掌诸钱谷金帛诸货币。……部丞一人，六百石。本注曰：部丞主帑藏。"[184]故帑府可能是贮藏金帛财货之署。

"园印"这枚印章边缘破损比较多，印文也受到侵蚀，线条不甚规整。此印应当是掌管苑囿或者陵园的官员所用官署印。

（2）地方官署印

本小节所见的地方官署印中，仓印、库印比较多，例见"廥印"（图4.3.389）、"海曲仓"（图4.3.390）、"诸仓"（图4.3.391）、"驺库"（图4.3.392）等。

图 4.3.389
廥印，铜质，瓦钮

"廥印"的印文笔画较为方折，总体还比较规矩，应为东汉早期之印。《史记》中有"邯郸廥烧"，集解曰："廥，厩之名，音脍也。"索隐曰："廥，积刍稿之处，为火所烧也。"[185]所以，"廥印"可能是地方储藏刍稿的官署用印。

海曲县、诸县、驺县均为汉县名，故"海曲仓"与"诸仓"分别是海曲县与诸县的仓署所用印，而"驺库"则为驺县储藏兵车之署用印。

此外，社会基层组织有不少乡印，这些乡印的内容不仅代表地名，也可能是社会基层组织所用官署印。例见"东乡"（图4.3.393）、"灵都乡"（图4.3.394）、"都乡"（图4.3.395）等。

前文中提到过乡有三老，掌教化之职，本小节有"三老舍印"（图4.3.396），或为三老之署所用印。

图 4.3.390
海曲仓，铜质，鼻钮

2. 职官印

（1）帝后、王侯玺印

本小节的帝后用印尚未见到实例，而王侯用印存世有不少，其制度基本沿袭西汉，印章材质、钮式等制度也与西汉别无二致。王印及王太后印例见"广陵王玺"（图4.3.397）、"朔宁王太后玺"（图4.3.398）等。

其中，"广陵王玺"为金质龟钮，印文线条平直刚硬，时代属东汉早期。此印于1981年在扬州邗江出土，后入藏南京博物院。《后汉书·显宗孝明帝纪》和《后汉书·光武十王列传》中记载刘荆于建武十五年（39年）封山阳公，十七年（41年）进爵为王，永平元年（58年）徙封为广陵王。后因

184　范晔：《后汉书·志》第二十六《百官三》，中华书局，1965，第3590页。

185　司马迁：《史记》卷四十三《赵世家第十三》，中华书局，1982，第1828页。

图 4.3.391
诸仓，铜质，鼻钮

图 4.3.392
驺库，铜质，瓦钮

图 4.3.393
东乡，铜质，鼻钮

图 4.3.394
灵都乡，泥封

图 4.3.395
都乡，泥封

图 4.3.396
三老舍印，铜质，瓦钮

图 4.3.397
广陵王玺，金质，龟钮

图 4.3.398
朔宁王太后玺，金质，龟钮

图 4.3.399
御史大夫，铜质，鼻钮

图 4.3.400
櫜官丞印，铜质，鼻钮

图 4.3.401
武库中丞，铜质，鼻钮

图 4.3.402
长安市长，铜质，鼻钮

谋反自杀，立二十九年死。[186]

"朔宁王太后玺"为金质龟钮，于1954年在陕西宁强县阳平关出土，现藏于重庆博物馆。史书中所记载的朔宁王只有东汉早期的隗嚣与隗纯父子二人，《后汉书·光武帝纪》："（建武七年三月）公孙述立隗嚣为朔宁王。"[187]又同书《隗传》中记载建武八年（32年），光武帝亲征隗嚣，其后"嚣大将十三人，属县十六，众十余万，皆降"。建武九年（33年）春，隗嚣恚愤而死。王元、周宗立其子隗纯为王，隗纯与行巡、苟宇徙弘农。[188]此印出土地点符合隗嚣的势力范围，且制作得极为用心，其主人或为隗嚣之母。

（2）中央职官印

①中央属百官印

本小节的中央职官制度与西汉时期相差不多，所见到的中央属百官印例见"御史大夫"（图4.3.399）、"櫜官丞印"（图4.3.400）、"武库中丞"（图4.3.401）、"长安市长"（图4.3.402）。

其中，"櫜官丞印"印面字体与西汉风格相近，当为东汉早期之物。在史书中有"导（导）官"，《后汉书·百官志》："导官令一人，六百石。本注曰：主舂御米。"[189]此印之"櫜官"应该就是"导官"。

"武库中丞"一印应为执金吾属官印。《汉书·百官公卿表》中记载中尉于武帝太初元年更名执金吾，属官有武库，武库有三丞，[190]中丞或为其中之一。

《汉书·百官公卿表》记载左内史更名左冯翊，长安四市四长丞均为其属官[191]，"长安市长"即为市长之印。

②诸厩、宫苑、陵寝职官印

秦汉时期实物资料存世比较多的诸厩职官印，到东汉时期基本不再见到。

目前来说，明确属于本小节的宫苑职官印并不多，例见"园里监印"（图4.3.403）、"莘闺苑监"（图4.3.404）。

其中，"园里监印"应为掌管苑囿相关事宜的官吏用印。根据《后汉书·百官志》中记载钩盾令下有濯龙监、直里监各一人，而濯龙、直里均为

186 范晔：《后汉书》卷四十二《光武十王列传第三十二》，中华书局，1965，第1446-1448页。

187 范晔：《后汉书》卷一下《光武帝纪第一下》，中华书局，1965，第47页。

188 范晔：《后汉书》卷十三《隗嚣公孙述列传第三》，中华书局，1965，第528-531页。

189 范晔：《后汉书·志》第二十六《百官三》，中华书局，1965，第3590页。

190 班固：《汉书》卷十九上《百官公卿表第七上》，中华书局，1962，第732页。

191 同上书，第738页。

园名，[192]孙慰祖认为此园里监亦为钩盾令属官。[193]同理，"莘闰苑监"一印应是主莘闰苑事物的官吏用印。

负责陵寝、陵园的职官印，例见"顺陵园丞"（图4.3.405）。《后汉书》中记载"葬孝和皇帝于慎陵"，注曰："在洛阳东南三十里。俗本作'顺'者，误。"[194]故顺陵应为东汉和帝刘肇陵名，"顺陵园丞"则为负责东汉和帝陵园相关事宜的职官之印。

（3）地方职官印

①郡县职官印

本小节的地方职官制度沿袭西汉制度，实行郡县制，其长官，郡有太守，官印例见"河东太守章"（图4.3.376）；县有令、长，例见"云阳令印"（图4.3.406）、"长安令印"（图4.3.407）、"河阳长印"（图4.3.408）、"吴房长印"（图4.3.409）；大县置尉两人，小县置尉一人，[195]例见"林虑左尉"（图4.3.410）、"新汲左尉"（图4.3.411）。

其中，河东为汉郡名，云阳、长安、河阳、吴房、林虑、新汲均为汉县名。

②王国、侯国属官印

《后汉书》载："列侯，所食县为侯国。……每国置相一人，其秩各如本县。本注曰：主治民，如令、长，不臣也。"[196]故列侯所食国有相，例见"陯麋侯相"（图4.3.412）；而侯相亦有佐官，例见"池阳侯丞"（图4.3.413）。又置国尉，职如县尉，如"复阳国尉"（图4.3.414）。

《后汉书》载："其家臣，置家丞、庶子各一人。本注曰：主侍侯，使理家事。……中兴以来，食邑千户已上置家丞、庶子各一人，不满千户不置家丞。"[197]故家丞为掌管列侯家事之官，且东汉时只有食邑千户及以上的列侯才置家丞。例见"池阳家丞"（图4.3.415）、"平阳家丞"（图4.3.416）。

汉时诸侯国之职官制度依照朝廷，"群卿大夫都官如汉朝"[198]，例见"梁厩丞印"（图4.3.417）、"北海饲长"（图4.3.418）。"梁厩丞印"应为梁国太仆属官，掌管梁国马厩之官用印；"北海饲长"当为北海国主管膳食的官吏用印。

192 范晔：《后汉书·志》第二十六《百官三》，中华书局，1965，第3592页。

193 孙慰祖主编《两汉官印汇考》，上海书画出版社，1993，第19页。

194 范晔：《后汉书》卷四《孝和孝殇帝纪第四》，中华书局，1965，第197页。

195 范晔：《后汉书·志》第二十八《百官五》，中华书局，1965，第3623页。

196 同上书，第3630页。

197 同上书，第3630页。

198 班固：《汉书》卷十九上《百官公卿表第七上》，中华书局，1962，第741页。

图 4.3.403
园里监印，铜质，龟钮

图 4.3.404
莘闰苑监，铜质，瓦钮

图 4.3.405
顺陵园丞，铜质，瓦钮

图 4.3.406
云阳令印，铜质，瓦钮

图 4.3.407
长安令印，铜质，瓦钮

图 4.3.408
河阳长印，铜质，瓦钮

图 4.3.409
吴房长印，铜质，鼻钮

图 4.3.410
林虑左尉，铜质，鼻钮

图 4.3.411
新汲左尉，铜质，瓦钮

图 4.3.412
隃麋侯相，铜质，鼻钮

图 4.3.413
池阳侯丞，铜质，鼻钮

图 4.3.414
复阳国尉，铜质，鼻钮

图 4.3.415
池阳家丞，铜质，鼻钮

图 4.3.416
平阳家丞，铜质，瓦钮

图 4.3.417
梁厩丞印，铜质，瓦钮

图 4.3.418
北海饲长，铜质，瓦钮

③乡、亭、里及其他社会基层组织官印

本小节的社会基层组织官印继承西汉之制，此类职官印例见"酒单祭尊"（图4.3.419）、"米粟祭尊"（图4.3.420）、"新安平政单印"（图4.3.421）。

此外，汉印中有不少"唯印"，罗福颐主编的《秦汉南北朝官印征存》一书中收录"唯印"八十九枚。东汉时期这类印章存世比较多，但对其性质与内容的认定，至今还没有确切的论证。例见"郭东丘唯"（图4.3.422）、"中里唯印"（图4.3.423）、"少年唯印"（图4.3.424）等。

（4）军旅印

本小节的将军印存世不少，例见"宣德将军章"（图4.3.425）、"偏将军印章"（图4.3.426）、"翼汉将军章"（图4.3.427）。

汉置八校尉，其用印例见"胡骑校尉"（图4.3.428）、"越骑校尉"（图4.3.429）。而胡骑校尉掌池阳胡骑，不常置；越骑校尉掌越骑。[199]

同时，本小节司马印很多，有些见于史籍记载，有些未见。如"左将别部司马"（图4.3.430）、"军司马印"（图4.3.431）、"屯田司马"（图4.3.432）。另外，还有一些其他武官印，如"军假候印"（图4.3.433）、"强弩都尉章"（图4.3.434）、"陷陈（阵）都尉"（图4.3.435）等。

（5）颁赐给民族地区及域外职官印

本小节此类印章存世不少，根据这些实物资料，可以了解当时民族地区及域外的地理及职官设置情况。

在本小节中，朝廷颁赐给域外的职官印，例见"汉委奴国王"（图4.3.383）；颁赐给民族地区的职官印数量不少，内容均冠以"汉"字，其中颁赐给匈奴的职官印存世比较多，其他民族则较少见到，例见"汉匈奴恶适尸逐王"（图4.3.375）、"汉匈奴呼卢訾尸逐"（图4.3.436）、"汉匈奴姑涂黑台耆"（图4.3.437）、"汉匈奴左污勒訾"（图4.3.438）、"汉匈奴左夫除渠日逐"（图4.3.439）、"汉鲜卑率众长"（图4.3.380）等。

此外，2003年洛阳辛店东汉墓中出土过一枚"匈奴归汉君"铜印[200]，钮式为卧状的双峰骆驼，该墓时代被定为东汉早中期。东汉朝廷颁赐给民族地区的公印文字风格较为硬直，多为东汉中晚期之物，这枚"匈奴归汉君"铜印文字则较为圆转，结合此墓时代，"匈奴归汉君"铜印的制作年代可能更早一些。该印印文内容特殊，且出土于中原，对研究东汉朝廷与匈奴之间的关系等问题提供了宝贵的资料。

图 4.3.419
酒单祭尊，铜质，瓦钮

图 4.3.420
米粟祭尊，铜质，龟钮

图 4.3.421
新安平政单印，铜质，瓦钮

199　班固：《汉书》卷十九上《百官公卿表第七上》，中华书局，1962，第737-738页。
200　赵晓军、褚卫红：《洛阳辛店东汉墓发现"匈奴归汉君"铜印》，《文物》2003年第9期。

图 4.3.422
郭东丘唯，铜质，瓦钮

图 4.3.423
中里唯印，铜质，瓦钮

图 4.3.424
少年唯印，铜质，瓦钮

图 4.3.425
宣德将军章，铜质鎏金

图 4.3.426
偏将军印章，金质，龟钮

图 4.3.427
翼汉将军章，质地不明，瓦钮

图 4.3.428
胡骑校尉，铜质，鼻钮

图 4.3.429
越骑校尉，银质，龟钮

图 4.3.430
左将别部司马，铜质，鼻钮

图 4.3.431
军司马印，铜质，鼻钮

图 4.3.432
屯田司马，铜质，瓦钮

图 4.3.433
军假候印，铜质，鼻钮

图 4.3.434
强弩都尉章，铜质，瓦钮

图 4.3.435
陷陈（阵）都尉，铜质，瓦钮

图 4.3.436
汉匈奴呼卢訾尸逐，铜质，驼钮

图 4.3.437
汉匈奴姑涂黑台耆，铜质，驼钮（残）

图 4.3.438
汉匈奴左污勒訾，铜质，驼钮

图 4.3.439
汉匈奴左夫除渠日逐，铜质，驼钮

图 4.3.440
使掌果池水中黄门赵许私印，银质，龟钮，
尺寸 2.4 cm × 2.4 cm – 2.1 cm

其中，匈奴官印内容的组合多为"部落或种姓名称+官号"，孙慰祖曾云："传世匈奴官印，一类为匈奴语官号，印文用汉字音译；一类为汉语官名，当是中原王朝所封官号。"[201]故像恶适、呼卢訾、姑涂、污勒訾、夫除渠之类，当为匈奴部落或种姓之名称；而尸逐、台耆、日逐等则为匈奴官号。

根据《后汉书·南匈奴列传》记载"其大臣贵者左贤王，次左谷蠡王，次右贤王，次右谷蠡王，谓之四角"[202]。可知，左贤王、左谷蠡王、右贤王、右谷蠡王合称"四角"，故"四角王印"应为东汉朝廷封给匈奴某王的官号印。

"汉鲜卑率众长"当为汉朝廷赐封给鲜卑首领的职官印，而鲜卑为东胡之一支，《后汉书》载："鲜卑者，亦东胡之支也，别依鲜卑山，故因号焉。"[203]

根据上文所讲的内容，可将本小节公印的特征进行总结，主要从以下几方面来讨论：

第一，从印章制度方面来看，刘秀建立东汉之后，废除了新莽时期的印章制度，恢复西汉时期的用印制度，东汉时期印章的质地、钮式、称谓、尺寸所体现的等级制度与西汉时是基本一致的。

图 4.3.441
朱子翁印，铜质，狮钮

第二，从印章形制方面来看，西汉及新莽时期流行的边薄孔大的瓦钮在此时已消失，鼻钮的印体渐高、钮面变厚加宽、钮孔变小。东汉时期印章的形体、钮式与前期相比区别甚大，完全是一种新型的印式。

第三，从印文内容方面来看，东汉时期公印的印文布局趋向绵密饱满，一般公印为四字，两排布局，字数不足四字者以"印""之印"来补足；少数官印及将军印为五字，三排布局，字数不足五字者以"章""印""之印""印章"等来补足；颁赐给域外及少数民族的公印均在印文之首冠以"汉"字。

第四，从印文的字体方面来看，入印文字的体势更加转折方正，到东汉中后期以后甚至出现了敦厚丰满、方劲朴茂的"满白文"风格的印章。

（二）私印

本小节私印的质地以青铜为主，也能见到其他质地，例见银质"使掌果池水中黄门赵许私印"（图4.3.440）。印面文字有铸、有凿，既有阴文、阳文，也有阴阳文。其印文内容中专称很多，用法也极为丰富，例见"朱子翁印"（图4.3.441）、"范式之印"（图4.3.442）、"王成私印"（图

图 4.3.442
范式之印，铜质，兽钮

201　孙慰祖主编《两汉官印汇考》，上海书画出版社，1993，第 210 页。
202　范晔：《后汉书》卷八十九《南匈奴列传第七十九》，中华书局，1965，第 2939 页。
203　范晔：《后汉书》卷九十《乌桓鲜卑列传第八十》，中华书局，1965，第 2985 页。

4.3.443）、"牛豹印信"（图4.3.444）、"黄神信印"（图4.3.445）、"河华记印"（图4.3.446）等。

南北方的地域区别在本小节的私印中基本不见。私印的印文比公印要美观，印文字体除用缪篆之外，也有用鸟虫书入印，例见"孟塍之印"（图4.3.447）。

本小节是私印发展的一个兴旺时期。印钮的钮式多种多样，有鼻钮、瓦钮、桥钮、龟钮、狮钮、辟邪钮、熊钮、盘龙钮等，例见"使掌果池水中黄门赵许私印"龟钮、"范冰印信"狮钮（图4.3.448）、"张熊私印"辟邪钮（图4.3.449）、"夏阳广国"熊钮（图4.3.450）、"辛前私印"盘龙钮（图4.3.451）。还有两面印、多面印，两套印、多套印等，其形式例见"徐尊"五面印（图4.3.452）、"赵式印信-赵式-文平"辟邪钮三套印（图4.3.453）。

在本小节的早期，私印尚还多见，到了晚期，私印锐减，这应该与当时动荡的政治环境、纷乱的分裂局面有关。

本小节的私印若按照印面内容来进行分类的话，数量最大的一类应是姓氏名字印，其中又以姓名印数量为最，像"朱子翁印"、"范式之印"、"王成私印"、"牛豹印信"、"路孝"（图4.3.454）、"张奉亲"（图4.3.455）等。有的有印章专称，有的无印章专称，所用的材质、钮式也极为随意。

秦朝、西汉、新莽时期所用的"臣印""妾印"在本小节中也存在，多见于两面印上，例如"臣光"（图4.3.456）、"臣路人"（图4.3.457）、"臣中意"（图4.3.458）、"臣观"（图4.3.459）、"妾纶"（图4.3.460）。

有的私印内容为姓氏名字加籍贯地望、职官或词句等，品类比较丰富，例见"汝南女阴公孙安汉印"（图4.3.461）、"使掌果池水中黄门赵许私印"（图4.3.462）、"乐浪太守掾王光之印"（图4.3.463）等。其中，"汝南女阴公孙安汉印"是籍贯地望与姓名相组合，"使掌果池水中黄门赵许私印"应是职官与姓名相组合，"乐浪太守掾王光之印"亦为职官与姓名合一。

秦汉时期的书信写于竹木简牍之上，并以绳捆束加盖印章，有防私拆之功用，这种书简印在本小节有姓名书简印，例见"王表言事"（图4.3.464）、"张稣言事"（图4.3.465）、"甘梃言事"（图4.3.466）。还有一些复杂姓名书简印，例见"肥子伯印宜身至前伯（迫）事不闲愿君自发印信封完"（图4.3.467）、"田长公印宜身至前迫事毋闲愿君自发印信封完"（图4.3.468）。

此外，在本小节中，宗教印盛行，主要反映道教、神仙家的内容，例见"黄神之印"（图4.3.469）、"黄神越章天帝神之印"（图4.3.470）、"天

图 4.3.443
王成私印，铜质，龟钮

图 4.3.444
牛豹印信，铜质，子母印，兽钮

图 4.3.445
黄神信印，木质，双面印之一

图 4.3.446
河华记印，质地、钮式不明

图 4.3.447
孟塍之印，铜质，套印母印，辟邪钮

图 4.3.448
范冰印信，铜质，狮钮，
尺寸 2.4 cm × 2.4 cm – 3.6 cm

图 4.3.449
张熊私印，铜质，辟邪钮，
尺寸 1.2 cm × 1.2 cm – 1.9 cm

图 4.3.450
夏阳广国，铜质，熊钮，
尺寸 1.6 cm × 1.6 cm – 1.4 cm

图 4.3.451
辛前私印，铜质，盘龙钮

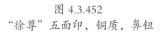

图 4.3.452
"徐尊"五面印，铜质，鼻钮

图 4.3.453
赵式印信－赵式－文平，铜质，三套印，辟邪钮

图 4.3.454
路孝，铜质，瓦钮

图 4.3.455
张奉亲，铜质，龟钮

图 4.3.456
臣光，木质，双面印之一

图 4.3.457
臣路人，铜质，双面印之一

图 4.3.458
臣中意，铜质，双面印之一

图 4.3.459
臣观，铜质，双面印之一

图 4.3.460
妾纶，铜质，双面印之一

图 4.3.461
汝南女阴公孙安汉印，
铜质，瓦钮

图 4.3.462
使掌果池水中黄门赵许私印，
银质，龟钮

图 4.3.463
乐浪太守掾王光之印，
木质，双面印之一

图 4.3.464
王表言事，铜质，龟钮

图 4.3.465
张稣言事，象牙，双面印之一

图 4.3.466
甘楗言事，铜质，套印母印，狮钮

图 4.3.467
肥子伯印宜身至前伯（迫）事不闲愿君自发
印信封完，铜质

图 4.3.468
田长公印宜身至前迫事毋闲愿君自发印信封
完，木质，双面印之一

图 4.3.469
黄神之印，铜质，龟钮

图 4.3.470
黄神越章天帝神之印，铜质，瓦钮

帝使者"（图4.3.471）、"天帝杀鬼之印"（图4.3.472）等。这类印章究竟
是个人私用，还是宗教组织所用，到目前为止尚未明确。

本小节中的两面印、多面印以及套印的形式较西汉、新莽时期都要丰富
得多。

两面印的内容比较多样，其中有一面内容为姓名、另一面内容为姓氏表
字的印，例见"韩王孙印－曹丞谊"（图4.3.473）、"苏延年－苏少季"（图
4.3.474）；有一面内容为姓名，另一面内容为臣某的，例见"郭安－臣安"
（图4.3.475）、"周弘之印－臣弘"（图4.3.476）；有两面内容皆为书简
用印形式的，例见"黄神信印－田长公印宜身至前迫事毋闲愿君自发印信封
完"（图4.3.477）；还有一面内容为姓名，另一面内容为图形的，例见"苏
党－图形"（图4.3.478）、"张毋巳－图形"（图4.3.479）。

在多面印中，例见故宫博物院所藏"徐尊"五面印（图4.3.452），其主
印面为"徐尊"二字，印墙四面为四神图案。

套印在本小节中有两套印、三套印。两套印例见"张懿印信－钜鹿下曲
阳张懿仲然"（图4.3.480）、"戚斋私印－戚子回印"（图4.3.481）；三套
印例见"萧胤印信－京兆长陵萧胤季长印－萧胤"（图4.3.482）、"思普印
信－思普－子成"（图4.3.483）。

根据上文所叙述的内容，可以看出本小节私印的质地、内容等方面与西
汉时期相比差别并不大。印章形制与入印文字有所变化，这也是与公印的变
化有所联系的，但是私印文字比公印要灵活、美观得多。然而到了本小节的
晚期，私印明显减少，这也是时代发展所致。值得注意的是，东汉时期宗教
印盛行，这是典则期前三个小节中所见不到的显著特点。

本小节的词语印和图形印，与西汉时期相比差别不大，具体的断代就要
依据印文的风格、印钮和印体的形制等方面来综合判断。

本小节的词语印尚可根据印文内容与风格来粗略判断其年代，但由于
与西汉相隔不远，而且风格也有所沿袭，具体断代并不容易，例见"日利"
（图4.3.484）、"日幸"（图4.3.485）、"日利千万"（图4.3.486）、"益
光"（图4.3.487）。从这些印例来看，其内容与西汉相差不大，且印文风格
变化不大。而本小节的图形印，其内容风格的变化与词语印相比更难辨认。

在以往的论著中，两汉时期的词语印与图形印也都是放在一起阐述而并
未分成西汉、东汉两段来进行讨论。

图 4.3.471
天帝使者，铜质，鼻钮

图 4.3.472
天帝杀鬼之印，铜质鎏金，桥钮

图 4.3.473
韩王孙印－曹丞谊，铜质，双面印

图 4.3.474
苏延年－苏少季，铜质，双面印

图 4.3.475
郭安－臣安，铜质，双面印

图 4.3.476
周弘之印－臣弘，铜质，双面印

图 4.3.477
黄神信印－田长公印宜身至前迫事毋闲
愿君自发印信封完，木质，双面印

图 4.3.478
苏党－图形，铜质，双面印

图 4.3.479
张毋巳－图形，铜质，双面印

图 4.3.480
张懿印信－钜鹿下曲阳张懿仲然，铜质，套印，兽钮

图 4.3.481
戚斋私印－戚子回印，铜质，套印，龟钮

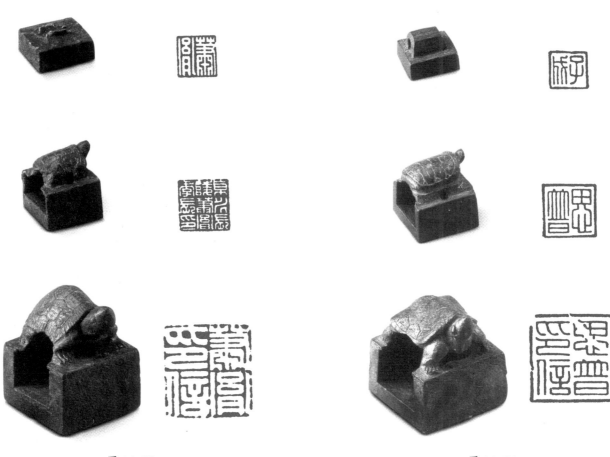

图 4.3.482
萧胤印信－京兆长陵萧胤季长印－萧胤，铜质，
三套印，龟钮

图 4.3.483
思普印信－思普－子成，铜质，
三套印，龟钮

图 4.3.484
日利，铜质，瓦钮

图 4.3.485
日幸，铜质

图 4.3.486
日利千万，铜质，瓦钮

图 4.3.487
益光，铜质

◎ 本章小结 ————————————————————————

　　中国古代印章在蓬勃期印章的基础上，逐渐发展到典则期，实现了行用的统一制度化，其基本风格也渐趋一致，这是政治的大一统、社会状态的相对稳定、生产力与生产水平的恢复与发展、各地区政治经济发展水平渐趋接近的必然反应，同时也是社会交流逐渐频繁、地域疆界不断被打破的结果。在这种背景之下，时代风格明显地烙印在典则期印章上。

　　典则期的印章比蓬勃期的印章更能全面地反映社会的政治、经济、军事、民族、外交等多个方面的各种问题。比如说，仅仅拿两汉时期的职官研究这一项来说，就能依据当时印章的实物遗存和文字遗存大体复原出一个金字塔式的古代职官名阶谱，可以了解到当时的官僚体系，为研究中国古代政治史提供重要资料。

　　除了为中国古代历史、政治、地理等方面的研究提供极富价值的珍贵实物资料，典则期的印章在其他若干方面也有重要的研究价值。例如，对于印章用字，前一期蓬勃期是以"东周古文"入印的，其中有不少成功之处，但也有一些并不适合印章使用的缺陷存在，而本期的入印文字——由"摹印篆"发展而成的"缪篆"，是与印面形式配合得最成功的汉字，可以说是印面形式与文字形式配合得最好的典范。另外比如"鸟虫书"，实际上这是对"摹印篆""缪篆"的美术字化的改造。如果对印章中的名字词句、图形等进行深入研究的话，那么，将会发现这是一个民俗学、美学的宝库。此外，丰富的印章钮式则反映了当时立体造型艺术的成就。

　　典则期是由蓬勃期发展而来的中国印章史上的又一个高峰，也是整个中国古代玺印发展史上的最高峰，其成果集中表现在本期的第一、第二、第三小节之中。典则期对于完整的中国印章史的另一个高峰，即明清文人流派印的创作来说，也提供了丰富的营养，并且成为他们进行艺术实践的重要典则；同样，这一影响也左右着现代艺术印章的创作，并还将一直影响中国印章艺术的未来。

第五章

涣解期——三国两晋南北朝

　　魏晋南北朝是中国古代史上的转折期，随着东汉末年汉室统治的瓦解，地方豪强势力的扩张与纷争，中国社会进入了一个长达三百余年的动荡期。虽然司马氏结束了三国时代的割据局面，实现了三十余年的短暂安稳。但旋即而来的八王之乱和永嘉之乱又使中国重新回到动荡之中，五胡乱华、晋室南渡以后，形成了北方政权（先是十六国，接着是北朝）与南方政权（先是东晋，接着是南朝）对峙的局面，这种局面一直延续到隋统一中国才结束。

　　与秦汉时代相比较，魏晋南北朝时期的政治制度、政区规划和社会文化，都发生了巨大的变化。反映在印章这一文化载体上，用印制度、用印方式、印文甚至玺印的制作方式都在这一时期发生了巨大改变。由于魏晋南北朝长期处于南北对峙、群雄割据的局面，即使是同一时期，各政区间也呈现出不同的文化面貌，这点在东晋十六国、南北朝玺印中都十分明显。大约从三国时代开始，部分玺印的印面呈现出明显不同于汉代缪篆而稍显涣解的风格，这种现象自东晋以后尤为明显，所以我们将这段时期称为中国玺印史上的涣解期。

第一节　关于魏晋南北朝公印的文献记载

　　魏晋南北朝是中国职官制度发生重要变革的时期，它上承秦汉官制，下启隋唐官制，在公印的制度规定上也愈趋详尽，对后代的用印制度产生了重要的影响。下面择要介绍三国、两晋、北朝（北魏、北齐、北周）、南朝（宋、齐、梁、陈）公印的文献记载。

一、三国

　　曹魏公印制度多承袭东汉旧制，正如《三国会要》所言："魏诸官印各以官为名，印如汉法断，二千石者章。"[1]《三国志·魏书·武帝纪》注引《魏书》记载："置名号侯爵十八级，关中侯爵十七级，皆金印紫绶；又置关内外侯十六级，铜印龟钮墨绶；五大夫十五级，铜印环钮，亦墨绶，皆不食租，与旧列侯、关内侯凡六等。"[2]同书《刘放传》载有左右光禄大夫的用印情况："正始元年，更加（刘）放左光禄大夫，（孙）资右光禄大夫，金印紫绶，仪同三司。"[3]

1　杨晨：《三国会要》卷十三《礼下·舆服》，中华书局，1956，第249页。
2　陈寿：《三国志》卷一《魏书一·武帝纪》，中华书局，1982，第42页。
3　陈寿：《三国志》卷十四《魏书十四·刘放》，中华书局，1982，第459页。

　　另外，曹操执政以来，特别是曹魏立国以后，对汉代的职官名、爵号、地名也做了些许改动，可为我们区分曹魏官印与东汉官印提供文献依据。如《三国志·魏书·文帝纪》记载黄初元年（220年）改制："以汉诸侯王为崇德侯，列侯为关中侯。以颍阴之繁阳亭为繁昌县。封爵增位各有差。改相国为司徒，御史大夫为司空，奉常为太常，郎中令为光禄勋，大理为廷尉，大农为大司农。郡国县邑，多所改易。更授匈奴南单于呼厨泉魏玺绶。"黄初二年（221年）又"改许县为许昌县。以魏郡东部为阳平郡，西部为广平郡"[4]。另外，曹魏政权颁赐给少数民族地区或周边属国的官印，常冠以"巍"（魏）字，可作为时代和国别的判断依据。

　　关于吴国公印制度，有记载吴主孙坚曾得传国玺，后为袁术拘其夫人而夺之，后得金玺六方。[5]《三国志·吴书·朱治传》对将军用印有所记载："二年，拜安国将军，金印紫绶，徙封故鄣。"[6]《三国志·吴书·孙皓传》还记载因灵异现象而对普通工人授印的情况："有鬼目菜生工人黄耇家，依缘枣树，长丈余，茎广四寸，厚三分。又有买菜生工人吴平家，高四尺，厚三分，如杷杷形，上广尺八寸，下茎广五寸，两边生菜绿色。东观案图，名鬼目作芝草，买菜作平虑草，遂以耇为侍芝郎，平为平虑郎，皆银印青绶。"[7]

　　关于蜀国公印制度的相关文献记载较少，但从出土资料来看，应当是承袭汉制。

二、两晋

　　两晋公印制度在《晋书》《通典》中有较为详尽的记载。如《晋书·舆服志》："皇太子金玺龟钮，朱黄绶，四采：赤、黄、缥、绀……诸王金玺龟钮，纁朱绶，四采：朱、黄、缥、绀……贵人、夫人、贵嫔，是为三夫人，皆金章紫绶，章文曰贵人、夫人、贵嫔之章……淑妃、淑媛、淑仪、修华、修容、修仪、婕妤、容华、充华，是为九嫔，银印青绶……皇太子妃金玺龟钮，纁朱绶……诸王太妃、妃、诸长公主、公主、封君金印紫绶……郡公侯县公侯太夫人、夫人银印青绶，佩水苍玉，其特加乃金紫。"[8]

　　司马氏篡魏后，对曹魏的官制和地名也做了一些改动。如在军队系统中，魏明帝时曾置左军，晋武帝初"又置前军、右军，泰始八年又置后军，

4　陈寿：《三国志》卷二《魏书·文帝纪》，中华书局，1982，第77页。

5　《三国志·吴书一·孙坚》注引《山阳公载记》曰："术将僭号，闻坚得传国玺，乃拘坚夫人而夺之。"中华书局，1982，第1099页。

6　陈寿：《三国志》卷五十六《吴书十一·朱治》，中华书局，1982，第1303页。

7　陈寿：《三国志》卷四十八《吴书三·孙皓》，中华书局，1982，第1162页。

8　房玄龄等：《晋书》卷二十五《舆服》，中华书局，1974，第773、774页。

是为四军"[9]。又置左右卫将军、殿中将军（属官有殿中校尉、殿中都尉、殿中司马）等卫官。所封王国有大小之分，皆置典书、典祠、典卫、学官令等官，大国设有中军和上、下军，并置中卫领兵；小国亦有上、下军，各有兵员不等。[10]地名的改动亦不乏其例，如改吴庐陵郡新兴县为遂兴县，又在边塞要地设立护军，如《元和郡县志》载晋惠帝于枹罕故县立护军，今有"枹罕护军长史"可证。[11]另外，《晋书·舆服志》还对佩绶和印囊做了规定："诸假印绶而官不给鞶囊者，得自具作，其但假印不假绶者，不得佩绶。"[12]

三、北朝

北魏公印制度缺乏系统的文献记载，但从某些传记中可以追寻到一些北魏用印方式的线索，如《魏书·卢同传》记载："令本曹尚书以朱印印之，明造两通。一关吏部，一留兵局……别录历阶，仰本军印记其上，然后印缝……奏出之日，黄素朱印，关付吏部。"[13]通过以骑缝印黄素纸的印法，可以窥见当时已使用钤朱的方式。

北齐公印制度记载颇为完备，如《通典·礼二十三·嘉八·天子诸侯玉佩剑绶玺印》记载："天子六玺，并因旧式。又有传国玺，白玉为之，方四寸，螭兽钮，上交蟠螭，隐起鸟篆书，文曰'受天之命，皇帝寿昌'，凡八字，在六玺外，唯封禅以封石函。又有督摄万机印一钮，以木为之，长尺二寸，广二寸五分。背上为鼻钮，钮长九寸，厚一寸，广七寸。腹下隐起篆文书为'督摄万机'，凡四字。此印常在内，唯以印籍缝。用则左户部郎中、度支尚书奏取，印讫转纳。皇太子玺，黄金为之，方一寸，龟钮，文曰'皇太子玺'。宫中大事用玺，小事用门下典书坊印。诸侯印绶，二品以上，并金章紫绶；三品银章青绶；四品得印者，银印青绶；五品、六品得印者，铜印墨绶；七品、八品、九品得印者，铜印黄绶。金银章印及铜印，并方一寸，皆龟钮。四方诸藩国王之章，上藩用金，下藩用银，并方寸，龟钮。佐官唯公府长史、尚书二丞，给印绶。六品以下，九品以上，唯当曹为官长者给印。余自非长官，虽位尊，并不给。"[14]

9　房玄龄等：《晋书》卷二十四《职官》，中华书局，1974，第723页。

10　同上书，第740–744页。

11　叶其峰：《古玺印通论》，紫禁城出版社，2003，第117页。叶其峰在其书中作"抱罕护军长史"，"抱"为"枹"之误。枹罕，古县名。

12　房玄龄等：《晋书》卷二十五《舆服》，中华书局，1974，第773页。

13　魏收：《魏书》卷七十六《卢同》，中华书局，1974，第1682页。

14　杜佑：《通典》卷六十三《礼二十三·嘉八·天子诸侯玉佩剑绶玺印》，中华书局，1988，第1765–1766页。

北周公印制度亦见于《通典》："后周皇帝八玺，有神玺，有传国玺，皆宝而不用。皇帝负扆，则置神玺于筵前之右，置传国玺于筵前之左。其六玺，并因旧制，皆白玉为之，方一寸五分，高一寸，螭兽钮。三公诸侯印，皆方寸二分，高八分，龟钮。七命以上银，四命以上铜，皆龟钮。三命以上，铜印铜鼻。其方皆寸，其高六分，文曰'某公官之印'。"[15]

四、南朝

南朝宋、齐、梁、陈四代公印制度的文献记载都较为完备，在《通典》《宋书》等文献中，不仅规定了各级用印的质地和钮式、佩绶，甚至对文武百官的用印都一一介绍，其详尽程度堪比隋唐以后的制度规定。下面仅以刘宋公印制度为例介绍，其他三朝用印制度，可参考《通典·礼二十三·嘉八·天子诸侯玉佩剑绶玺印》部分。

《宋书·舆服志》以及《通典·礼二十三·嘉八·天子诸侯玉佩剑绶玺印》记载：皇太子，金玺龟钮，缥朱绶。皇太子妃，金玺龟钮，缥朱绶。贵嫔、夫人、贵人，金章紫绶，印文曰贵嫔、夫人、贵人之章。淑妃、淑媛、淑仪、修华、修容、修仪、婕妤、容华、充华，银印青绶，印文曰淑妃、淑媛、淑仪、修华、修容、修仪、婕妤、容华、充华之印。诸王，金玺龟钮，缥朱绶。诸王太妃、诸长公主、公主、封君、诸王太子，金印紫绶。郡公，金章玄朱绶。郡侯，金章青朱绶。郡公侯太夫人、郡公侯太子，银印青绶。太宰、太傅、太保、丞相、司徒、司空、大司马、大将军、太尉、骠骑、车骑将军，凡诸将军加大者，征、镇、安、平、中军、镇军、抚军，前、左、右、后将军，征虏、冠军、辅国、龙骧将军，金章紫绶。关内、关中名号侯，金印紫绶。县、乡、亭侯，金印紫绶。光禄大夫、卿、尹、太子保、傅、大长秋、太子詹事、司隶校尉、武尉，左右卫、中坚、中垒、骁骑、游击、前军、左军、右军、后军、宁朔、建威、振威、奋威、扬威、广威、建武、振武、奋武、扬武、广武、左右积弩、强弩诸将军，监军、折冲、轻车、扬烈、威远、宁远、虎威、材官、伏波、凌江诸将军，银章青绶。领军、护军、城门五营校尉、东南西北中郎将、鹰扬、奋武护军、安夷抚军、护军、军州郡国都尉、奉车、驸马、骑都尉、诸护军将兵助郡都尉、水衡、典虞、牧官、典牧都尉、度支中郎将、校尉、都尉、司监都尉、材官校尉、王国中尉、宜和伊吾都尉、监淮南津都尉、骑都督、守，银印青绶。诸军司马、郡国太守、相、内史、牙门将，银章青绶。黄沙治书侍御史，银印墨

15　杜佑：《通典》卷六十三《礼二十三·嘉八·天子诸侯玉佩剑绶玺印》，中华书局，1988，第1768页。

绶。尚书左右丞、秘书丞，铜印黄绶。护匈奴中郎将、护羌夷戎蛮越乌丸西域戊己校尉，铜印青绶。尚书令、仆射，铜印墨绶。中书监令、秘书监，铜印墨缥绶。州刺史、御史中丞、都水使者、谒者仆射、冗从仆射、太子卫率、虎贲中郎将、羽林监、北军中候、殿中监、公府长史、诸卿尹丞、诸县署令秩千石者，铜印墨绶。[16]

第二节　魏晋南北朝公印分节

前人对于魏晋南北朝官印的整理和研究，已经取得较多的成果。综合性论著如罗福颐《秦汉南北朝官印征存》，王人聪、叶其峰的《秦汉魏晋南北朝官印研究》，[17]两书都堪称研究秦汉魏晋南北朝官印的集大成者。

对于魏晋南北朝官印的专题性研究，最突出的当属孙慰祖《西晋官印考述》。[18]此外，叶其峰《古玺印通论》、周晓陆《古代玺印》等玺印通论性著作中也对魏晋南北朝玺印做过颇为详细的介绍。[19]综合上述研究成果，根据考古出土资料，结合印章钮式、字体以及特定地名、职官名，可将魏晋南北朝官印分为以下四期。

一、三国公印

三国公印包括曹魏、蜀汉和孙吴公印。一方面，由于三国时期的某些制度直接承袭东汉，所以印文风格也与汉末的官印接近；另一方面，西晋早期公印承袭曹魏传统，其风格与曹魏晚期公印风格较为接近，所以三国公印不易与东汉晚期公印以及西晋早期公印区分开来。

三国公印钮式仍以鼻钮和龟钮为主，质地以青铜为主，高等级官印使用金、银等贵金属，有少量铅质、石质、木质殉葬印。印文基本为凿刻而成的阴文，以双排四字印为主，少量为三排。印文笔画有的较宽厚，甚至显得臃肿，与东汉晚期的风格接近；有的则平正有力，与西晋公印的风格接近。三国公印中时代特征最明显的是颁赐给北方少数民族地区或南方部落的官印，

图 5.2.1
崇德侯印，金质，龟钮

图 5.2.2
魏归义氐侯，金质，驼钮

图 5.2.3
魏率善氐仟长，铜质，驼钮

16　沈约：《宋书·礼志》，中华书局，1974，第507-510页。杜佑：《通典》卷六十三《礼二十三·嘉八·天子诸侯玉佩剑绶玺印》，中华书局，1988，第1755-1758页。

17　罗福颐主编《秦汉南北朝官印征存》，文物出版社，1987。王人聪、叶其峰：《秦汉魏晋南北朝官印研究》，香港中文大学文物馆，1990。

18　孙慰祖：《西晋官印考述》，载《上海博物馆集刊》第七期，上海书画出版社，1996，第53-70页。

19　叶其峰：《古玺印通论》，紫禁城出版社，2003。周晓陆：《古代玺印》，中国书店，1998。

图 5.2.4
魏率善叟邑长，铜质，羊钮

图 5.2.5
魏乌丸率善佰长，铜质，马钮

图 5.2.6
魏蛮夷率善邑长，铜质，蛇钮

往往以国号冠于印文前。另外还可以根据特定的职官名、地名确定其时代和归属，下面按魏、蜀、吴三国分别介绍：

（一）曹魏公印

曹魏公印前期基本承袭东汉晚期的印风，印文充满印面，笔画较粗。曹魏末期，印面下端出现留白，印面中间开始"十"字留白，这些做法被西晋所继承并成为西晋官印的典型特征。

根据曹魏时期特有的职官和地名，可以确定一些曹魏公印的"标准器"。如根据黄初元年改诸侯王为崇德侯，可判定日本京都有邻馆所藏"崇德侯印"（图5.2.1）金印为曹魏官印。

曹魏政权颁赐给民族地区的官印多在印文前冠以"巍"（魏）字，且数量较夥，仅罗福颐《秦汉南北朝官印征存》所录即超过百枚，涉及羌、氐、胡、匈奴、卢水、乌丸、鲜卑、韩、屠各、丁零、蛮夷、叟、傒等民族或部落。所见钮式主要有驼钮、羊钮、马钮和蛇钮。其中驼钮主要用于羌、氐、胡，马钮主要用于乌丸、丁零、鲜卑、韩，羊钮主要用于屠各、叟（氐叟），蛇钮主要用于蛮夷。所涉官名主要有王、侯、邑君、邑长、左长、仟长、佰长等。文字多作三排，"魏"字右边从"山"字头写作"巍"。文字风格有细劲和宽厚两种，多布局严整，与西晋官印接近。例见"魏归义氐侯"（图5.2.2）、"魏率善氐仟长"（图5.2.3）、"魏率善叟邑长"（图5.2.4）、"魏乌丸率善佰长"（图5.2.5）、"魏蛮夷率善邑长"（图5.2.6）。

另有一些出土地点明确、时代特征鲜明的公印，也可视作曹魏公印的"标准器"，如1979年陕西扶风法门公社齐村大队张吴村曹魏铜印窖藏出土的"军曲候印"4枚（图5.2.7）、"魏率善氐仟长"1枚（图5.2.8）。该窖藏位于曹魏建筑遗址内部，结合出土的"魏率善氐仟长"印，可确定这批铜印全为曹魏时代的遗物。[20]1972年，河南孟津发现一曹魏铜印窖藏，出土"军曲候印"（图5.2.9）、"部曲将印"（图5.2.10）、"别部司马"（图5.2.11）、"军司马印"（图5.2.12）、"军假司马"（图5.2.13）等铜印797枚，与扶风所出者印文风格接近，钮式相同。同年，河南伊川县江左公社半坡大队社员掘得一枚"武猛校尉"龟钮银印（图5.2.14）。[21]龟背隆起较圆缓，龟首平出，龟腹甲未见明显前突。"武猛校尉"始置于汉末三国，见于正史记载的有典韦[22]、潘璋[23]二人。印文"猛"字"犭"旁两竖在右，"孟"

20　罗西章：《介绍一批陕西扶风出土的汉、魏铜印等文物》，《文物》1980年第12期。
21　贺官保：《洛阳博物馆馆藏官印考》，《文物》1980年第12期。
22　陈寿：《三国志》卷四《魏书四·齐王芳》，中华书局，1982，第120页。
23　陈寿：《三国志》卷五十五《吴书十·潘璋》，中华书局，1982，第1299页。

图 5.2.7
军曲候印，铜质，鼻钮

图 5.2.8
魏率善氐仟长，铜质，驼钮

图 5.2.9
军曲候印，铜质，鼻钮

图 5.2.10
部曲将印，铜质，鼻钮

图 5.2.11
别部司马，铜质，鼻钮

图 5.2.12
军司马印，铜质，鼻钮

图 5.2.13
军假司马，铜质，鼻钮

图 5.2.14
武猛校尉，银质，龟钮，印面边长 2.4 cm

图 5.2.15
虎步司马，铜质，鼻钮

图 5.2.16
虎步叟搏司马，铜质，鼻钮

图 5.2.17
无当司马，铜质，鼻钮

部上下几乎等长；"尉"字右边"寸"部竖画作弧笔，呈现出早于西晋的时代特征，当为曹魏官印。

（二）蜀汉公印

目前所能确定的蜀汉公印数量较少，可根据蜀汉时期特有的地名、职官名判断。如《三国志·蜀书·姜维传》载诸葛亮与留府长史张裔、参军蒋琬书："须先教中虎步兵五六千人，姜伯约甚敏于军事，既有胆义，深解兵意。"[24] 其中"虎步兵"与"虎步司马"（图5.2.15）、"虎步叟搏司马"（图5.2.16）等印相合，考其钮式及印文特征，也与三国官印相符，可推定为蜀汉官印。又据《资治通鉴》，魏明帝太和五年（231年），司马懿使张合攻无当监何平。胡三省注："无当，盖蜀军部之号，言其军精勇，敌人无能当者。"[25] 可知"无当司马"（图5.2.17）为蜀汉公印。

（三）孙吴公印

目前所能确定的孙吴公印也不多，主要依据出土地点以及东吴特有的职官名称判断。东吴公印质地比较多样，除铜印外，还有少量银印、石印和铅印，印文字体较草率，已经呈现出明显的涣解倾向，如江苏南京薛秋墓出土的"折锋校尉"石印（图5.2.18）。另有数枚东吴政权颁赐给南方蛮夷君长的官印，如"吴蛮夷邑君"银印（图5.2.19）、湖北恩施出土的"吴率夷中郎将"（图5.2.20）银印，这类盘蛇钮的银印是东吴蛮夷官印的一大特色。

另有一些公印很难区分其究竟属于哪一国，但从文字风格和钮式上仍能判定其为三国时代的遗物，如"巧工司马"（图5.2.21）、"扫难将军章"（图5.2.22）、"前锋突骑司马"（图5.2.23）等。

二、西晋公印

西晋公印呈现出较为整饬的风貌，这或许与司马氏政权的统一有关。通过孙慰祖等人的研究，西晋公印的面貌已较为清楚，现对其概括如下：

西晋公印印钮以鼻钮和龟钮为主，北方少数民族地区多用驼钮、马钮，南方蛮夷地区多用蛇钮，蛇钮多作回首状。鼻钮钮壁较厚，钮孔为半圆形。龟钮头部上昂，头顶高于龟背，可根据背部形态分成两类。一类背部圆浑丰满，颈部常常带有突出的龟板，如"宣成公章"金印（图5.2.24）；一类背部略平，以中间和两侧各一的三条脊线将龟背分为四个块面，如"镇南将军章"金印（图5.2.25）。龟钮背部常装饰阴刻斜线纹或六角纹，龟背边缘常装饰垂幛纹。

24　陈寿：《三国志》卷四十四《蜀书十四·姜维》，中华书局，1982，第 1063 页。
25　司马光：《资治通鉴》卷七十二《魏明帝纪·太和五年》，中华书局，1956，第 2268 页。

图 5.2.18
折锋校尉，石质，鼻钮

图 5.2.19
吴蛮夷邑君，银质，蛇钮，尺寸 2.48 cm×2.44 cm

图 5.2.20
吴率夷中郎将，银质，钮残，印面边长 2.5 cm

图 5.2.21
巧工司马，铜质，鼻钮

图 5.2.22
扫难将军章，银质，龟钮

图 5.2.23
前锋突骑司马，铜质，鼻钮

图 5.2.24
宣成公章，金质，龟钮

图 5.2.25
镇南将军章，金质，龟钮

图 5.2.26
东平饲官长印，铜质，鼻钮

图 5.2.27
常山典书丞印，铜质，鼻钮

图 5.2.28
平东将军章，金质，龟钮

西晋公印印面有如下特征：第一，朝官、郡县官印尺寸多为2.4厘米见方，少量高等级官印边长达2.5厘米（如"宣成公章""镇南将军章"）。颁赐给民族地区的官印，边长多为2.3厘米见方，印台较低，多在0.7厘米左右。第二，印文多平正劲健，笔画方折，四字印中间留有"十"字形空白，三行六字印中间留有"井"字形空白。第三，印面下部留有较大空间，这一趋势从西晋开始逐渐明显。第四，印文以四字和六字为主，不足字数的以印章专称凑齐，足数者省略印章专称。第五，篆书隶变的趋势不断增强，个别字的写法极具时代特色，可作为时代判别的依据，如"印"字上长下短，写作🔲；"令"字上部一横较短，写作🔲；"丞"字下部一横较短，写作🔲；"将"字写作🔲；"长"字方折写作🔲；"司"字"口"部左偏写作🔲。例见"东平饲官长印"（图5.2.26）、"常山典书丞印"（图5.2.27）、"平东将军章"（图5.2.28）、"齐上军司马印"（图5.2.29）。

西晋高等级公印除汉魏以来流行的"关中侯印""关内侯印"等封爵印外，另见到相当数量的公侯印，如"宣成公章"、"武乡亭侯"（图5.2.30）。三品以上的四征、四镇、四安、四平将军皆用金章紫绶，如前举"镇南将军章""平东将军章"等。宫门禁卫印如洛阳城东门之"建春门侯"（图5.2.31）等。地方官印多为州刺史、郡太守、县令、长、尉，如"冀州刺史"（图5.2.32）、"外黄令印"（图5.2.33）。另有部分地区的盐铁、农牧督官印，如"夏阳铁库督印"（图5.2.34）。王国、侯国官印是西晋官印的一大特色，常见的国官有典书、典府、典医、典祠、学官，以及饲官的令、长、丞等，如前举"东平饲官长印""常山典书丞印"。颁赐给民族地区的官印数量较多，印文所见民族或部落有羌、氐、胡、支胡、叟、卢水、屠各、鲜卑、匈奴、㑩、蛮夷、韩、夫余、高句丽等，例见"晋归义胡王"（图5.2.35）、"晋归义叟侯"（图5.2.36）、"晋率善氐邑长"（图5.2.37）、"晋率善羌仟长"（图5.2.38）、"晋乌丸率善佰长"（图5.2.39）。

三、东晋、十六国公印

从东晋、十六国时期开始，印章文字正式进入崩坏涣解期。本期公印仍以青铜质地为主，高等级官印流行鎏金，兼有少量金、银、铅和石质官印。东晋公印印钮以鼻钮和龟钮为主，龟钮开始抽象化，头部进一步抬高，背部甲纹简化为短斜线，如"关中侯印"（图5.2.40）。十六国公印钮式多样，十六国前期的公印整体接近两晋，鼻钮官印的钮孔呈圆形，如"榆糜令印"（图5.2.41）；后赵的公印钮式多为马钮，且制作精细，极具特色，如"亲赵侯印"（图5.2.42）。东晋、十六国公印印面下端留白明显，排布不如西晋官印规整。

图 5.2.29
齐上军司马印，铜质，鼻钮

图 5.2.30
武乡亭侯，铜质鎏金，龟钮

图 5.2.31
建春门候，铜质，鼻钮

图 5.2.32
冀州刺史，铜质，鼻钮

图 5.2.33
外黄令印，铜质，鼻钮

图 5.2.34
夏阳铁库督印，铜质，鼻钮

图 5.2.35
晋归义胡王，金质，驼钮

图 5.2.36
晋归义叟侯，金质，驼钮

图 5.2.37
晋率善氐邑长，铜质，驼钮

图 5.2.38
晋率善羌仟长，铜质，驼钮

图 5.2.39
晋乌丸率善佰长，铜质，羊钮

图 5.2.40
关中侯印，铜质鎏金，龟钮，印面边长 2.35 cm

图 5.2.41
榆糜令印，铜质，鼻钮

图 5.2.42
亲赵侯印，铜质，马钮

本期官印以将军印最具特色，其印文凿刻率意，竖笔多以单刀法刻成，所以又有"急就章"之称。除三品以上的骠骑、车骑、四征、四镇、四安、四平将军外，还出现了数十种杂号将军，常见的有凌江、横江、伏波、广武、建威、龙骧、扬武、材官、讨难、荡难、宁朔、宁远、平远、立节、折冲等将军号。将军印多为五字，其一般格式为"将军号（二字）+将军+章"，多分作三排，如"广武将军章"（图5.2.43）、"材官将军章"（图5.2.44）、"折冲将军司马"（图5.2.45）。除了上述将军印，魏晋以来的奉车都尉、骑都尉、驸马都尉、将兵都尉、部曲督印、部曲将印继续流行，如后赵"部曲督印"（图5.2.46）、东晋"殿中都尉"（图5.2.47）。

封爵印为数不少，质地有金质、铜鎏金、银质和铜质，以龟钮、驼钮和马钮较为常见。如南京中央门外直渎山出土的"关中侯印"（图5.2.48），北燕冯素弗墓出土的"范阳公章"（图5.2.49）、"辽西公章"（图5.2.50）。十六国流行归义侯、四角王、择地王、左右贤王等王侯印，如"亲赵侯印"、"右贤王印"（图5.2.51）、"四角王印"（图5.2.52）、"择地羌王"（图5.2.53）等。

地方官印多为郡太守和县令、长印，南京东晋颜氏家族墓地中出土了滑石质地的隶书印——"零陵太守章"（图5.2.54），这是目前所见较早的以隶书入印的印例。在极少数东晋末至南朝初的印章中出现了侨郡名称，如"南义阳太守章"（图5.2.55）。

一个值得注意的现象是，东晋、十六国时期还出现了一些兼官、试守官、假官等非正授官印。如"兼并州阳河蕈督"（图5.2.56）、"行裨将军章"（图5.2.57）、"试守莲勺令印"（图5.2.58）、"假顺阳太守章"（图5.2.59）等。这些非正授官印中的职官多为武职或郡县长官，所涉郡县多为东晋、十六国、南北朝政区交界或纷争地带。以兼领、试守、假授等方式授官并刻印，既是出于边境军事紧张和治剧的需要，也反映了统治者面对战争频繁、政区属权不定的无奈。

东晋、十六国公印的区分，主要根据出土地点、所涉职官和地名判定，如前举"榆糜令印"出土于咸阳十六国前期墓，是十六国官印无疑。又某些职官仅存在于东晋或十六国某一政权，如前秦的"兼并州阳河蕈督"印，蕈督一职仅见于前秦（见《广武将军碑》），可判断其为前秦官印无疑。又如"临湖令印"（图5.2.60），按《晋书·地理志》，临湖县属晋庐江郡，而文字风格钮式与西晋官印不同，可判断其为东晋官印无疑。但是，由于东晋与十六国之间战争频繁，尤其是南北交界地区的辖权往来不定，这就为我们通过地名判断印章的国别带来了困难。东晋、十六国公印的进一步区分，仍留有较大的研究空间。

图 5.2.43
广武将军章，铜质，龟钮

图 5.2.44
材官将军章，铜质，龟钮

图 5.2.45
折冲将军司马，铜质，鼻钮

图 5.2.46
部曲督印，铜质，驼钮，
尺寸 2.4 cm×2.46 cm

图 5.2.47
殿中都尉，铜质，龟钮，
尺寸 2.51 cm×2.47 cm

图 5.2.48
关中侯印，金质，龟钮

图 5.2.49
范阳公章，金质，龟钮

图 5.2.50
辽西公章，铜质鎏金，龟钮

图 5.2.51
右贤王印，驼钮

图 5.2.52
四角王印，铜质鎏金，驼钮

图 5.2.53
择地羌王，鎏金，驼钮

图 5.2.54
零陵太守章，滑石质，龟钮

图 5.2.55
南义阳太守章，铜质，六面印

图 5.2.56
兼并州阳河蕈督，铜质，鼻钮

图 5.2.57
行禅将军章，铜质，龟钮

图 5.2.58
试守莲勺令印，铜质，鼻钮

图 5.2.59
假顺阳太守章，铜质，龟钮

图 5.2.60
临湖令印，铜质，鼻钮

四、南北朝公印

南北朝公印在东晋、十六国公印的基础上进一步涣解、崩坏，许多印文甚至涣解到了难以辨认的地步。南朝、北朝前期公印继续沿着"急就章"的道路发展，印面留白，特别是下方留白继续增多。北朝中后期的公印呈现出一种较为特殊的面貌，印文笔画盘曲折叠，笔道增宽，字口横截面呈"凹"形，字口底部为平底，有的可见明显的跳刀痕。

南北朝公印以铜印为主，高等级公印流行鎏金，北朝晚期出现阳文大印，如北周末期"天元皇太后玺"（图5.2.61）金印。另有一些滑石、木质、煤精、铅质的南北朝殉葬官印，最著名的如独孤信煤精十四面印（图5.2.62）。南朝公印流行碑状鼻钮，这种碑状的钮式，便于用印者手持，并影响隋唐官印的钮式，如南朝"永昌长印"（图5.2.63）。将军章仍然流行龟钮，龟的形象进一步颓倾化，龟身简单装饰斜线纹，龟首上昂，有的甚至前伸出二分之一龟身的长度，整体外形仿佛坦克一般。（图5.2.64）北朝官印以鼻钮与龟钮为主，龟钮印流行鎏金，龟足较长，龟身高高耸立于印台之上。头部上昂，龟背两侧脊线明显，如同铠甲一般。（图5.2.65、图5.2.66）北朝公印的印面尺寸普遍大于南朝，特别是北齐、北周的官印，边长往往在3厘米以上。而南朝公印除少量刘宋官印印面可达2.5厘米左右外，其他多在2.3厘米上下，反映出南北方度量制度的差异。南北朝公印仍以白文印为主，北朝晚期出现了阳文公印，如北周晚期的"天元皇太后玺"、"卫国公印"（图5.2.67），应当视作隋唐阳文公印的直接来源。

许多印文都具有明显的时代特征，可为我们判断其时代提供依据。如南朝的"印"字常写作 或 ，"长"字多写作 或 ，如"永昌长印"、"定阳令印"（图5.2.68）。南朝公印中多见隶书印文，如"阴平太守"（图5.2.69）、"南阳太守章"（图5.2.70）等，推测其为殉葬用印。北朝公印的文字更具特色，一方面笔画常常盘曲折叠，开启了隋唐盘条篆印的先河。这种印文字体与北朝墓志志盖的篆书极为接近，可能是北朝后期流行的篆体。另一方面，印文又常作结构上的调整，或作省笔或作繁写。例见"广宁太守章"（图5.2.71）、"西安令印"（图5.2.72）、"荡难将军印"（图5.2.73）、"安昌县开国伯章"（图5.2.74）、"安北将军章"（图5.2.75）。

就印文内容而言，南北朝公印仍以将军章占多数，印钮普遍为龟钮，如北周"龙骧将军章"（图5.2.76）。刺史、郡太守印多为龟钮，县令、长印多为鼻钮（南朝为碑状鼻钮）。东晋、十六国时期出现的非正授官印，在本期继续流行，如"兼南和长"（图5.2.77）等。

值得注意的是，北朝出现大量封爵印，这与北朝封爵的滥授有关，受封者多同时兼有重要武职或为地方州牧，大多因军功获爵。玺印所见封爵依等级高低有公、侯、子、男，有的还在封邑前冠以"开国"字样，如"临邑县开国公章"（5.2.78）、"高城侯印"（5.2.79）。另外见到像北周晚期"天元皇太后玺"、独孤信多面印（印文内容含上国柱、大司马、大都督）等高等级官印。

南北朝时期行政地理区域变迁频繁，同一地区前后分属多个政权的情况时有发生，南北朝官制的变动也较为频繁，基于这样的历史背景，作为职官和地名的文字载体，玺印的重要性非同一般。南北朝公印的进一步判别，特别是南朝公印和北朝公印的分期问题，目前还缺乏系统的研究。

※知识链接：独孤信多面印

独孤信多面印于1981年被陕西省旬阳县旬阳中学一名叫作宋清的中学生在回家路上发现，现藏于陕西历史博物馆。印章由煤精石刻制而成，共有26个面（18个正方形面，8个三角形面），其中14个正方形印面刻有楷书印文。印面边长2厘米，通高4.5厘米，宽4.35厘米，重75.7克。印文分别为："臣信上疏、臣信上章、臣信上表、臣信启事、大司马印、大都督印、刺史之印、柱国之印、耶勒、信启事、信白笺、密、令、独孤信白书。"

据《周书·独孤信传》的记载，印主人独孤信为鲜卑人，本名独孤如愿，少美仪容而好修饰，因"信著遐迩"而被宇文泰赐名"独孤信"。独孤信仕西魏官至尚书令、大司马，仕北周官至太保、大宗伯，封卫国公。后与赵贵共谋铲除宇文护，事败而被逼令自尽，时年五十五。而他的三个女儿分别嫁给了北周明帝（长女）、隋文帝杨坚（七女）和唐代开国皇帝李渊的父亲李昞（四女），故有"天下第一老丈人"之称。独孤信被封为柱国大将军的时间为大统十四年（548年），两次官拜大司马分别在大统十二年（546年）和十六年（550年），印文中有"柱国之印"，所以其制作年代必然不早于大统十四年。[26]

26　令狐德棻等：《周书》卷十六《独孤信》，中华书局，1971，第263–267页。

图 5.2.61
天元皇太后玺，金质，獬豸钮，尺寸 4.55 cm×4.4 cm

图 5.2.62
独孤信多面印，煤精质地，
22 cm（印面长）−22 cm（印面宽）−4.5 cm

图 5.2.63
永昌长印，铜质，碑状鼻钮，
尺寸 2.32 cm×2.32 cm

图 5.2.64
关中侯印，铜质，龟钮

图 5.2.65
绥边将军印，铜质鎏金，龟钮

图 5.2.66
临邑县开国公章，铜质鎏金，龟钮

图 5.2.67
卫国公印，铜质，鼻钮

图 5.2.68

定阳令印，铜质，鼻钮

图 5.2.69

阴平太守，铜质，龟钮

图 5.2.70

南阳太守章，铜质，龟钮

图 5.2.71

广宁太守章，铜质，龟钮

图 5.2.72

西安令印，铜质，鼻钮

图 5.2.73

荡难将军印，铜质，龟钮

图 5.2.74

安昌县开国伯章，铜质鎏金，龟钮

图 5.2.75

安北将军章，铜质鎏金，龟钮

图 5.2.76

龙骧将军章，铜质鎏金，龟钮

图 5.2.77

兼南和长，铜质，鼻钮

图 5.2.78

临邑县开国公章，铜质鎏金，龟钮

图 5.2.79

高城侯印，铜质鎏金，龟钮

第三节 魏晋南北朝私印

魏晋南北朝私印数量远不如公印，大致可分为前后两期，前期主要是从三国至西晋，后期从东晋、十六国开始，一直延续到南北朝时期。

前期私印以青铜质地为主，有少量骨质、铅质、玉石、银质和鎏金印。本期套印流行，风格基本承袭东汉晚期，以狮子、辟邪钮最具特色，有子母印和三套印，部分套印侧面有阴刻四神纹。套印母印一般为"印主姓名+印信"；子印一般为印主人名、字表或白方、白事、言事一类的书简用语。如"胡苞印信-胡苞-叔载"辟邪钮套印（图5.3.1）、"陈南印信-陈南-白方"狮子钮套印（图5.3.2）。

与白文公印相比，本期白文私印涣解的倾向更为明显，这种摆脱规整缪篆、寻求灵活率意的取向，在东吴私印已较为突出，如湖北出土的"殷仙之印"（图5.3.3）。大约从东汉晚期开始，白文私印中开始流行悬针篆印文。这种印文上部布局紧密，下部疏朗空旷，竖笔末端作针尖状。悬针篆在战国时期的铜器铭文中已经出现，如中山王厝壶铭，在新莽时期的货币、度量衡器铭文中也常可见到。到了汉末三国时期，这种新奇秀丽的书风再度流行，如曹魏的《正始石经》，东吴的《天发神谶碑》、凤凰纪年砖铭风格都与之接近，一定程度上反映了六朝时人们在篆书方面的审美取向。这类印例有东汉晚期至三国的"冯泰"印（图5.3.4）、洛阳曹休墓出土的"曹休"印（图5.3.5）、湖南湘乡西晋刘弘墓出土的"刘弘-刘和季"双面印（图5.3.6）等。

后期包括东晋、十六国和南北朝私印，以铜印为主，有一定数量的木印、滑石印、煤精印、铅印和鎏金印。后期私印形制上的最大特色是双面印、多面印流行，尤以六面印最具特色。本期双面印形制基本与西晋"刘弘-刘和季"接近，印体有所加厚，文字流行悬针篆，大多设有白文边栏。如江西南昌永和八年（352年）雷陔墓出土的"雷陔-臣陔"木印（图5.3.7）、湖北出土的"张畅-张道思"石印（图5.3.8）。四面印、五面印也有少量实例，四面印上下打孔，四侧面篆刻印文；五面印中见到兽钮煤精质印，如"冯邦"五面印（图5.3.9）。

对于六面印，我们做过专题研究，[27] 从目前所掌握的资料来看，六面印主要流行于东晋十六国至南北朝时期，质地以铜质为主，也有少量煤精质

图 5.3.1
胡苞印信－胡苞－叔载，铜质，辟邪钮

图 5.3.2
陈南印信－陈南－白方，铜质，狮子钮

---

27 朱棒：《东晋南北朝六面印研究》，硕士学位论文，南京大学，2016。

图 5.3.3
殷伷之印，铜质，鼻钮

图 5.3.4
冯泰，铜质，鼻钮

图 5.3.5
曹休，铜质，鼻钮

图 5.3.6
刘弘－刘和季，铜质，穿带钮

图 5.3.7
雷陔－臣陔，木质，穿带钮，摹本

图 5.3.8
张畅－张道思，石质，穿带钮，摹本

图 5.3.9
冯邦－冯邦白事－冯邦白笺－冯邦言事－臣冯邦，
煤精质，兽钮

和木质的。时代较早的有传出西安王猛台的前秦"王猛"煤精六面印（图5.3.10）、南京出土的东晋"颜綝"铜六面印（图5.3.11）；时代较晚的有上海博物馆所藏南齐"王僧虔"铜六面印（图5.3.12）和传出丹阳的南朝梁"萧毅"铜六面印（图5.3.13）。东晋、南朝六面印较多，印钮都为方柱印，其横截面作正方形或长方形；十六国、北朝六面印较少，印钮多为倒梯形（即斗形）。六面印的印文，可分为两大类，一类与印主人身份信息相关，多为姓名、字表、职官和家族地望等。从印主人身份来看，南方六面印印主人多为世族或地方豪族成员，如谢沈、颜綝、张迈、华瑛、湛千龄等。有的六面印中出现了侨置郡县的职官，如"曹精期"印的一侧刻有"南义阳太守章"（图5.2.55），为我们研究东晋、南朝时期的侨置郡县提供了难得的资料，并使我们获知了某任"南义阳太守"的姓名。另一类与文书相关，又可分为文书用词和封缄用词两种，前者常见的有白事、白笺（牋）、白疏、言疏、言事、启、启事、呈、疏等，后者有检窃、检非、印完、封完、完等。有学者认为这些六面印是当时的实用印，并推测可能与纸张的推广普及有关。但笔者认为仍然不能排除六面印作为随葬专用印的可能。

除了上述多面印，本期单面印也不乏大胆创作的成功之例，如东晋"胡小男"滑石印（图5.3.14），刻印者将"小"字单独置于下排，造成上大下小的空间布局，且上、左、右三面皆设白文边栏，唯独下方不设，顺着"小"字的三道竖笔延伸，给观赏者一种印有界而笔未尽的感受。

受黄道教、五斗米教的影响，本期宗教用印和带有宗教色彩的私印大量流行。东汉晚期以来的"黄神越章"（图5.3.15）、"天帝使者"（图5.3.16）继续流行，这些印文在葛洪《抱朴子》中都能找到相关记载，是研究魏晋南北朝道教史的实物资料。在江西、江苏等南方地区的道教徒墓葬中，出土了一些像"雷陔""张畅"这样的木质或石质的殉葬印，这些印文多作悬针篆，可能受到道教符箓字形的影响。

在新疆、甘肃、青海、宁夏等西部地区，出土了一些相当于魏晋南北朝时期或更早的域外图形印，它们原本可能是中亚、西亚或印度的印章。这些域外印章（图5.3.17、图5.3.18）为我们研究魏晋南北朝的东西交流、商贸和文书往来提供了实物资料。

图 5.3.10
王猛－王猛白事－王猛言事－王猛白笺－
王猛－印完，煤精质，斗形钮，
印底面边长 2 cm

图 5.3.11
颜綝－颜文和－颜綝白笺－颜綝白事－臣綝－
白记，铜质，柱状钮，
印底面边长 2 cm，印台高 1.8 cm，钮高 1.2 cm

图 5.3.12
王僧虔－臣僧虔－王僧虔呈－王僧虔
白笺－省印－完，铜质，柱状钮

图 5.3.14
胡小男，滑石质，鼻钮

图 5.3.15
黄神越章，泥封

图 5.3.16
天帝使者，铜质，鼻钮

图 5.3.17
新疆出土的肖形印，琥珀，鼻钮

图 5.3.13
萧毅－臣毅－萧毅白笺－萧毅白书－萧毅呈－完，
铜质，柱状钮，印面边长 1.8 cm

图 5.3.18
新疆出土的肖形印，铜质，鼻钮

第四节　魏晋南北朝用印方式及相关痕迹

　　从商周到两汉，再下延到三国、西晋时期，竹木简牍一直是文书的主要载体。这一观点已被大量考古实物证明，特别是近年来郴州苏仙桥发现的西晋简牍，证实了西晋时期文书载体仍以简牍为主，虽然这批简牍中未见到泥封实物，但发现了不少木质泥封匣，可见当时是使用了封泥对其进行封缄的。西晋封泥的实物，所见有日本东京国立博物馆所藏"晋卢水率善佰长"（图5.4.1）以及传出山东临淄的"晋率善羌仟长"（图5.4.2）。

　　东晋以后，这一书写传统发生了改变。目前尚未发现像走马楼吴简、苏仙桥晋简那样大宗的东晋南朝简牍出土。[28]虽然在江西、安徽、湖北等地的东晋和南朝墓葬中时有名刺一类简牍出土，但其性质可能不属于实用文书。从文献记载来看，东晋南北朝时期文书的主要书写载体已经由简牍转变为纸张。《太平御览》载："古无纸，故用简，非主于敬也。今诸用简者皆以黄纸代之。"又"令平淮作青赤缥绿桃花纸，使物精令速作之"。即说的是东晋末年，桓玄下令以纸代替简牍作为公文书的书写载体，除黄纸以外，又有青、赤、缥、绿、桃花等多种颜色的纸。[29]另外，《太平御览》中还辑录了后赵石虎以五色纸作诏书，前燕慕容儁僭号后臣下以黄纸上表，刘宋光禄大夫张永善自造纸墨等故事，可见东晋以后文书用纸之普遍。

　　纸质文书的用印，与简牍文书用印方式全然不同，采用的是"钤朱"的方式，即用印章蘸朱砂钤盖在纸张上。文献中可以找到多处南北朝钤朱用印的例证，如前举《魏书·卢同传》所记以朱印骑缝印黄素纸，[30]《北齐书·陆法和传》记载陆法和对梁元帝启文印以"司徒"朱印。[31]

　　从东晋南北朝的印章实物和用印痕迹来看，一方面，在北魏晚期的敦煌经卷上，出现了朱文印钤盖的印痕，如故宫博物院藏延昌二年（513年）《华严经》卷末所押黑色阳文印记（图5.4.3），法国国家图书馆藏延昌三年（514年）《成实论》写经卷末所钤"燉煌□□"印记（图5.4.4）。适

28　新疆尼雅遗址出土的简牍文书，其时代可晚至北朝时期，但文书内容为佉卢文书写，封缄用肖形印或汉文官印。

29　《桓玄伪事》，载李昉、李穆、徐铉等编《太平御览》子部二十一《纸》，中华书局，1960，第2724页。多色纸见同书同页所引晋《东宫旧事》："皇太子初拜，给赤纸、缥红麻纸、敕纸各一百。"

30　魏收：《魏书》卷七十六《卢同》，中华书局，1974，第1682页。

31　梁元帝以法和为都督、郢州刺史，封江业县公。法和不称臣，其启文朱印名上自称司徒。李百药：《北齐书》，中华书局，1972，第429页。

图 5.4.1
晋卢水率善佰长，泥封

图 5.4.2
晋率善羌仟长，泥封拓片

图 5.4.3
延昌二年《华严经》卷末所押
黑色阳文印记

图 5.4.4
延昌三年《成实论》写经卷末所钤
"燉煌□□"黑色印记

合钤朱使用的阳文公印，在北朝晚期已经出现，如北周"卫国公印"（图5.2.67）、"天元皇太后玺"（图5.2.61）等。另一方面，东晋、南朝的公印，虽然其用法在南朝后期已经转变为使用钤朱，但印章本身一直保留着汉晋以来的白文官印传统。[32]与官印不同的是，魏晋南北朝私印中阳文印的比例明显上升。特别是一些辟邪钮的阳文套印，制作尤为精细，很有可能是当时的实用印，这也从一定程度上反映出用印方式的转变。

◎ 本章小结

自东汉末期开始，典则期那种整饬古典的印章风格，逐渐地走向涣解。这种涣解、崩坏在南北朝时期达到极点，许多印文甚至草率到难以识读的地步。究其背后的原因，应当与时局的动荡、战争的频发相关。从三国分立以来到隋朝统一的三百多年里，仅有西晋王朝实现了短暂统一。由于典章制度和经济、文化面貌的不同，各政权印章的差异也随之显现，这一差异从三国时代发端，在东晋十六国时期进一步扩大，到南北朝时期达到最甚。以印章尺寸为例，绝大多数东晋和南朝官印边长在2.4厘米以内，而北朝后期官印边长却常常超过3厘米，造成这一差异的直接原因是用印方式的转变（从封泥到钤朱）与南北方尺度的不同，其更为深刻的原因可能在农业、赋税等其他方面。

本期公印是研究魏晋南北朝史重要的实物资料，不少历史问题都在印章上有所反映。本期将军印在官印中所占比例明显高于其他各期，这与本期强烈的军事需求相符。在地方公印中出现了一些侨置郡县名；在十六国公印中，出现了为数不少的兼官、试守官印，这些都是研究本期历史地理、官僚制度的宝贵资料。自东汉晚期兴起的黄道教信仰，在本期"黄神越章""天帝使者"等印章和封泥也有体现。私印方面，在两面印和套印的基础上又出现了六面印。

随着纸张文书的兴起，中国古代玺印的形制和用印方式在本期发生了重大的改变。秦汉以来的白文方寸公印传统，在北朝后期被阳文大印所取代；自西周时代产生的、延续了一千五百年的封泥用印方式，逐渐被钤朱所取代。从北朝末期开始，中国玺印进入了一个公印以阳文大印为主的"钤朱"时代。

32　有一枚"永兴郡印"的钤朱印痕，罗福颐考证为南齐公印，事实上是北周末期至隋初的用印痕迹。所以目前尚未见到东晋和南朝的阳文公印或用印痕迹。

第六章

更变期——隋唐

印章从南北朝后期开始，出现与第一段玺印不同的风格[1]，并且自此发生根本性的变化，这种风格延续到宋初，所以将这段时期命名为"更变期"。更变期的印章以隋唐五代的为主，也包括了南北朝晚期和北宋初的部分印章。以公印为例，在这一期中，印章本体呈现与第一阶段玺印风格不同的面貌——阳文钤朱、印面增大、使用蟠条篆。同时，官署印代替职官印成为公印主流，而且官吏不佩戴印章，公印由官署职官保管的现象成为定则。

印章的使用方式与其抑盖材料密切相关，这可以从世界其他地区和民族的印章史中得到验证。美索不达米亚平原上生活的苏美尔人从乌鲁克时期开始在泥版上书写楔形文字，随后滚印与泥版文书紧密结合。目前，"乌鲁克四期的泥版文书发现了滚印印记"。[2]滚印主要用于抑压泥版文书（图6.0.1），在长达三千年的时间中，滚印和泥版的发展相互影响，形成唇亡齿寒的关系。"公元前5世纪左右两河流域出现了新的书写材料比如皮革和蜡版，滚印作为传统意义上的官方封印依旧通行，但是到了公元前5世纪末，人们已不再制作滚印；公元初羊皮纸最终取代泥版文书，最后的泥版文书是公元75年的一则天文记录。"[3]西亚的泥版之于滚印，与中国的封泥之于阴文印情况类似。随着纸张被推广应用，中国印章的使用方式，由抑盖封泥逐渐为钤印纸张所取代。404年，桓玄颁布诏令："古无纸，故用简，非主于敬也。今诸用简者，皆以黄纸代之。"[4]这标志着纸张取代简牍，成为国家文书的主要书写材料。与之相适应，至北朝晚期，印章的使用方式实现了从抑盖封泥到钤朱的重大转变，公印形制也从以白文方寸印为主转变为以阳文大印为主。

印章钤朱，也一直使用到现在。更变期经卷、文书上的遗存朱色印迹，其主要成分为朱砂与水。使用这种印泥缺点在于：水的黏着性不够，当水蒸发后，朱砂容易脱落，只能留下淡淡印痕。为了保存钤色，唐代有用油膏浸渍印迹的处理方法，如张泌《妆楼记》中"印臂"条："开元初，宫人被进御者，曰印选，以绸缪记印于臂上，文曰'风月常新'。印毕，渍以桂红膏，则水洗色不退。"[5]除红色印迹外，敦煌出土的经卷、文书上钤盖的印

1　印史被分为两段八期，该观点详见周晓陆《古代玺印》第一章第二节《漫长曲折的发展历程》。

2　于殿利：《巴比伦与亚述文明》，北京师范大学出版社，2013，第742页。值得注意的是，泥版与滚印起源独立，滚印通常被用于在空心黏土球、密封罐子的封泥和泥版文件等上做标记。泥版、楔形文字、滚印三者的结合，赋予滚印更为丰富的内涵。

3　朱晓丽：《珠子的故事——从地中海到印度河谷文明的印章珠》，广西美术出版社，2013，第42页。

4　李昉、李穆、徐铉等：《太平御览》，中华书局，1960，第2727页。

5　马骏良：《龙威秘书四集》第六册，大酉山房刻本，第7页。

图 6.0.1
乌尔王朝时期滚筒印压制的泥版文书，
大英博物馆藏

迹有些许为墨色，在上一章已作了介绍。据《隋唐官印研究》，更变期公印使用的蟠条篆和第一阶段公印的篆文迥异，追溯源头，其古拙、蟠曲、圆转的风格在"急就章"和南北朝墓志铭等上已现端倪并受其影响，南北朝的"公、司、金、州、之"等字与隋唐时期印文的字法结构趋于一致[6]。（图6.0.2）印文使用蟠条篆，也与当时发生变化的印体形制和铸印工艺密切相关。南北朝中晚期开始，印面增大，特别是北朝晚期公印，其尺寸普遍超过3厘米，有的达到5厘米以上。进入更变期后，绝大多数的印面边长为5—6厘米。以四字印为例，增大的印面为印文书写提供宽阔的平面，由于字数与"方寸"印面相比并未发生变化，要将四字填在印面，势必要对文字的布局进行调整，"重盘叠曲，以求平满"[7]。虽然典则期、涣解期的文字风格迥异，但笔画依旧强调方折。与之不同，更变期文字使用圆转、盘曲的线条，能在相同笔画下更有效地利用印面空间，艺术表现不会产生"大而无当"的效果。根据目前研究，更变期公印印文制造工艺可分为三类：整体铸造、焊接、凿刻。这三类工艺制作出来的文字，风格趋同，但因具体工艺不同，存在文字铸造深浅的差异。"唐代官印统用朱文，字画用小铜条蟠绕而成。遇有枝笔，用短条焊接上去。"[8]铜片重盘叠曲在印面焊接时，笔画转折处以圆弧方式顺接，使印文显得自然流畅。

职官印是表明个人身份和社会等级的凭证，是国家结构侧重以官员划分的表现；而官署印是机构权力的凭信，代表国家结构按照机构划分。隋唐制度来源于北魏、北齐，梁、陈和西魏、北周，[9]南北朝的政治制度对隋唐官署印成为主流有重要影响。东晋孔琳之提出"愚谓众官即用一印，无烦改作。若有新置官，又官多印少，文或零失，然后乃铸，则仰神天府，非唯小益"[10]，其观点蕴含职官个人不代表整个官署机构的权力，职官和官署二者分离的思想。北齐的授印制度有"六品以下，九品以上，唯当曹为官长者给印。余自非长官，虽位尊，并不给"[11]，公印授予对象范围的缩小化，以部门长官为授予对象，这实则是将官署权力抽象整合，单独以一印作为权力表现，表明职官和官署分离的理念到北齐已经付诸政治实践。隋唐政治制度细分国家机构各部门职能，各部门相互配合、相互制约，部门长官和属员都是为机构服务，加上为了抑权，部门长官通常领其虚衔，不任实职，因此

文字	印文	北朝篆铭	隋朝篆铭
公	卫国公印	赫连子悦	萧瑾
司	齐王国司印	元寿安	元钟
金	石锥市印	元湛	薛氏
州	台州之印	元焕	宋仲
之	相州之印	元湛	严元贵

图 6.0.2
涣解期—更变期印文与北朝、隋朝墓志篆文对比

6　孙慰祖、孔品屏：《隋唐官印研究》，上海书画出版社，2014，第 206 页。

7　王献唐：《五镫精舍印话》，齐鲁书社，1985，第 239 页。

8　沙孟海：《印学史》，西泠印社出版社，1999，第 23 页。

9　陈寅恪：《陈寅恪集：隋唐制度渊源略论稿·唐代政治史论述稿》，生活·读书·新知三联书店，2001，第 3 页。

10　沈约：《宋书》卷五十六《孔琳之》，中华书局，1974，第 1562 页。

11　魏徵等：《隋书》卷十一《礼仪六》，中华书局，1973，第 241 页。

也无须颁其职官印以彰显权力。此外，与频繁的人事调动相比，隋唐政府部门机构具有相对稳定性，使用官署印而非职官印有利于提高效率和减少行政成本。

以往大多数研究者对更变期印章的历史、艺术价值较为轻视，并从"印宗秦汉"角度认为本期印章是废古法、开讹谬的肇始，这种看法有失偏颇。更变期印章风格是中国印章发展的必然结果，本身带有不同于秦汉印风的独特性。正如王献唐所言："秦印较之周鈢整饬者，势也，汉印又较秦印平满者，亦势也，进而为唐宋之盘曲，明印之九叠，又势也。以求工之故，遂使平满，以平满故，又盘叠，工而益工，盘叠随之，数千年来演变之迹，故昭然可见也。"[12]近来，随着本期印章、印迹的出土问世，我们掌握了一定数量的研究资料，对更变期印章也有了新的认识。下面从更变期公印制度的文献记载、公印分节研究、私印研究、更变期印章与日本印章的关系四个方面叙述更变期印章。

12　王献唐：《五镫精舍印话》，齐鲁书社，1985，第239—240页。

第一节　有关更变期公印制度的文献记载

更变期涉及南北朝晚期和北宋初的部分印章，相关的文献记载在涣解期和规范期中叙述。本小节以隋唐时期为主，简单介绍本期的制度，制度包括三个方面：一、关于公印制作、颁发、使用、保管以及销毁的规定；二、殉葬用印；三、公印的等级制度。

一、关于公印制作、颁发、使用、保管以及销毁的规定

（一）制作

唐代礼部提供公印印文样稿。北宋初，后蜀铸印官祝温柔负责印文的撰写，"及得蜀中铸印官祝温柔，自言其祖思言，唐礼部铸印官，世习缪篆，即《汉书·艺文志》所谓'屈曲缠绕，以模印章'者也"[13]。"世习缪篆"的铸印官祝思言靠设计印文而受职于礼部，但公印制作中礼部的角色是提供印文样稿还是一并承担官印的铸造，尚不可知。文献并没有涉及制作公印的具体官署，有学者根据宋代史料"少府监掌……铸牌印诸记""铸印篆文官二人……以上并属少府监"，推测隋唐时少府监可能参公印铸造。唐代少府监和礼部没有统属关系，因此明确的唐代铸印机构尚属未知。

（二）颁发

公印颁发具有双向性——礼部授予和其他机构请置。礼部负责百官诸司公印的颁发，其他部门机构当遇到公印损毁、遗失或机构变动等情况，会上奏请求置印，如"长庆三年四月，秘书少监李随奏：'当省请置秘书阁图书印一面……伏请铸造。'敕旨，依奏"[14]。

（三）使用

公印使用包括两个方面，即钤盖和保管。关于隋唐时期公印钤盖规范的文献记载较多，现就《唐六典》择简如下：

"凡内外百司所受之事皆印其发日，为之程限。"

"凡文案既成，勾司行朱讫，皆书其上端，记年、月、日，纳诸库。凡施行公文应印者，监印之官考其事目，无或差缪，然后印之；必书于历，每月终纳诸库。（其印，每至夜，在京诸司付直官长；在外者，送当处长官掌。）"

"课户每丁租粟二石，其调随乡土所产绫绢絁各二丈，布加五分之一，

13　脱脱：《宋史》卷一百五十四《志第一百七·舆服六》，中华书局，1977，第3591页。
14　王溥：《唐会要》，中华书局，1955，第1125页。

输绫绢絁者绵三两，输布者麻三斤，皆书印焉。"

上述文献，对钤印时限、流程都做了相应的规定。钤印制度和行政体制运作方式密切相关。隋唐政治体制为保证文书的通达，建立相应的文书管理制度。中央文书由三省分管，中书省制定各类文书，门下省审查文书，尚书省负责文书下达和文书存档。这种文书制度既有利于各部门有效使用职权，又能互相监督，保证文书质量和权力的制约。具体的流程为：文书先草拟，由各部门长官审查，经誊写、校对、签署后，由部门监印官考其事目无差，最后钤盖公印。公印钤盖有固定的位置，通常在官署、日期等落款处（也出现同一公印整齐钤盖数排在文书上的现象），并且只有在文书具写落款信息，如年月、机构等信息后，才能加盖印章。从出土的唐五代文书上面钤盖的印迹可知，钤印的时候朱印必须盖在墨书上，也就是要杜绝先钤印后写文书的现象。朱色钤记和墨书的顺序成为后世沿用的准则，像在明末李实面对黄宗羲审讯时就用"原疏不自己出，忠贤取其印信控本，令李永贞填之，故墨在朱书上"[15]，为自己开脱。这种公文钤印的规范性还体现在，如遇一张纸不够书写，接纸后为了防止公文被挖改，则需要在接纸处"以印籍缝"，也就是所谓的骑缝印。"唐宋作为名词出现的各种'印纸'，义为'钤印之纸'"[16]，将钤盖公印的纸张称为印纸，说明公文用纸的统一性，也反映唐代钤印的规范化。

（四）保管

皇帝用印由符宝郎保管，为历代定制，"符宝郎掌天子之八宝及国之符节"。更变期官署印成为公印主流，官署印不是职官个人身份的象征，无须佩戴，"又并归于官府，身不自佩，例以铜易之"。个人佩印使用印绶的传统发生改变，"今虽不佩印，犹存古制，有佩绶者，通得佩之"。随之影响公印的保管方式——公印由官署人员专门负责管理，《因话录》记载："尚书省二十四司印，故事悉纳直厅，每郎官交直时，吏人悬之于臂以相授。"[17]除了专人管理，还设有封贮公印的印匣。唐杨虞卿在任吏部员外郎时，设置印匣以贮放印章，这是相关文献的最早记载。

（五）销毁

公印使用多年，文字刓缺，或者官署、州县等变动，需要重铸，之前使用的公印需要进行销毁。唐代废印是移交礼部，由礼部统一处理。《春明退朝录》记载："按唐旧说，礼部郎中掌省中文翰，谓之南宫舍人……又谓员外郎为瑞锦窠，员外郎厅前有大石，诸州府送到废印，皆于石上碎之。"

15　全祖望：《梨洲先生神道碑铭》，载黄宗羲《明夷待访录》，中华书局，2011，第208页。
16　艾俊川：《唐宋的"印纸"与印信》，《中国典籍与文化》2012年第3期。
17　李肇、赵璘：《唐国史补·因话录》，上海古籍出版社，1979，第101页。

又有《唐会要》："……遂陈奏权请废印三面。伏以废印经用年多，字皆刓缺……伏请准御史台例，置前件出使印，其废印却送礼部。"[18]

二、唐代律令规定官员使用蜜印（蜡印）殉葬

王献唐提出："前代追赠官爵，类用蜜印，印以蜡为之示不复用；赠官刻蜡为印，谓之蜜印是也。"[19]用蜜印殉葬，在魏晋已见著于文献，如《晋书》："今遣兼鸿胪追赠大司马，假密章，祠以太牢"；"（涛）薨……策赠司徒，蜜印紫绶，侍中貂蝉，新沓伯蜜印青朱绶"；"武帝泰始四年（468年），文明王皇后崩，将合葬，开崇阳陵，使太尉司马望奉祭，进皇帝密玺绶于便房神坐"。唐《丧葬令》规定"应佩者，皆以蜡代金玉"，权德舆《哭刘四尚书》有"命赐龙泉重，追荣密印陈"；刘禹锡在《为杜司徒谢赐追赠表》中提到"紫书忽降于重霄，密印荣加于厚夜"。这些文献反映了唐代用蜜印殉葬的现象，但目前尚未发现蜜印实物。

三、隋唐公印分为御宝系统和诸司百官系统，对印文、材质、大小各有规定

隋朝制度规定：

皇帝有神玺、受命玺、皇帝行玺、皇帝之玺、皇帝信玺、天子行玺、天子之玺、天子信玺。

皇太子玺，宫内大事用之，小事用左、右庶子印，金章龟钮。

皇太后玺，不行用，若封令书，则用宫官之印。

皇后玺，不行用，若封令书，则用内侍之印。

皇太子妃玺，不行用，若封书，则用典内之印。

唐朝制度规定：

皇帝有传国宝和八御宝。传国宝，开元十年（722年）改为承天大宝；八御宝：神宝、受命宝"皇天景命，有德者昌"、皇帝行宝、皇帝之宝、皇帝信宝、天子行宝、天子之宝、天子信宝。武则天厌恶玺，因与死音似，将受命传国等八玺文一并改用宝字。唐中宗神龙初，复改为玺。到开元六年（718年），又改为宝。

太皇太后、皇太后、皇后、皇太子和太子妃用宝，皆为金质，但不行用。应封令书，太皇太后、皇太后封令书以宫官印，皇后以内侍省印，皇太子以左春坊印，太子妃以内坊印。

更变期中，百官佩印均有制度规定，但目前尚无对应的实物（也未见印

18　王溥：《唐会要》，中华书局，1955，第1150页。
19　王献唐：《五镫精舍印话》，齐鲁书社，1985，第225页。

谱著录），因此暂不予以叙述。虽然官署印没有制度规定的记载，但是可以根据目前发现的实物和印蜕，窥测官署印制度的基本情况。

第二节　更变期公印的分节研究

主要根据印钮特征及印文风格等，将更变期分前后两节。前节包括南北朝晚期至唐代中期，后节则是唐代晚期至北宋初。公印前后两节的时代划分并非绝对，处于唐代中晚期过渡的部分公印的分节可视情况而定。

北朝晚期的"天元皇太后玺"（图5.2.61）和"卫国公印"（图5.2.67），标志更变期的开始。"天元皇太后玺"出土于陕西咸阳北周武帝孝陵，金质，獬豸钮，方形印面，尺寸为4.45厘米×4.45厘米×4.7厘米；"卫国公印"出土于陕西汉阴，铜质，鼻钮，方形印面，通高4.5厘米，边长5.5厘米。这两枚印章尺寸远超秦汉公印的"方寸"规格，都使用阳文，并且"卫国公印"已经使用蟠条篆。这些特征与第一段玺印有明显不同，标志中国公印进入了新的历史阶段。

一、北朝末期至唐代中朝的公印

从考古发现来看，本节出土的印章数量极为稀少，只在墓葬、遗址中有零星发现。隋唐有一批经打磨后制成的陶质砖印，这些砖印是用当时的砖角磨成方形印面之后再刻成的，有的印体粗糙仅具印面，如"云阳县印"（图6.2.1）。唐齐陵出土的玉质谥宝，就目前的资料而言，开谥宝专称之先河。唐大明宫发掘出土了一百多枚钤朱的泥封（部分带有墨字题署），这批泥封的时间下延到唐代晚期。根据《唐长安大明宫》发掘报告可知，这批泥封从背面的痕迹看，大都有筐笼印痕；有的泥封是封闭瓶坛罐类的容器，在发掘的时候，依然可见部分泥封黏附在瓶口布、绳捆扎处。这些泥封上面或有墨书并钤朱（都是先墨书后再钤印）。从泥封上面的墨书和朱印内容，可识读的地名有云南、歙州、潭州、睦州、润州、凤翔、华州、河中、磁州和湖州等十多处，并得知这些容器用来装放蜂蜜、酒等。蜂蜜、酒之类都是地方进贡的方物，钤印起着封贮的作用。除此，在甘肃、新疆等地出土的经卷、公文上，也有为数不少的钤印痕迹。

该节公印以青铜为主要质地，有少数的玉印、陶质砖印、滑石印。玉印以"东都尚书吏部之印"（图6.2.2）、"奉天皇帝之宝"、"恭应皇后之宝"为代表。陶质砖印、滑石印的印面和印文完全模仿同时期的公印，如隋"安定郡市印－长安县印"（图6.2.3）和唐"栢仁县之印"（图6.2.4）。许

图 6.2.1
云阳县印，砖质，钮残，
尺寸 5.33 cm × 5.23 cm

图 6.2.2
东都尚书吏部之印，石质，无钮，
尺寸 5.7 cm × 5.7 cm

图 6.2.3
安定郡市印－长安县印，陶质，两面印，
尺寸 5.2 cm × 5.2 cm

图 6.2.4
栢仁县之印，陶质，鼻钮，尺寸 5.6 cm × 5.6 cm

图 6.2.5
圜丘遗址出土的无字印，石质，鼻钮

图 6.2.6
圜丘遗址出土的无字印，陶质，鼻钮

※知识链接：

隋文帝在大兴城修建圜丘用于祀天，《大唐郊祀录》记载唐初沿用了隋的圜丘："至隋文帝令辛彦之为圜丘于国之南太阳门外道东二里，其丘四成，各高八尺一寸，下成广二十丈，再成广十五丈，三成广十丈，四成广五丈。唐受命因而不改也。"唐代21位皇帝，除顺宗和哀帝外，均在长安城圜丘进行过祭天的礼仪。龙纪元年（889年）十一月己酉，昭宗"有事于南郊"，这是唐长安城圜丘最后一次使用的文献记载。天祐元年（904年），朱温强迫昭宗迁都洛阳，并废毁了长安城，圜丘的废弃年代应是在龙纪元年至天祐元年间。资料来源于《陕西西安唐长安城圜丘遗址的发掘》。

多陶质印的印体粗糙，但"栢仁县之印"是少见的模仿公印形制，并做出印钮的陶质公印。对陶质印用途的推测，有如下解释：

1. 殉葬品。罗福颐曾经提出"传世有瓦制大官印，均无钮，从文字上看出皆隋唐间物，是殉葬专用的印"[20]。虽然《丧葬令》规定蜜印随葬，但因为其材质不易保存，所以至今没有发现实物。那么是否可能存在逾制，使用陶印随葬的情况？1981年陕西榆林县马合乡出土的陶质两面印"夏州都督府之印-银州之印"（图6.2.7），"是贞观二年（628年）至天宝元年（742年）间被埋于墓中的殉葬印，它也具有墓志的作用"[21]。

2. 公印替代品。公印使用多年，因文字刓缺，或者职官、地名等变动，抑或公印丢失，在向礼部上报制备、礼部颁给的公印送达前，可能使用陶制印章作为替代品。

3. 宗教用品。因为唐代圜丘遗址曾出土陶印和石印，有学者推测这类陶印可能与宗教活动有关。《陕西西安唐长安城圜丘遗址的发掘》收录两枚印章。一枚（图6.2.5）材质为青黑色石灰岩，方形印面，边长约为12厘米，高11.5厘米，盝顶，鼻钮。印体残存三面，有隐约可见的阴刻花草纹，印面剥蚀严重没有发现字款。另一枚（图6.2.6）材质为泥质灰陶，方形印面，边长约为15厘米，高约为10厘米，印制与石质印章相同，表面光素无文。因为圜丘礼制建筑的特殊性，在该遗址出土的印章被认为"可能是祭天过程中用来象征某一种神祇的玺印"[22]。

4. 镇宅物。程义认为，古人对官员及附属物有崇拜情结，因为出土的陶印均为官署印，加之出土于各城址中，所以极有可能是某些重要建筑，如官衙或者城隍庙奠基时所用的镇宅之物。

陶质印中有一批为双面印，如隋"安定郡市印-长安县印"，唐"夏州都督府之印-银州之印"、"阴槃县之印-阴槃县之印"（图6.2.8）、"灵州都督府之印-朔方县之印"、"尚书府部行从之印-清源郡之印"等。这些双面印有以下特殊点：1. 目前所见到的都是陶质；2. 只有"阴槃县之印"的两面印文相同，并且分别使用阴文、阳文，而其他双面印两面印文不同并且都是用阳文；3. 同一双面印两面印文表示的州县相距甚远，在行政上没有统属关系。正如对陶质印用途的第2点推测，因为百官诸司和地方州郡等诸多公印都需要由礼部颁发，所以印章制作可能存在样品以提供有司参考制作。礼部如果遇上不同的官署碰巧同一时间颁发印章，完全可能利用一个陶质双面印来表示两个毫无关系的官署名，然后以其作为蓝本制作印章（用途比同唐

20　罗福颐编《古玺印概论》，文物出版社，1981，第 27 页。
21　王富春：《陕北榆林出土一枚唐代陶印》，《文博》1988 年第 2 期。
22　安家瑶、李春林：《陕西西安唐长安城圜丘遗址的发掘》，《文物》2000 年第 7 期。

代铸钱的母钱）。这些印章制作极为精致，印文和印面布局同于铜质公印，出自同一机构可能性极大。

公印印面以方形为主，常见的边长为5—6.5厘米，青铜公印的印台高约为1.5厘米。本节公印印钮起着承前启后的作用，由秦汉常见鼻钮过渡为失去穿孔的碑钮。隋朝鼻钮穿孔主要分为圆和（半）椭圆两种，罕见穿孔变小、位置上移到钮的中上部的印例；入唐后到唐朝中期这段时间的穿孔除了延续隋朝风格并呈现增大趋势，还出现穿孔近似长方形和穿孔消失的情况，见表6.2.1。

表 6.2.1　隋唐时期印钮风格的变化

钮孔形态	圆	（半）椭圆	小穿孔	长方形	消失
隋	 右武卫右十八军骑印	 桑乾镇印	 千牛府印		
唐	 纯化县印	 殿中省行从之印	 瀚海军之印	 金山县印	 平琴州之印

从隋到唐，鼻钮高度增加，跨度变小。带穿孔的印钮钮顶端大多呈圆弧状，而穿孔消失的印钮大多呈矩形状，具有该节鲜明特色。唐代"吏部尚书印"（图6.2.9）、"东安县印"（图6.2.10）钮制甚小，但总体而言，与同时期鼻钮相似，属于同一钮制的缩小版。印背分为三类：平直印背、覆斗形印背（如"金山县印"）、弧面印背（如"平琴州之印"）。后两种类型少见，见表6.2.1。从这节开始，印背开始出现涉及铸造时间、印文内容的刻款。更变期公印数量稀少，研究者早期接触的印章，仅有"广纳府印"的印背上刻有"开皇十六年十月一日造"。有学者认为印章制作时间为隋，刻款为后世古董商添伪。随考古工作的深入与传世公印日益进入研究者视线，已经发现更变期前节近二十枚公印的印背有刻款。

从隋朝开始，印背刻款的公印逐渐增多，至宋成为定制。隋印印背刻款以年号为主，唐印背刻款以印文为主，二者都有表示抑印方向的"上"或"上、下"字样的刻款。唐代印背刻款，多与印文一致，但存在减字情况，通常省略"之"（如"郎州之印"的印背刻款为"郎州印"，图6.2.11）、"之印"（如"平琴州之印"的印背刻款为"平琴州"，图6.2.12）。公印

图 6.2.7
夏州都督府之印 – 银州之印，陶质，
两面印，印蜕，尺寸 5.5 cm×5.5 cm

图 6.2.8
阴槃县之印 – 阴槃县之印，陶质，
两面印，尺寸 5.58 cm×5.72 cm

图 6.2.9
"吏部尚书印"印体，铜质，鼻钮

图 6.2.10
"东安县印"印体，铜质，鼻钮

图 6.2.11
郎州之印，铜质，橛钮，尺寸 5.1 cm×5.1 cm

图 6.2.12
平琴州之印，铜质，橛钮，尺寸 5.2 cm×5.2 cm

在纸类公文钤朱，与抑压封泥还有一个区别——纸类公文有固定的书写格式（出土的泥封上也存在墨书和朱印的格式）。这就要求钤盖公印时，钤印位置和印文方向要符合书写格式。印背刻款，也就便于通过观察印背文字方向确保印文钤盖方向正确。前文关于公印的制度文献中论及百官诸司用印由礼部颁发，公印由官署专职员统一管理，因此印背刻款可能也起到在制作、使用过程中区别众印的作用。

青铜公印的文字全为阳文，只有陶质双面印"阴槃县之印-阴槃县之印"和玉质"奉天皇帝之宝"、"恭应皇后之宝"使用阴文。印面带有边框，文字排列以两排为主，少量为三排。在打本上按照从右往左，自上而下的顺序读印面文字，极为规范。本节公印的文字专称有"印""之印""之宝"，"章"专称不见于该时期。关于隋唐公印的区分，学术界有将印文"之"字的有无作为时代判断的重要依据——也就是隋代公印印文一般没有"之"字，而更变期前节带有"之"字的公印通常是唐代的。这节印面文字盘曲、雍容、古拙、圆转，因为是处于公印印面增大早期，所以文字布局的处理难免会显稚嫩，时常可见同一印面文字大小不一，文字间距不等、排列不整，或文字本身也存在倾斜现象。常见的印文文字时代特征明显，可作为断代依据，诸如"印"字，"印"字通常末尾拖曳下垂，到唐中期才出现末笔平直的写法，见表6.2.2。［被定为隋代的"保林县印"（出自《西安文物精华——印章》）没有穿孔，并且根据"印"字特征，应该为唐代公印。］

表6.2.2　隋唐时期"印"字的特征

隋	 观阳县印	 广纳成印	 千牛府印	 左司武印
唐早中期	 齐王国司印	 礼部行从之印		

在这一节，公印印文存在粗文和细文两种风格，粗文文字老辣，布局紧凑；细文文字活泼，布局疏朗。绝大多数公印的边框线条与印文笔画粗细相等，但以"东都尚书吏部之印"为代表，标志边框线条比印文粗的风格开始出现。这类风格数量极少，还见"礼部行从之印"、"国宁州之印"（图6.2.13）。伴随官署印成为主流，印不身佩，所以出现与之配套的印匣。"左司武印"（时代为北周，图6.2.14）、"会稽县印"、"金山县印"、"右金

吾卫钧台府之印"、"武平县之印"、"龙岗县之印"、"武夷县之印"等均有印匣。在出土的印匣里，有朱色残余物，推测为当时使用的印泥。

二、唐代晚期至北宋初的公印

与前节公印存世情况相同，墓葬和遗址有出土，多为实用印。除了大明宫出土延续到唐晚期的泥封，五代以后，泥封已近绝迹。陶质砖印、双面印在这一节亦暂无发现。在甘肃敦煌经卷钤印痕迹中，发现钤盖有寺院名属的印章，如"报恩寺藏经印""三界寺藏经"。以往对更变期公私印分类研究时，将其定为私印，这种观点是不对的。寺院属于社会群体组织的一种，在收藏的经文上钤盖印章，表示经文属于该寺院群体而非个人所有。除此，在传世书画上，该时期的钤印也被发现。

该节的公印以青铜为主，砖（陶）印消失。铁印，目前仅见一枚，为五代时期的"汗赭"印（图6.2.15）。"汗赭"是一枚烙马印，因其打在汗血马上故名为"汗赭"。前蜀王建墓出土一枚石质印章"高祖神武圣文孝德明惠皇帝谥宝"（图6.2.16），印文字数达十四个，为更变期之最。质地以石代玉，印体形制和"奉天皇帝之宝""恭应皇后之宝"不同。公印面型多样，有方形、条形、块形等，尺寸不等。唐晚期部分公印还有印钮穿孔，这些穿孔位于钮的中上部（如"军资库印"，图6.2.17），到五代穿孔大都消失不见。钮的顶部由弧变平直，发展为橛钮，这是鼻钮系列的一次显著的突变。在本节，公印的具体用途表现多样化，"汗赭"为烙马印；五代的铜质"纯锡"，推测是用来表示货物品质。

公印的专称不但有"印""之印"，还出现了"记""朱记""之朱记""图书""图书记"，如"元从都押衙记""陕虢防御都虞候朱记""新城镇遏使之朱记""武威习御图书""宣谕使图书记"，帝王或藩王随葬印有"谥宝"专称。印面文字更显圆滑，追求工整，笔画比前节少了张弛的力度，略显拘谨。以文字的中垂线作为重心，使文字更为硬挺。文字布局更为规整，字与字的行距均匀，单个字笔画保持横平竖直，少见仄歪现象。印面文字增多，六字以上常见，因此文字在印面表现狭迫，缺乏前节的活力。除了使用蟠条篆，楷书、行书也在此节入印，还出现极少数的隶书印。除了北宋部分，该时期公印印背的刻款尚未发现。本节印文中"印"字具有明显特点：上下偏旁出现类似隋代写法的返祖现象，即上下偏旁分开写，而少见唐早中期一笔写成的写法，如"都阳县印"（图6.2.18）；"E"右边两点写作"〓"形，如"竹州刺史之印"（6.2.19），而这种写法为规范期的几个政权沿用。文字依然有细文和粗文两种风格，且印面边框的粗度逐渐超过文字笔画的粗度。

图 6.2.13
国宁州之印，铜质，橛钮，尺寸 5.5 cm×5.5 cm

图 6.2.14
左司武印，铜质，鼻钮（附印槽），印体，尺寸 5.2 cm×5.3 cm

图 6.2.15
汗赭，铁质，柄钮，
尺寸 11.4 cm×6.7 cm

图 6.2.16
高祖神武圣文孝德明惠皇帝谥宝，
石质，覆斗钮，尺寸 7 cm×7 cm

图 6.2.17
军资库印，铜质，橛钮，
尺寸 3.5 cm×3 cm

图 6.2.18
都阳县印，铜质，鼻钮，
尺寸 5.65 cm×5.45 cm

图 6.2.19
竹州刺史之印，铜质，橛钮，
尺寸 5.5 cm×5.3 cm

第三节　更变期私印研究

更变期的私印没有参照公印的分节方式分为前后两节，因为存世私印比数量稀少的公印更为罕见，更难以整理发展序列。私印在这期出现新的种类：鉴藏印、图书印（图书印性质见下文叙述）、斋馆印。私印质地有铜、石；面型多样，有方形、块形、条形等；文字使用蟠条篆、楷书等。本节内容主要依靠文献记载还原当时私印的使用情况。

一、鉴藏印

鉴藏印包括公印和私印两个部分。为了论述的完整，因而将公印性质的鉴藏印也置于本节。鉴藏印的最早记载出现在《述书赋》和《历代名画记》，两者均提到东晋"周颙"古小雌文印，以及南朝梁徐僧权"徐"字印。隋唐之前书画鉴藏印并没有被广泛使用，当时的鉴识人对过眼的书画通常会使用押署，"前代御府，自晋宋至周隋，收聚图画皆未行印记，但备列当时鉴识艺人押署"。隋唐重视书画收藏，大量作品进入御府，为新兴印章种类——鉴藏印的出现创造条件。"贞观、开元之代，自古盛时，天子神圣而多才，士人精博而好艺，购求至宝，归之如云，故内府图书谓之大备。"收藏风气盛行的唐朝甚至设"书画搜访使"一职，如开元年间太子中允张悱充知搜访书画使，天宝中徐浩充采访图画使。从民间搜寻书画作品充实了御府，由此有了"萧翼赚兰亭"的故事。唐太宗时期，进入御府的书画经过虞世南、褚遂良等人"定其真伪"后，装裱成卷，"以'贞观'字为印、印缝及卷之首尾"。唐太宗自书"贞观"作为年号入印，钤盖于书画作品表示收藏所属。其所属机构是官府的一部分，而不是单纯的皇帝个人行为。除了"贞观"印，还有唐玄宗自书"开元"印，李后主"建业文房"，以及集贤印、秘阁印、翰林印、弘文之印（"各以判司所收掌图书定印"），等等，这一类鉴藏印归属公印是无疑的。与此同时，私人收藏也使用印，他们个人拥有的鉴藏印则归入私印。

入唐后私人鉴藏印的印文内容丰富，仅《历代名画记》中的《叙古今公私印记》一篇所记载的数量就有数十方。根据印文，大致可以将私人鉴藏印分为姓名印、姓氏印、地望姓氏印、吉语印等。当时，鉴藏印印记已经是鉴识的重要依据，"若不识图画，不烦空验印记"。在传世的书画作品上，钤有"贞观""开元""神龙""真卿"等印，都无实物印证，有的学者认为是宋或宋以后的人作伪。《出师颂》上面钤盖印章属于唐的有太平公主驸马武延秀梵文印"三藐毋驮"，唐邵王李约"约"和"邵约之印"，以及唐中书侍郎王涯"永存珍秘"。这些鉴藏印与《历代名画记》的记载相吻合。根据徐邦达的再次认定：唐朝太平公主驸马武延秀所用的被称为"胡书印"的"三藐毋驮"，为唐人钤用的真迹。

二、图书印

"图书"专称的印章有"渤海图书""武威习御图书""河内莹美图书""宣谕使图书记""金兆智远图书"等。其中，"渤海图书"和"武威习御图书"出土于唐墓。在《历代名画记》也有"邺侯图书刻章""马氏图书"的记载。这类印章，有的研究者推测为鉴藏书籍用印，也有的认为"图书"单指印章的专称而已。

唐皮日休《鲁望戏题书印囊奉和次韵》中载"金篆方圆一寸余，可怜银艾未思渠。不知夫子将心印，印破人间万卷书"，说明存在唐人给书籍钤印的情况。又记载有"刘氏书印""书印"，可为书籍钤印作辅证。唐代除了私人藏书用印，官署藏书也使用印章。《唐会要》卷六十五记载，唐穆宗长庆三年（823年）秘书少监李随奏，"当省请置秘书阁图书印一面。伏以当省御书正本，开元、天宝以前，并有小印印缝。自兵难以来，书印失坠，今所写经史，都无记验。伏请铸造"[23]。敦煌出土的文书《论语义疏残卷》卷中钤有"宣谕使图书记"之印（图6.3.1，摹本），是"图书"钤盖书籍类的实物证据。

图 6.3.1
宣谕使图书记，印蜕摹本，尺寸 4.8 cm×4.8 cm

米芾《书史》："唐虞世南《枕卧帖》，双钩唐摹，在关杞处。上有褚氏图书古印。关尝谓余曰：昔越州一寺修佛殿，于梁栱内藏一函古摹帖数十本，所可记者，王右军《十七帖》，世南《枕卧帖》《十斗九帖》，褚遂良《奉书宁帖》，上皆有褚氏图书印，毫发干浓毕备。"[24]很明显这枚褚氏图书印章的使用意义与藏书印无关，"图书"可能就是印章的专称之一。因此，"图书""图书记"在更变期出现在印文中，表示有藏书和印章专称两重含义，而不是"鉴藏印有云'某某图书''某某图书记'的，时间用久了，人们因以'图书'为印章的别名，直到现在"。

三、斋馆印

斋馆名是文人对书房所取蕴涵有某种特殊情感的名称，可考的唐代斋馆有刘禹锡的"陋室"、白居易的"池北书库"、颜真卿的"三癸亭"、司

23　王溥：《唐会要》，中华书局，1955，第 1125 页。
24　米芾：《书史》，中华书局，1985，第 12 页。

图 6.3.2
端居室，玉印，鼻钮，尺寸 3.1 cm×3.1 cm

空图的"休休亭"、李林甫的"偃月堂"、杨国忠的"四香阁"等。最早将斋馆名入印的印例为"端居室"，见吾丘衍《学古编》"轩斋等印，古无此式，唯唐相李泌有'端居室'三字印，白文玉印，或可照例"。明代甘旸的《集古印谱》卷五"唐宋近代印"中，收有一方"端居室"（图6.3.2），备注"玉印，鼻钮，唐李泌端居室，斋堂馆阁印始于此"。此印实物无存，只见于该印谱著录。这枚印章是否为唐代李泌之物，目前尚有疑问，因为从印蜕的风格看，像元明流派印人创作，所以还不能肯定为本期作品（如顾瑛"不二室"，图6.3.3）。推测其断代缘由是唐肃宗为李泌在南岳烟霞峰下兜率寺侧建房，名之"端居室"，加上吾丘衍书中有"端居室"为斋馆印之鼻祖的记载，故将这枚印章所有者归于李泌。虽然无法考证实物，但李泌开斋馆印之先河，以至到宋代"几人人有斋馆别号，且必制印为记"[25]。斋馆印为印章增添新的种类，成为后世文人抒发情感的凭据，并与书画艺术结合，其意义和作用不言自明。

四、其他私印

《二十世纪出土玺印集成》收录有唐"气含秋水-襟掩春风"石质双面印。这方词语印是典型的私印，其他词语印章所见甚少。在《唐宋元私印押记集存》中收录"洞山墨君""敦实""始封于鄯""无择"四方私印，这些私印采用与同时代的公印相似的字体，面型接近，钮式相同。西安隋大兴城兴宁坊清禅寺舍利塔基内曾出土一玉印[26]，印面阴刻一"南"字，印面略呈长方形，台钮。这方印之前被误认为隋代私印，但观察这方印的形制和印文，将其时代定为秦更为稳妥。更变期还出土了类似元押单字入印的印章。这类文字风格简率，多见楷书款，如唐代铜质人形钮"金"印与唐代陶质橛钮"成"印（图6.3.4）。除了"成"印出土于湖南长沙窑遗址，可推测其为工匠用印，其余印章是个人把玩还是用于戳记表示所属，有待出土更多资料来识认。

在印章研究中，戳印陶文是特殊的遗存，陕西出土数量较多，其余在江苏、湖南遗址也有出土。这些戳印包含制作者、宫殿名、产地等信息，依附载体有瓦、砖、陶质容器等。从戳印痕迹来看，多为阳文楷书印，面型以长方形为主。

图 6.3.3
不二室，印蜕，尺寸 3 cm×3 cm

图 6.3.4
成，陶质，橛钮，尺寸 4.8 cm×4.7 cm

25　沙孟海：《篆刻学》，上海人民美术出版社，2015，第72页。
26　郑洪春：《西安东郊隋舍利墓清理简报》，《考古与文物》1988年第1期。

第四节　更变期印章与日本印章的关系

隋唐作为当时东亚经济文化政治中心，对周边地区和国家有强大的影响力，印章文化也伴随交流传入这些周边政权，诸如日本、新罗、渤海国、契丹、吐蕃、南诏（以及随后的大理国）。这些政权要么学习隋唐用印制度并遗留用印文献和实物，要么出土或保存有更变期印章。在这些地区和国家中，日本保存有与更变期印章相关的最为完善和丰富的史料和实物。日本对隋唐用印的模仿也最为深入，大宝元年（701年），《大宝律令》颁布后，印章迅速与其国家行政运作相结合。因此日本飞鸟、奈良、平安时代的用印概况，对于研究中国更变期的印章有重要借鉴意义。

伴随日本效仿唐朝制度，更变期印风也确立为日本印章的基本形式。两者相同点体现在四个方面："①使用朱文；②印面较大，印面大小为5—6厘米；③印文字体相似；④官署印取代职官印成为主流。"[27]以上第①、②、④点，也是更变期印章的基本特征。701年的《大宝律令》和718年的《养老律令》，以律法形式规范用印以确定掌印、钤印和印章等级制度，"少纳言三人，请进钤印传符，进付飞驿函铃，兼监官印"[28]，"大主钤二人，掌出纳、钤印传符、飞驿函铃"[29]和"内印方三寸，外印方二寸半，诸司印方二寸二分，诸国印方二寸"[30]。飞鸟时代和奈良时代的用印史料相对零散，平安时代颁布的《延喜式》在继承前代律令基础上，对印章从印文撰写到销毁都制定对应律令。综合三个时期的史料可梳理为：日本书博士负责印文的书写，少纳言负责请印、改印、毁内印、改造印，锻冶司、内匠寮负责印章的铸造。文献记载如下：

①请印文："凡少纳言所奏请印文过五十张密奏；凡请内印文作二通，一通奏进，一通施行；凡请印文书初入之日，外记则细加检索，明日捺印。"[31]

②改印文："凡内印公文若脱错应改者，少纳言先申上，然后奏请（改）印。"[32]

③改造印："凡内外诸司印，刓尽应改造者，下符中务省，仰内匠寮，

27　久米雅雄：《日本古代印の研究—その歴史の展開と律令国家の本質》，载《日本印章史の研究》，雄山阁，2004。

28　黒板勝美、國史大系編修會编辑《令義解》，吉川弘文馆，1972，第31页。

29　同上书，第33页。

30　黒板勝美、國史大系編修會编辑《令義解》，吉川弘文馆，1984，第252页。

31　同上书，第327页。

32　同上书，第328页。

令请料度官。仰式部省诏书博士就中务省，令书印字样。及少纳言中务辅寮助以上临监，铸造毕，奏进，付辨官令给。"[33]

④毁内印："毁内印官符者，其请毁之下注事由（外印符准此）。"[34]

⑤铸印：与铸铜相关的机构为典铸司、锻冶司、内匠寮，《续日本纪》记载庆云元年（704年）"令锻冶司铸诸国印"[35]，明确锻冶司为铸印机构。锻冶司随后经历废除、再设置，被合并入木工寮，因此管理铜料以及蜡的内匠寮承担铸印。

在日本文献对铸印的记载中，有两个地方值得思考：1.日本书博士负责印文，而中国文献只言及唐代礼部铸印官撰写印文，那么唐代书博士是否也曾参与印文撰写？2.日本内匠寮相当于中国少府监，那么中国官印铸造机构是否可能也为少府监？

按土桥诚对日本印章的分类，日本印章可分为"官印、寺社印、私印"[36]三大类，其中官印细分为公印（内印、外印、诸司印、诸国印）和准公印（郡印、乡印、仓印、军团印），私印细分为家印和个人印。这些印章大多数为铜质，少量为木质、陶质、石质等。关于铜印铸造工艺，中国倾向于研究印文铸造方式（整体铸造、焊接、凿刻），而日本倾向于研究印体铸造方式。会田富康将日本铜印铸造技法归纳为"込め抜き法、焼き流し法、搔き彫り法"[37]。"込め抜き法"即脱模法，流程为制作木印、翻模、合范、浇铸；"焼き流し法"即失蜡法；"搔き彫り法"即雕刻法，使用组合陶范并直接在范上雕刻印面文字。古尾谷知浩根据文献史料和考古出土研究，得出结论——内匠寮铸印使用失蜡法，锻冶司使用雕刻法，"内匠寮の銅印鋳造技法が、蠟型による焼き流し法であるのと対比すれば、鍛冶司の銅印鋳造技法は、印面部搔き彫り法であった可能性が高い"[38]。因为铸印时使用木印做模、翻范，因此存世木印有实用和非实用的可能，见田中正幸《考古資料としての古代銅印について》[39]一文。日本使用木印比推行铜质官署印的时间要早，持统六年（692年）就有木印作为祭祀用具的记载[40]，

33　黒板勝美、國史大系編修會編辑《令義解》，吉川弘文館，1984，第328页。

34　同上。

35　黒板勝美、國史大系編修會編辑《續日本紀》，吉川弘文館，1985，第20页。

36　土橋誠：《私印論》，载《国立歷史民俗博物館研究報告》第79集，1993，第408页。

37　會田富康：《日本古印新攷》，中央公論美術出版社，1981。

38　古尾谷知浩：《古代の鋳銅》，载《名古屋大学文学部研究論集》，2008，第109页。

39　田中正幸：《考古資料としての古代銅印について》，载《国立歷史民俗博物館研究報告》第79集，1993，第225页，"このように現状では未製品案、鋳型の木型案、祭祀用具案ともに可能性があるが、完成品で未使用という案も含めて検討して行く必要があろう"。

40　黒板勝美、國史大系編修会编辑《日本書紀》，吉川弘文館，1981，第416页，"神祇官奏上神宝書四卷，鉨九箇，木印一箇"。

那么中国圜丘附近发现的陶印与其是否有相似的用途？日本有使用木印的传统，木印涵盖日本印章三大类印种，如在日本太宰府遗址出土的被认为是私印的"直嶋"[41]（图6.4.1）。中国印学研究中，对私印的铸造问题极少关注，而与之不同的是日本内匠寮除了负责官印，还能铸造私印。

印章多为方形印面，也有圆形印面、多边形印面等。印面边长在3—6厘米之间，私印一般为3—4厘米。印钮主要有弧钮（或称圭钮，图6.4.2）、荅钮（或称鸡头钮，图6.4.3）和方形钮（图6.4.4）。三类印的印钮均见有钮孔，其中荅钮出现时间晚于弧钮，并发展为最具日本特色和常见的钮式。少量印章印背平坦，而多数印背呈弧形覆斗式，类似唐朝"平琴州之印"（图6.2.12）。与更变期印背刻款不同，日本印章为单字"上"铸款，且出现在印钮侧面。印章常见"印""之印""私印""家印"等专称。印文多为四字，阳文，使用蟠条篆和楷书，风格与中国更变期的有高度相似性。（图6.4.5）

日本保存着大量格式完整、钤盖印章的文书，部分是与周边国家往来的官牒。这些文书对研究中国更变期印风、隋唐时期东亚国家交流和日本印史有重要参考意义，现择简数各以说明：

①最澄入唐公验《明州牒》（贞元二十一年即805年，图6.4.6）和圆珍入唐公验《福州公验》（图6.4.7）、《台州·温州公验》（大中七年即853年，图6.4.8）钤盖的印迹，因为有明确的年代作为参考，因此成为研究更变期印风的"标准器"。这些印记验证更变期分节的合理性，根据前文更变期分节，"明州之印"属于更变期前节风格，"福州都督府印""台州之印""临海县印""黄岩县印"等属于更变期后节风格。

②《渤海国咸和十一年中台省致日本国太政官牒》是渤海国咸和十一年（841年）中台省致日本太政官的文书，作为官方往来文书，上面钤有公印是毋庸置疑的，因资料披露不多，尚无法得知上面印文的具体面貌，但从目前掌握的资料看，可以肯定的是更变期印风的汉字公印是通行于当时东亚各国的，而且公印的形制具有一定程度的相似性，如渤海国"天门军之印""高氏之宝"，朝鲜"六公祀家之印"，日本"法隆寺印""御笠团印"等印，在一定程度上反映东亚地区之间存在多方面而深层次的交流。其中日本"法隆寺印"时代最早，渤海国"天门军之印"晚至9世纪。在日本雄略天皇、仁贤天皇时期，从朝鲜半岛来的工匠被编入品部杂户，因此失蜡法等铜器加工工艺传入日本，而失蜡法与日本印章铸造工艺密切相关，所以

---

41 狭川真一：《太宰府史迹出土の木製印章》，载《国立歴史民俗博物館研究報告》第79集，1993，第226页，"やはり私印として利用されようとした通常の木印と理解するのが妥当なようである"。

※知识链接：

唐代继承汉晋以来的传统，规定凡外出旅行经过关隘、渡口等必须出示官府颁发的通行证，称为"过所"，也就是"允许通过本所"之意。申请"过所"须由申请人备具"牒"文，一般需说明申请人姓名、年龄、携带物品名称及数量，同时说明活动区域等。

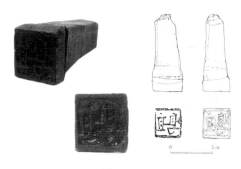

图 6.4.1
直嶋，木质，柱状钮

图 6.4.2
御笠团印，铜质，弧钮

图 6.4.3
鹡寺仓印，铜质，荅钮

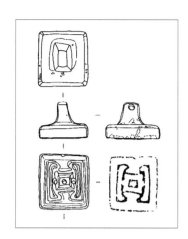

图 6.4.4
方形钮

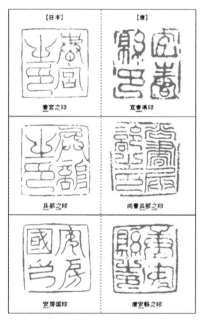

图 6.4.5
日本古代官印与隋唐官印对比

（注：图片来源于田中史生《日本古代官印
と隋唐官印：正倉院に伝わる印影資料りの
比較な中心に》）

这种工匠流动的现象可能是这三个地区在更变期印风影响下能发展出相似但
又独具特色的印钮的原因。

③"天皇御玺"的制作时间被认为在701年《大宝律令》实行后，在
此后的文物上，如日本正仓院所藏《东大寺封户处分敕书》（图6.4.9），
可见"天皇御玺"钤印痕迹。而武则天在延载元年（694年）将"玺"改为
"宝"，所以日本学习的是"公元694年前的中国的用印制度和律令公文书
制度"[42]。

整体而言，该时期日本印章在继承更变期印风的同时，细微处有本国特
色。日本遗存的文献和实物，不仅是中国更变期印章研究的参考，也是东亚
各地区间友好交往的重要证据。

42　田中史生：《日本古代官印と隋唐官印》，载《国立歴史民俗博物館研究報告》第
194集，2015，第331—332页，"日本は中国の694年以前の制度を参考としていたこ
とを示唆しており"。

图 6.4.6
明州牒

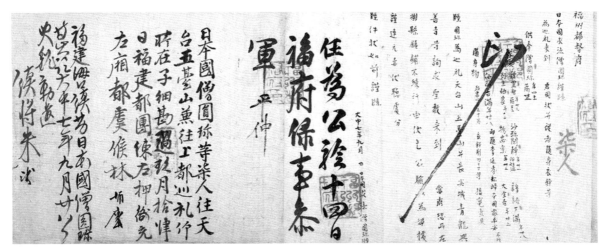

图 6.4.7
福州公验

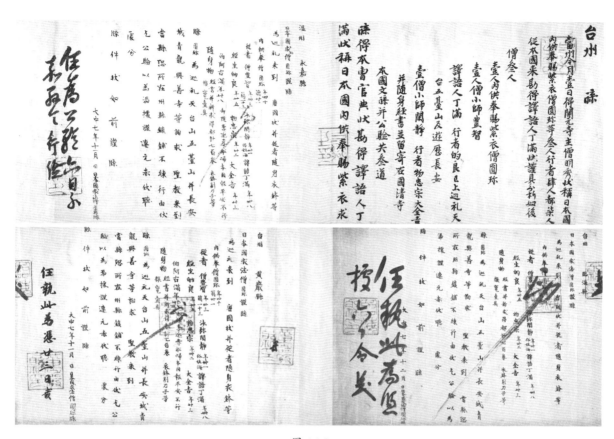

图 6.4.8
台州・温州公验

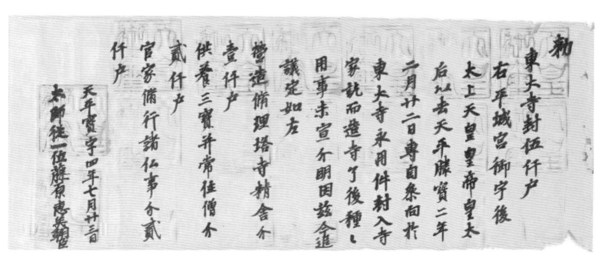

图 6.4.9
东大寺封户处分敕书

◎ 本章小结

第一，中国古代印章发展到更变期，从用法、印体、尺寸、文字、内容等各个方面发生了一次突变，这是以涣解期为标志，宣告了中国古代印章第一个阶段的终结之后，在第二段寻得了道路而又开始了新的发展。从用法上来看，中国印章改变了长期以来以阴文作印而主要用于抑陶、封泥的局面，转向了以阳文作印而主要在纸质文书上钤朱的方法。印章的这种突变，是适应时代发展的表现。虽然从魏晋开始，纸质文书已取代简牍，但公印依然保留先秦以来的基本特征。从印体方面来看，更变期公印最终摆脱了长期以来边长2.3厘米左右，即"方寸玺"面型的束缚，印面突然增大，印钮逐渐升高，绝对体积加大加厚（印钮与印体的相对体积比例并未加大），使长期行用的手捏式用钮法向手握式用钮法转变，鼻钮系统经历了根本性的变化；在公印的印背印侧，开始出现凿刻款识。从印张所用文字来看，以公印为代表，彻底更变了秦汉"摹印篆""谬篆"的风貌，同时一改以往的阴文印文为主，变为以阳文印文为主，在更变期呈现全新的气象。这点使以往的研究者不以为然，如周亮工曾谓："唐宋元无印，至明而印章可继汉。"甘旸曾说："唐之印章，因六朝作朱文，日流于讹谬，多屈曲盘旋，皆悖六义，毫无古法，印章至此，邪谬甚矣。"傅抱石曾说："隋唐以后朱文印以'诎曲盘回'为主，偏重正齐和对称的。如此一来，篆刻的生命起了僵化。"上述说法都是有失偏颇的。中国印章的第一段中如蓬勃期、典则期的玺印的确为印史的珍贵遗产，但到了涣解期，印章文化与艺术的发展几乎走到了尽头，文字的琐碎怪诞即为明证。"山重水复疑无路，柳暗花明又一村"，更变期的印章是带着恢宏博大的气势而登上印史舞台的。凡略略涉足治印者都有体会，因为印章文字是一种服从于固定印面的"适合性"文字，由长期较小的印面而转向在几乎放大四倍的印面上表现，是极难把握的。更变期的"蟠条篆"文大胆留空，以圆计方，雍容大度，字画回环自如，为其他时代所不见。它虽有对蓬勃期玺印的一些复兴，但绝无因袭守旧的姿态，可以说中国印章又走上了健康发展的道路。况且本期印章的疏阔布局、生动意趣，对印章用字的革新改造，实在是现代创作应当吸取（但不是死硬模仿）的精髓所在。

第二，本期公用印中缀有官名的职官印不多，而以不附官名的地方政府各种官署用印为主（一些砖印上也反映了这样的内容），虽然在第一阶段的玺印中也有这种现象，但主要是更变期的实践开启了大量使用地方政府各级官署印章，而不附职官名称的先河，这种影响一直沿袭到现代。

第三，更变期印章除了一般公私印，还出现了一些新的品类，比如斋馆印、鉴藏印等。这些成了明清之后流派艺术印章创作的主要品种，反映了中国隋唐时代之后社会生活，特别是文化生活和知识分子情趣的丰富和多样化。

第四，更变期印章的钮制造型艺术没有什么精彩之作，这点恐怕是因为更变期所表现出的中国古代印章的"突变"，首先体现在它们的实用性质上，而如钮制这些逐渐属于审美范畴的部分，尚没有来得及跟随上本期所发生的"突变"，它们仅以基本适用就能存在下去。而印钮造型、功用服从审美要求的彻底变化，即摆脱了长期存在的实用意义，向着纯立体雕塑化、纯装饰艺术化的演变，则应当在宋明时代之后了。

第五，更变期印章肇始于南北朝晚期，发展经历隋、唐、五代，直至北宋初叶，目前所见存世实物较少，考古发现也很少，这本身就反映了某些待研究的问题，可能还涉及当时某些制度规定与用印习俗，并不能因此而认为当时用印现象本身很少。随着更多的实物资料、钤印痕迹被发现，更变期以及期内的分节可能会有所调整，一些相关的问题研究也可以做得更深入。暂列为更变期后节的五代十国时期的印章，按说在各个地区、各个政权之间应当有一些不同的表现，但目前除了个别的例子，因资料的缺乏还不能比较全面地区分出来，这将成为更变期印章研究的一个重要课题。

第六，更变期东亚各地区普遍都有用印的文献记载或者印章实物，从这些遗存物，我们可以看出东亚范围内国与国、地区与地区之间存在持久的深层次的交流。

第七章

规范期——宋辽金元

所谓"规范期",主要是指宋、辽、金、元等几朝的公用印章逐渐失去更变期生机勃勃的气象,而转向一种循规蹈矩的作风。规范期的时间从北宋开始,一直到元代末。在这一历史时期,中国经历由多政权林立的分裂局面到元代统一的过程。自更变期发展而来的多政权的印章在时空上相互影响,形成本期突出的风格,印章的尺寸、钮式、印文、刻款等方面具有一致性。但因为政权割据,宋、辽、金、西夏控制的地区使用的印章带有区域性特征,这些特征是在统一风格下对印章做地域划分的主要依据。在本期,金朝的印章最具典型意义,是中国印章发展史的一个高峰。从本期开始,中国印章的另一支——艺术印章,进入滥觞。文人的印学理论和治印实践也逐渐发展,呈蔚然可观之状。割据政权间的频繁交战和政权内商品经济的兴盛,客观上扩大印章的种类。对于规范期的印章,既要有分节的叙述,也要有分国别、分地区的讨论,这样才能符合本期印章的特点。以下从公印制度和印章的分节、分区研究两方面进行介绍。

第一节 关于规范期公印的制度

在更变期中曾提到,北宋初的部分印章风格可以划入更变期后节,其相关制度在本期做介绍。加上辽、金、西夏等有属于本国独特的公印制度,本节按政权划分对用印制度进行介绍。

一、宋代公印制度

宋代公印制度分为御宝、百官印和公印的使用管理制度三个部分。

（一）御宝制度

宋代皇帝用玺,专称为"宝"。宋太祖受禅,沿用后周"皇帝承天受命之宝"和"皇帝神宝",并制作"大宋受命之宝"。宋太祖用金和鍮石制作"天下合同之印""御前之印""书诏之印";宋太宗时期将这三方印改称"宝",将之前的六印销毁,别铸以金;宋仁宗又将三宝材质改为银并涂金。宋太宗创制"承天受命之宝",自此,每有新帝嗣服,都会以"皇帝恭膺天命之宝"为印文制作一方新的受命宝。宋真宗诏刻"天下同文之宝"、"五岳圣帝玉宝"及"皇帝昭受乾符之宝"。宋仁宗诏刻"皇帝钦崇国祀之宝"和"镇国神宝"。宋哲宗新制"天授传国受命之宝"。宋徽宗时,制齐九宝,即定命宝"范围天二,幽赞神明,保合太和,万寿无疆"、镇国宝"承天福,延万亿,永无极"、受命宝"受命于天,既寿永昌"（大观二年,即 1108 年下诏在印文前加"镇国"）、"皇帝之宝"、"皇帝信宝"、"皇帝行宝"、"天子之宝"、"天子信宝"和"天子行宝"。南宋时"凡中兴御府所藏玉宝十有一，金宝三，八宝皆高宗皇帝作"，宋高宗制作的御宝为之后继位皇帝沿用，有"皇帝钦崇国祀之宝"、"天下合同之宝"、"书诏之宝"、"大宋受命中兴之宝"及新制八宝（镇国神宝"承天福，延万亿，永无极"、受命宝"受命于天，既寿永昌"、"天子之宝"、"天子信宝"、"天子行宝"、"皇帝之宝"、"皇帝信宝"、"皇帝行宝"）。"宋制，天子之宝皆用玉，篆文，广四寸九分，厚一寸二分，填以金，盘龙钮"，但有两方御宝尺寸特殊：一是真宗所制"皇帝恭膺天命之宝"，方一寸二分；二是徽宗制定命宝，方九寸。

北宋太皇太后玉宝，以"太皇太后之宝"为印文；皇太后宝，以"皇太后宝"为印文；皇太妃宝，以"皇太妃宝"为印文。南宋后宝用金，方二寸四分，龟钮。皇太子宝，方二寸，厚五寸。南宋用宝，龟钮。皇后、皇太后、皇太妃、皇太子之宝皆为金铸，因宋真宗刘皇后和宋英宗高皇后曾垂帘听政，故其"皇太后宝"和"太皇太后之宝"为玉质，尺寸也同于皇帝所用的御宝（"绍兴七年……礼官言国朝礼制，诸后谥宝曾垂帘听政者则用玉，余则比用金"[1]）。

（二）百官印制度

除了元丰年间诏铸鎏金银质的三省印和建炎三年（1129年）铸银质的三省、枢密院印，其余百官印皆为铜质。其中，枢密院、三司、节度使、观察使印，铜质但涂金。诸王及中书、门下印，方二寸一分；枢密、宣徽、三司、尚书省、开封府印方二寸；节度使印方一寸九分；节度观察留后、观察使寸八分半；防御、团练使、转运使、州、县印寸八分。宋代的朱记，长一寸七分，广一寸六分，以给京城及外处职司及诸军将校等。有奉使印，用于奉使出入，或本局无印者。士庶及寺观亦有私记。印与记的区别之一为："监司、州县长官曰印，僚属曰记。又下无记者，上令本道给以木朱记，文大方寸。"[2]在各地现存宋代官印实物中，至今尚未发现一方御宝及高级机构官印，所见均为中下级机构官印。将现在出土较多的宋代以"记"与"朱记"专称的公印进行测量，其边长在5—5.5厘米之间，与记载也基本吻合。

（三）宋代官印的制作、颁发、使用、保管和销毁均有相关规定

1. 制作。篆文官负责印文书写，如宋太祖时期的祝温柔，宋仁宗时期的王文盛、陈执中、庞籍，以及宋英宗时期的欧阳修等，都曾参与御宝或者百官印印文的撰写。铸印机构为少府监和文思院，"凡车辇、饬器、印记之

1　马端临：《文献通考》卷一百一十五《王礼考十》，上海师范大学古籍研究所、华东师范大学古籍研究所点校，中华书局，2011。

2　脱脱：《宋史》卷一百五十四《志第一百七·舆服六》，中华书局，1977，第3593页。

造，则少府监、文思院隶焉"[3]。北宋少府监负责铸印，而文思院是隶属少府监的五院之一。到南宋绍兴三年（1133年），诏令少府监并入文思院，从此，文思院取代少府监成为南宋的铸印机构。

2. 颁发。礼部负责官印的颁发，"神宗熙宁五年，诏内外官及溪洞官合赐牌印，并令少府监铸造，送礼部给付"[4]。宋朝对临时受命的官员颁发奉使印，以供官员出使外国、出巡州县和充置团司，如文献记载："或衔命出境者，以奉使印给之，复命则纳于有司。后以朝门出州县者，亦如之。新进士置团司，亦假奉使印，结局还之。此常制也。"[5]

3. 使用。宋代在唐代的基础上发展为更严格和复杂的使用制度，这种复杂性表现在不同政令需要钤盖相对应的官印。"节度使在本镇，兵仗则节度判官、掌书记、推官书状，用节度印；田赋则观察判官、支使、推官书状，用观察印；符刺属县，则本使判书，用州印。故命帅必曰某军节度、某州管内观察等使、某州刺史。言军，则专制其兵旅；言管内，则总察其风俗；言刺史，则莅其州事。石普独书奏章，当用河西节度使印。"[6]

4. 保管。公印使用印牌和"知印"制度。牌印制度参考唐朝的模式，"诸王、节度、观察使、州、府、军、监、县印皆有铜牌……刻文云'牌出印入，印出牌入'"[7]。发现的"新浦县新铸印"和"新浦县印牌"（图7.1.1），都有"太平兴国五年十月铸"刻铭，是了解牌印制度的宝贵资料。宋代"知印"制度指官员轮流掌印，通过这种分权方式防止专权舞弊，如文献记载"宰相与参政轮班知印同升政事堂"[8]。

5.销毁。政事的频繁加速印章损耗，"唐印文如丝发，今印文如筋，开封府、三司印文尤粗，犹且岁易，以此可见事之繁简也"[9]。宋敏求在《春明退朝录》中建议按照唐朝礼部石磨碾碎的方式处理废印。宋代有废印的规定，但具体措施我们尚不知晓，"六年，别铸'礼部贡举之印'。旧制：贡院有印，院废，印亦随毁。礼部遇锁试，则牒印废事故也"[10]。元丰六年（1083）十二月，宋神宗诏令"自今臣僚所授印，亡殁并赐随葬，不即随葬因而行用者，论如律"[11]。将臣僚的亡残印用于随葬，是处理废印的有效方

3　脱脱：《宋史》卷一百六十三《志第一百一十六·职官三》，中华书局，1977，第3862页。

4　脱脱：《宋史》卷一百五十四《志第一百七·舆服六》，中华书局，1977，第3592页。

5　同上书，第3593页。

6　同上书，第3591页。

7　同上书，第3590页。

8　脱脱：《宋史》卷一百六十一《志第一百一十四·职官一》，中华书局，1977，第3775页。

9　张舜民：《画墁录》，载纪昀等编纂《钦定四库全书》子部十二。

10　马端临：《文献通考》，上海师范大学古籍研究所、华东师范大学古籍研究所点校，中华书局，2011。

11　脱脱：《宋史》卷一百五十四《志第一百七·舆服六》，中华书局，1977，第3592页。

图 7.1.1
新浦县新铸印，铜质，橛钮，
尺寸 5.7 cm × 5.6 cm，以及"新浦县印牌"

式，但出土于宋墓的宋代官印极为罕见。

二、辽代公印制度

契丹建国前，曾接受回鹘和唐朝赐印。会同九年（946年），太宗伐晋，得后晋末帝献的传国宝和三方金印，金印印文不详。辽穆宗应历二年（952年），诏用太宗旧宝。御前宝，金质，印文"御前之宝"，用以下达诏令；诏书宝，印文"书诏之宝"，用于书诏批答；契丹宝，受契丹册仪。

皇太后宝，制未详。

皇后印，文曰"皇后教印"。

皇太子宝，未详其制。重熙九年（1040年）册皇太子仪，中书令授皇太子宝。

吏部印，文曰"吏部之印"；兵部印，文曰"兵部之印"，两者皆为银铸。契丹枢密院、契丹诸行军部署、汉人枢密院、中书省、汉人诸行宫都部署印，并银铸，以银朱为色。南北王以下内外百司印，并铜铸，以黄丹为色，诸税务以赤石为色。杓窊印，杓窊为鸷鸟总称，以为印钮，取疾速之义，用于调发军马。

三、西夏的公印制度

西夏官印制度的资料集中在《天盛改旧新定律令》第十卷的《三官军敕门》[12]。

诸人请官印者，为"威臣""帽主"等官可请封印，当用于簿册及诸司告状中。比其官小者不许请官印。

诸寺僧监司者可请印，变道中不得请印。若违律时，有官罚马一，庶人十三杖。

诸司行文时，司印、官印（分别为表示政府机构职司的印章和表示类似爵位的印章[13]）等纯金、纯银及铜镀银、铜等四种，依司位、官品等，分别明其高下，依以下所定为之。

司印：

皇太子金重一百两。

中书、枢密银重五十两，长宽各二寸半。

经略司银重二十五两，二寸三分。

正统司铜上镀银二十两，二寸二分。

---

12 《天盛改旧新定律令》，史金波、聂鸿音、白滨译注，法律出版社，2000，第260-358页。

13 史金波：《西夏的职官制度》，《历史研究》1994年第2期。

次等司铜上镀银十五两，二寸一分。

中等司铜上镀银十二两，二寸。

下等司铜重十一两，一寸九分。

末等司铜重十两，一寸八分。

僧监、副、判、权首领印等铜重九两，一寸七分。

官印：

三公诸王银重二十五两。

有"及授"官中宰相铜上镀银重二十两，二寸二分；其余铜十五两。

有"及御印"官者铜重十二两，二寸。

有"惠臣""柱趄"官者铜重十两。

有"威臣""帽主"官者铜重九两，一寸九分。

四、金朝公印制度

金朝建国，使用的御宝和百官印来源有三：辽、北宋以及金朝自制。获于辽者，玉宝四（"通天万岁之玺"、"受天明命惟德乃昌"、"嗣圣"、不辨印文的御封宝）、金宝二（"御前之宝""书诏之宝"，金朝建国初用这两方金宝）。获于宋者，玉宝十五，金宝七，印一，金涂银宝五。玉宝：受命宝"受命于天，既寿永昌"（咸阳所得，三寸六分，相传为秦玺，白玉盖，螭钮）、传国宝、镇国宝"承天休，延万亿，永无极"、受命宝"受命于天，既寿永昌"、"天子之宝"、"天子信宝"、"天子行宝"、"皇帝之宝"、"皇帝信宝"、"皇帝行宝"、"皇帝恭膺天命之宝"二，均为四寸八分，螭钮；"御书之宝"二，一龙钮，一螭钮；"宣和御笔之宝"一，螭钮。金宝并印："天下同文之宝"，龙钮；"御前之宝"二；"御书之宝"；"宣和殿宝"；"皇后之宝"；"皇太子宝"，龟钮；"皇太子妃"印，龟钮。金涂银宝："皇帝钦崇国祀之宝"，"天下合同之宝"，"御前之宝"，"御前锡赐之宝"，"书诏之宝"。除此还有官印宋内府图书印等三十八方。

国初就用辽宝，皇统五年（1145年）开始铸金质"御前之宝"和"书诏之宝"。大定十八年（1178年），诏作"大金受命万世之宝"，其制径四寸八分，厚寸四分，盘龙钮高厚各四寸六分。大定二十三年（1183年），又铸"宣命之宝"，其径四寸二厘，厚一寸四分，钮高一寸九分，字深二分。大定十八年造"大金受命万世之宝"，奉敕再议。今所铸金宝宜以进呈为始，一品及王公妃用玉宝，二品以下用金"宣命之宝"。又有"礼信之宝"，用铜。

太皇太后、皇太后、皇后、皇太妃宝，以及皇太子宝和守国宝，皆为金质。大定二十四年（1183年），皇太子宝，金铸龟钮，有司定其文曰"监国"，上命以"守"易"监"，比亲王印广长各加一分。

百官之印。天会六年（1128年），始诏给诸司，其前所带印记无问有无新给，悉上送官，敢匿者国有常宪。至正隆元年（1156年），以内外官印新旧名及阶品大小不一，有用辽、宋旧印及契丹字者，遂定制，命礼部更铸。

三师、三公、亲王、尚书令并金印，方二寸，重八十两，驼钮。

一字王印，方一寸七分半，金镀银，重四十两，镀金三字。

诸郡王印，方一寸六分半，金镀银，重三十五两，镀金三字。

国公无印。

一品印，方一寸六分半，金镀银，镀金三字，重三十五两。

二品印，方一寸六分，金镀铜，重二十六两。

三品印，方一寸五分半，铜，重二十四两。

四品印，方一寸五分，铜，重二十两。

五品印，方一寸四分，铜，重二十两。

六品印，方一寸三分，铜，重十六两。

七品印，方一寸二分，铜，重十六两。

八品印，方一寸一分半，铜，重十四两。

九品印，方一寸一分，铜，重十四两。

朱记，方一寸，铜，重十四两。

天德二年（1150年）行尚书省以其印小，遂命拟尚书省印小一等改铸。大定二十四年二月，铸行尚书省、御史台、并左右三部印，以从幸上京。泰和八年（1208年）闰四月，敕殿前都点检司，依总管府例铸印，以"金""木""水""火""土"五字为号，如本司差人则给之。

五、元代公印制度

沿用御宝体系，有受命宝、传国宝、天子之宝、皇帝之宝、天子行宝、皇帝行宝、天子信宝、皇帝信宝。

诸王印，方三寸二分，用赤金二百一十三两九钱；金印，三寸一分五厘；金镀银印，三寸一分五厘，用银八十三两，镀金赤金八钱。

驸马印，正二，三台，用银五十六两四钱。

正一品印，方三寸，三台，用银八十两五钱。

从一品印，方二寸八分，三台，用银八十两。

正二品印，方二寸六分，两台，用银七十两。

从二品印，方二寸五分，两台，用银六十五两。

正三品印，方二寸四分，用银五十五两。

从三品印，方二寸三分，用铜三斤十二两。

正四品印，方二寸二分，用铜三斤八两。

从四品印，方二寸一分，用铜三斤四两。

正五品印，方二寸五厘，用铜三斤。

从五品印，方二寸，用铜二斤十四两。

正六品印，方一寸九分五厘，用铜二斤十一两。

从六品印，方一寸九分，用铜二斤十两。

正七品印，方一寸八分五厘，用铜二斤八两。

从七品印，方一寸八分，用铜二斤六两。

正八品印，方一寸七分五厘，用铜二斤四两。

从八品印，方一寸七分，用铜二斤二两。

正九品印，方一寸六分五厘，用铜二斤。

从九品印，方一寸六分，用铜一斤十六两。

图 7.2.1
骁猛弟（第）四指挥弟（第）五都朱记，
尺寸 5.2 cm×5.3 cm

图 7.2.2
驰防指挥使记，
尺寸 5.6 cm×5.3 cm

图 7.2.3
蕃落弟（第）五十二指挥弟（第）五都朱记，
尺寸 5.4 cm×5.1 cm

图 7.2.4
龙猛弟（第）七指挥弟（第）三都记

第二节　规范期印章的分节、分区研究

规范期集中于北宋、辽、西夏、金、南宋、元等政权的遗留印章的研究。从传世和考古出土的实物来看，规范期印章的数量与更变期的相比大为增加。按照它们的时代风格划分，规范期大致可以分为三阶段：第一阶段包括北宋、辽、西夏的印章；第二阶段包括南宋、金朝的印章；第三阶段为元的印章。以下按照三个阶段的时代顺序，然后在每阶段内按国别分区域进行讨论。

一、北宋、辽、西夏的印章

北宋、辽、西夏印章从考古发现来看，有遗址出土，有零星出土，还有少量墓葬出土。此外，本节印章传世品也为数不少。从具体政权遗存的印章数量来看，北宋最多，其次为西夏，然后是辽。从规范期开始，中国传世书画作品逐渐增多，因此在该时期的书画作品上，能看到大量钤盖本节印章的痕迹。

（一）北宋的印章

该节的诸政权中，北宋印章分布范围最广，甚至在辽、西夏统治疆域内也偶有出土。北宋初的部分公印风格已归入上一期讨论，这里不予赘叙。部分印背有年号刻款的北宋公印，时代大致覆盖整个北宋时期。因此，北宋公印研究可以以这部分公印为纲，并结合没有刻款的印章，讨论公印的风格特点。（规范期其他政权印风的研究也采用这种方式。）

北宋公印印背刻款文字都尽量对称分置在印钮左右，右边刻款为铸造的年号，左边为月份和铸造机构。宋太宗时期，印背刻款通用的格式为"年号+月份+铸"［如"骁猛弟（第）四指挥弟（第）五都朱记"，图7.2.1］；宋真宗时期，刻款格式为"年号+月份+少府监铸"（如"驰防指挥使记"，图7.2.2）；宋仁宗和宋神宗时期，刻款格式为"年号+少府监铸"［如"蕃落弟（第）五十二指挥弟（第）五都朱记"，图7.2.3］；宋哲宗和宋徽宗时期，刻款格式与宋真宗时期的相同。而其他诸如"东关县新铸印"、"新浦县新铸印"（图7.1.1）、"义军左第四指挥使记"和"洪门镇馆驿之朱记"等在印背而非印钮顶上刻"上"，以及"龙猛弟（第）七指挥弟（第）三都记"（图7.2.4）在印钮侧面刻"圤"，实属少见。北宋初南北作坊主要承担军事相关的装备制造，在宋神宗熙宁六年（1073年）演变为隶属军器监的东西作坊。按《宋史·职官志》记载，少府监"铸牌印诸记"，因此公印刻款为"少府监铸",而"怀宁县尉朱记"的印背刻款说明该公印由"西作坊"铸造。熙宁十年（1077年）"少府监铸"的"通远军遮生堡铜朱记"反映铸印机构又恢复为少府监。由西作坊铸造的"怀宁县尉朱记"恰好见证这段铸印机构变动的历史。宋太宗太平兴国五年（980年）九月和十月的公印——"枣阳县新铸印"（图7.2.5）、"东关县新铸印"、"新浦县新铸印"（图7.1.1），在印文中加"新铸"以区别新旧公印。宋太祖时期诏祝温柔改印，但至今没有发现反映该时期改印的公印。而宋太宗时期出现为数不少的新铸公印，反映宋太宗曾诏令批量改印，那么缺少印背刻款的"开州司寇院新铸朱记"（图7.2.6）、"归义军节度使新铸印"（图7.2.7）、"史馆新铸之印"、"永定关税新记"、"桂州凭由司新朱记"等，极有可能是宋太宗时期的公印。

北宋公印质地以青铜为主，除此，文献还记载有金印、银印以及木质朱记。宋徽宗政和五年（1115年）的"康宁军节度观察留后印"（图7.2.8）使用鎏金，与北宋官印制度吻合。公印使用方形或近似方形的印面，也有块状印面，边长一般为5—6厘米。《湖南古代玺印》收录有印背"治平四年"刻款的"管军万户府印"（图7.2.9），圆形印面，并将它定为宋英宗时期的公印。该印如果被定为宋英宗时期，那么则是北宋仅有的圆形印面公印以及目前少见的有宋英宗年号的公印，但实则为元末徐寿辉政权的公印。印钮形制与更变期后节的橛钮类似，失去穿孔，但相较而言，北宋的印钮更厚和更为规则。印钮多为块状，典型的北宋印钮为钮上段斜向平直收分而钮顶平直，除此，还有少量兽钮（如"提刑陕右"，图7.2.10）等。公印的专称有"印""记""之印""朱记""铜朱记""之印记"等。印文已经不再使用焊接的方法，铸造出的印文深峻。文字多为两排或三排，字体以后期缪篆为主，少量为楷书。宋太宗时期的印文还有更变期遗风，笔画圆转，但出现印文文字间笔画粘连，以及不同字之间的笔画、单字笔画，甚至单条笔画粗细不等的现象，并失去上一期疏朗、大胆留空的风貌。北宋的叠篆笔画屈曲、折叠，走势较圆滑。与后世九叠篆不同，此时的笔画折叠较少，最多的叠数达到五叠左右。北宋张舜民曾提及"唐印文如丝发，今印文如筋"，米芾也有"印文须细，圈须与文等"的观点。纵观北宋，虽然"圈须与文等"风格的公印始终存在，但从北宋中期开始，印面边框粗度明显超过笔画，并成为主流。从宋神宗开始，甚至出现印面边框是笔画粗度的四倍及以上的公印。北宋公印中，有些印章印钮缺失或者印面缺角，以"古江顺安州道路巡检□栅朱记"（图7.2.11）为代表，这可能与宋朝的毁印制度有关。

北宋私印数量与更变期相比大为增加，私印面貌无论从印制还是文字，

图 7.2.5
枣阳县新铸印，尺寸 5.5 cm×5.5 cm

图 7.2.6
开州司寇院新铸朱记，尺寸 5.3 cm×5 cm

图 7.2.7

归义军节度使新铸印，尺寸 6.1 cm×5.8 cm

图 7.2.8

康宁军节度观察留后印，尺寸 5.6 cm×5.6 cm

图 7.2.9

管军万户府印，印面直径 12.1 cm

图 7.2.10

提刑陕右，兽形印钮

图 7.2.11

古江顺安州道路巡检□栅朱记，
尺寸 5.9 cm×5.8 cm

都比公印活泼。北宋私印质地有青铜、木、玉石、陶瓷等。印面形状多样，有方形、块形、多边形等。钮式有鼻钮、柱钮、狮钮、虎钮、龟钮等。印文使用阴文和阳文，常见字体为篆书、楷书、押字。有些私印模仿汉印风格进行创作，表示艺术印与历史实用印分道扬镳的开始。种类有单字印、鉴藏印、斋馆印、押印、闲章、书简印等。鉴藏印在此节发展迅速，最为著名有宋徽宗的宣和七玺。当时的文人墨客、书画家也使用鉴藏印，并有印迹遗世，诸如：欧阳修有"六一居士"，文同有"东蜀文氏"，苏轼有"眉阳苏轼"，米芾有"米黻之印""米姓之印""米芾之印""米芾""祝融之后"等。苏轼、米芾等人的印论和治印实践也开启中国艺术印章的滥觞。斋馆印的具体内容在上期已经提到，在本期中斋馆印得到广泛使用，如赵景道"进德斋记"、苏轼"雪堂印"、王诜"宝绘堂"、米芾"宝晋斋"，以及出土的"文房之印"（图7.2.12）。北宋是手书花押与押印并行的时代，至今在文书、书画上依然能看到徐铉、李建中、宋徽宗等人的手书画押。

图 7.2.12
文房之印，尺寸 3.8 cm×3.8 cm

（二）辽的印章

辽印以出土为主，主要分布在华北和东北等地，传世公印不多。辽印带有更变期公印的遗风，与契丹受印历史相符，"遥辇氏之世，受印于回鹘。至耶澜可汗请印于唐，武宗始赐'奉国契丹印'"[14]。1972年河北隆兴县出土"契丹节度使印"（图7.2.13），背呈缓坡度的覆斗形，四周斜面上刻有四只狮子，印背中间有突起一弧形二层台，以铸一头蹲坐的狮子为钮。这种形制与隋唐印体区别明显，但根据印文风格，可知时代为更变期后节，因而这方印可视为辽用印的滥觞。神册五年（920年），辽太祖依靠统治下的汉族知识分子以及从侄耶律突吕不和耶律鲁不古创造契丹大字。随后辽太祖之弟耶律迭剌创造契丹小字，从此契丹文字与汉字并行在辽的统治区域内。因此，辽的印章可分为汉文系统和契丹文系统。旧有"辽以释废"观点，把辽亡国的原因归咎于佞佛，这从另一方面反映佛教在辽的兴盛。佛教盛行，在"大"的角度表现为遗留有"契丹藏"、义县奉国寺大雄宝殿、应县木塔等物质文化；在"小"的角度则是佛教文化与印章结合，如"开龙寺记"（图7.2.14）、"佛法僧所宝记"（图7.2.15）。

图 7.2.13
契丹节度使印，尺寸 6.5 cm×6 cm

图 7.2.14
开龙寺记，尺寸 4.9 cm×4.6 cm

文献记载辽御宝有金和玉石两种质地，中央官署使用银印，南北王以下内外百司使用铜印，但目前发现的辽公印都为铜质。《辽史》所述的各等级公印分别以"银朱""黄丹""赤石"等以示区别，辛蔚《再论"契丹节度使印"的年代》一文指出，所谓"银朱""黄丹""赤石"是公印钤盖使用的印泥颜色——"辽代印章为配合钤盖需要，配制多种印泥。皇帝、皇后、

图 7.2.15
佛法僧所宝记，尺寸 5.4 cm×5.4 cm

图 7.2.16
汧王之印，尺寸 9.25 cm×7.53 cm

14 脱脱：《辽史》卷五十七《志第二十六·仪卫志三·符印》，中华书局，1960，第913页。

图 7.2.17
大清禅提点印，尺寸 5.7 cm×5.5 cm

图 7.2.18
同签枢密院事之印，尺寸 7.5 cm×7.5 cm

图 7.2.19
兴中府绫锦印，尺寸 5.3 cm×5 cm

枢密院、中书省等高级部门所下诏书，教令及公文等钤盖印泥用银朱调制；南王北王及其他内外官署行文盖章所用印泥用黄丹调制；而税务田赋方面的官署使用的印泥用赤石粉调制。因官阶等级的不同，印泥配制原料也不同，颜色自然有等级之分，所以形成一种规律，就是不看印文只看印迹颜色就知道是哪一级的公文。"[15]除了"契丹节度使印"，内蒙古翁牛特旗桥头镇河南营子辽代遗址中出土的契丹文印章是辽少见的采用鎏金的公印。辽公印面型多为方形、块形，也见圆形、多边形等。印背通常为平直，但有少量印背隆起呈覆斗状（"汧王之印"，图7.2.16）或者在印背上另附加一层印台（如"大清禅提点印"，图7.2.17）。规范期中的公印，印背附加一层印台的做法为辽公印所开创，并且这一特征为金早期及元朝所继承。部分公印的印钮与北宋的相似，公印上部呈梯形平直或弧形收分，其余印钮多为方形。严格意义上讲，还未发现带动物形钮的规范期中的辽公印。狮钮的"契丹节度使印"属于更变期，而兔钮、鹰钮、朳宖钮等仅见于文献。少量公印印背有刻款，似乎尚未成定制，刻款使用汉字或契丹文，位置不定。大多数汉字印的印面边框与印文文字笔画粗细相等，而契丹文印的印面印框有的则远超印文文字笔画粗度，如辽圣宗统和二十一年（1003年）的契丹文"同签枢密院事之印"[16]（图7.2.18）。辽公印存在去汉化的趋势，早期汉字印数量不少，到了辽晚期契丹文印已经成为公印的主体。受到北宋印风的影响，辽公印的边框也逐渐变粗。常见专称有"印""之印""记"，文字多为两到三排。辽公印铸造，文字与北宋相比，更显散漫自由，其风格有两种：（1）文字比较圆滑、布局也相较疏朗，这一类风格少见，如"兴中府绫锦印"（图7.2.19）；（2）文字方折、平直、硬朗，排列极为规整，文字与文字之间笔画粘连现象少见。辽汉文公印常见的"印""记"，在规范期中具有独特风格，见表7.2.1。诸如"清安军节度使之印"中"印"字的写法，为南宋和金朝模仿，并成为金朝"印"字的主要写法。而且如表格所示的篆书"记"字的写法也是规范期中仅见用于辽朝公印的。公印用途多样，如"白檀镇工商酒记"，说明印章融入商业，成为取信的凭证。

※知识链接：

　　清安军，辽重熙年间（1032—1054年）置，天庆十年（1120年）遵化已属于金；宋宣和五年（1123年）金国将蓟州等6个州还宋，遵化随之归宋，宋改名滦川郡，靖康元年（1126年）北宋亡于金，属金中都蓟州。"清安军节度使之印"也是金朝印风的来源证据，而南宋建炎年间的"建炎谏官之印"，"印"字写法为南宋罕见，可能也受此印影响。

15　辛蔚：《再论"契丹节度使印"的年代》，《中国文物报》2004年8月25日第007版。
16　印文为契丹大字，释读见陶金《辽圣宗时代契丹大字官印考》一文。

表 7.2.1 辽汉文公印中"印""记"的不同写法

印				
	契丹节度使印	启圣军节度使印	归德军节度印	清安军节度使之印
记				
	安州绫锦院记	白檀镇工商酒记	管勾所记	开龙寺记

辽私印数量稀少，很重要的原因是使用契丹文的印章释读困难，部分私印没有从公印中识别出来。甄别辽公印与私印主要根据以下几个方面：

①质地。铜、石、煤精等材质都为私印所用，而并不像公印规定用银或用铜。

②印钮。钮常见扁平的小鼻钮，有穿孔，与公印印钮区别明显，并且私印印钮多样，有人形钮（图7.2.20）等。

③尺寸。一般而言，私印尺寸远小于公印，在1.5—3厘米。

④面型。面型多样，长宽不等，少见方形，还使用圆形、多边形。

⑤印文。印文字数稀少，多见单字入印。印文除了使用叠篆，还有楷书、押字等，形式活泼。

女真灭辽后，残余的契丹势力在新疆和中亚地区建立西辽政权（1124—1218年），在其统治范围内也有同时期的公印出土。新疆阿克苏沙雅铜印和伊犁的两枚契丹文铜印[17]，是西辽政权经营新疆的重要史料。这些公印无论从形制还是印文都是延续辽的风格。

（三）西夏的印章

西夏在印史中横跨规范期两节，但西夏印章风格在北宋时期即已形成，此后并无明显的变化，所以置于规范期第一节内介绍。西夏印章分布于陕西、甘肃、内蒙古、宁夏等地区，集中出土于西夏王朝遗址以及附近地区。大庆元年（1036年）景宗元昊命大臣野利仁荣创制西夏文字，三年始成，共五千余字，形体方整，笔画繁冗，又称为蕃书或蕃文。西夏文作为西夏主要使用的文字，也被西夏公印采用。除了罗福颐编著的《西夏官印汇考》收录97枚西夏印章，还包括其他书籍零星收录的西夏印章，发现的西夏印章总数在200枚以内。

图 7.2.20
人形钮，辽代私印，尺寸 3 cm×3 cm

---

17 江慰庐：《辽朝和西辽朝的牌、印》，《伊犁师范学院学报》2001 年第 4 期。

图 7.2.21
无边栏西夏文公印，尺寸 4.9 cm×4.9 cm

图 7.2.22
西夏文公印，尺寸 6 cm×6.1 cm

图 7.2.23
西夏文公印，尺寸 5.6 cm×5.8 cm

图 7.2.24
西夏文公印，尺寸 3.9 cm×3.9 cm

文献记载，西夏公印有金、银、铜上涂金、铜四种等级规定，但目前发现的公印材质都为铜。西夏公印的印面在历代公印中最为特殊，大多数近似方形，印面四隅为圆角，偶见方形以及圆形印面（见下文的单字印）。印钮有长方形钮、方形钮、板钮、柱钮、异形钮等，部分印钮上面还有穿銎。印面有边栏，边栏与印文见有留白，留白宽度一般不小于文字笔画粗度。《西夏官印汇考》收录的第53方印章，为少有的无边栏西夏文公印（图7.2.21）。部分公印印背和钮顶有西夏文刻款（图7.2.22），印背使用汉字刻款的公印极为罕见，见有单个汉字刻款"上"（图7.2.23）。印背刻款的完整格式为：印钮右侧为年号，左侧为官职+掌印者姓名，印钮顶端刻汉字或西夏文"上"。西夏文利用汉字笔画，模仿汉字结构创造而成，印文有同时期叠篆意味。印面文字为铸造，多阴文，有少量的阳文单字印。《吉林出土古代玺印》收录的一枚西夏公印，四字阳文，方形印面，边框极粗，为该时期所罕见（恐时代偏晚，相当于金、元时期，图7.2.24）。阴文文字笔画肥厚，多折叠，并且为适应四隅圆角的印面，靠近四角的文字笔画通常作弧形处理。大部分公印印文为"首领"二字，少数为单字、四字或六字，文字两排或三排，如"工监专印""首领磨壁""嵬名礼部专印""□州粮官专印""□州马官专印"等。罗福颐在20世纪已经指出西夏烙印的存在，《国立北平图书馆馆刊》四卷三号（西夏文专号）："私印仅见二品，圆者仍为官家所用之烙印，烧于木札之上者。"甘肃省静宁县博物馆藏一方西夏文"检"印（图7.2.25），印面呈方形，带边框，镂空，印体铜质，印柄铁质，有横向铜条连接文字、印体、印钮，文字与印面的边框接连处局部已经脱离；《西夏官印汇考》的"监"印没有边框，可能也是因腐蚀或其他原因，印面边框已经残段（该印今佚，所以也不排除存在没有边框的西夏公印情况，图7.2.26）；珍秦斋藏"官"印（图7.2.27），圆形印面，存有铁质长柄，可纳入印体。《天盛改旧新定律令》载"木枷大杖等上当置有官字烙印"[18]，所以推测"官"印与烙木枷大杖相关。《天盛改旧新定律令》记载烙印主要用于两个方面："一是畜牧业管理方面，用于校验牲畜做记号；二是给行刑所用的木枷、大杖置官字烙印。"[19]上文提到的"检"和"监"阳文单字印，与"官"阳文单字印有类似的形制，所以推测其用途可能与烙印相关。总而言之，从印体形制、印文内容以及文献角度考虑，这类单字印应该定为公印。

西夏私印存世极为稀少，上文提到的单字印过去被认为属于私印，但实

18　《天盛改旧新定律令》，史金波、聂鸿音、白滨译注，法律出版社，2000，第324页。
19　赵天英：《罕见的西夏铜烙印考》，载杜建录编《西夏学》第十辑，2013，第323页。

图 7.2.25
西夏文"检"印，尺寸 7.9 cm×7.6 cm

图 7.2.26
无边框西夏文公印，通高 2.7 cm

图 7.2.27
西夏文公印，印面直径 3 cm

图 7.2.28
遁讹庚印，尺寸 5.3 cm×5.3 cm

图 7.2.29
都纲库给纳记，尺寸 5 cm×4.5 cm

图 7.2.30
绍兴盐官县给纳记，尺寸 5 cm×4.5 cm

图 7.2.31
赵南康郡王府武康军节使平阳□位记，
尺寸 5.3 cm×5 cm

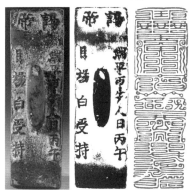

图 7.2.32
道教印

则这些单字印也属于公印，因而目前仅能断定"遁讹庚印"（图7.2.28）可能属于私印。"遁讹庚印"，铜质，方形印，四隅圆角，边长5.3厘米，前人将此印集录为官印。"此印比其他印略小，疑私印。前人归为西夏官印。'遁'也可以译为'来'，为西夏姓氏……大定十九年（1179年）三月己未朔，'夏遣武功大夫来子敬……等贺万春节'。'遁讹'为西夏人名无疑。"[20]西夏文的释读是甄别西夏公印和私印差异的关键，在以后进一步对西夏印的释读中，可能发掘更多的西夏私印，从而将更深入了解西夏印章文化的面貌。

二、南宋、金朝的印章

从考古发现来看，南宋、金朝印章在一些遗址、井窖出土，有少量为墓葬出土，而大量为零星出土，传世品也不少。南宋公印数量相对较少，而金朝遗存的公印可以用浩如烟海来形容，为本期数量之冠。

（一）南宋的印章

南宋印章主要分布在淮河以南地区，这与南宋偏安东南一隅有关。与南宋王朝靡靡不振的国势相仿，南宋公印的印文风格在继承北宋风格基础上更显孱弱。

刻款是甄别北宋、南宋公印的重要依据，二者表现为年号和铸印机构不同。从目前所见实物，北宋宋真宗咸平年间开始，所铸公印的背款上多数刻有"少府监铸"，而到南宋，铸印则由文思院负责，刻款显示为"文思院铸"。南渡初，百废待兴，政府机构紊乱，铸印权不统一，到了绍兴三年（1133年），宋高宗"诏少府监并归文思院"，文思院就继少府监成为南宋专门的铸印机构。绍兴十年（1140年）前后，印背刻款"文思院铸"成为统一格式。"都纲库给纳记"（图7.2.29），印背和印钮顶部均刻有"上"字，这类独字刻款与部分北宋公印刻款相似，因此这枚印的时代在某些著作中被列为北宋。按"都纲库给纳记"与"绍兴盐官县给纳记"（图7.2.30）印文和印体形制相似，由"绍兴盐官县给纳记"印背刻款为"绍兴七年文思院下界铸"，可知"都纲库给纳记"时代应该为南宋。刻款为"景定癸亥七月吉日"的"赵南康郡王府武康军节使平阳□位记"（图7.2.31），说明南宋后期的公印印背开始用干支纪年刻款。与官府使用公印具有统一规范不同，南宋民间公印的刻款是多样的，尤其是涉及宗教方面，如有方道教印（图7.2.32），印背款为"谒帝/端平甲午人日丙午/臣场白受持"。这方道教印的独特之处还在于印背款是铸造的，这与印章印背一般使用刻款迥异。这

20　李范文：《李范文西夏学论文集》，中国社会科学出版社，2012，第 354 页。

仅仅是根据目前发现的资料所得出的结论，而其他政权和其他历史阶段，刻款也存在多样性，这是极具可能的。

南宋公印质地以青铜为主，也有铅质（如墓葬出土的"荣州防御使印"，图7.2.33）。有关公印的其他基本形制特点，如印面尺寸、印钮等，与北宋相似。常见专称为"印""记""之印""朱记"。印面文字除了延续传统的两排和三排布局，还出现四排文字布局，如"殿前司平江府许浦驻扎水军弟（第）一将印"（图7.2.34）、"嘉兴府橄浦驻扎殿前司水军第一将印"等。《文献通考》记载绍兴四年（1134年），"权户部侍郎王俣言……'请度支、金仓部、太府司农寺各铸印，以行在所或巡幸某印为文……'诏印文添'行在所'字"[21]。南宋初延续北宋机构设置，为了与北宋有所区别，在印文中加"行在"或者年号，如"行在榷货务都茶场中门朱记"（图7.2.35）、"建炎谏官之印"、"建炎宿州军资库记"等。南宋公印印文还有圆转风格，没有发展出出于同时期金朝繁密叠篆的风格，但与北宋比较，笔画少力道、破碎、扭曲、粗细不均。南宋出现"交子印""合同印"这一新的种类。《宋史·舆服志》记载："成都府钱引，每界以铜朱记给之。行在都茶场会子库，每界给印二十五：国用印三钮，各以'三省户房国用司会子印'为文；检察印五钮，各以'提领会子库检察印'为文；库印五钮，各以'会子库印造会子印'为文；合同印十二钮，内一贯文二钮，各以'会子库一贯文合同印'为文；五百文、二百文准此。"[22]目前发现的相关公印有"壹贯背合同"（图7.2.36）、"国用司会子印"等，可视为中国钱币和古代经济研究的重要参考。

南宋私印多出土自墓葬中，有铜、木、玉石、陶瓷等质地。南宋私印的钮式多样，有桥钮、坛钮、鼻钮、动物钮等。不少私印刻意追求典则期秦汉印章的艺术风格，文字有阴有阳，有铸造而成的，也有刻成的，面貌与公印相去甚远。私印种类有姓名印、押印等，在南京出土的铜质"张同之印"（图7.2.37）的四面印墙上，出现了私印的篆书边款"与予同生""十有二月""十有四日""命之日同"。南宋私印种类中，瓷印是重要一类，存世量巨大，相关研究可见黄惇《景德镇窑南宋青白瓷印研究》。在文中，黄惇按用途将所藏瓷印分为"书信用印""凭信用印""姓氏押印""文房用印""佛道用印""吉语及图像印"六类。南宋瓷印数量众多，几乎涵盖宋代私印所有种类。

图 7.2.33
荣州防御使印，尺寸 5.6 cm × 5.6 cm

21　马端临：《文献通考》卷一百一十五《王礼考十》，上海师范大学古籍研究所、华东师范大学古籍研究所点校，中华书局，2011，第3543页。

22　脱脱：《宋史》卷一百五十四《志第一百七·舆服六》，中华书局，1977，第3593页。

图 7.2.34
殿前司平江府许浦驻扎水军弟（第）一将印，
尺寸 5.7 cm×5.6 cm

图 7.2.35
行在榷货务都茶场中门朱记，
尺寸 5.2 cm×4.8 cm

图 7.2.36
壹贯背合同，尺寸 6.3 cm×3.8 cm

图 7.2.37
张同之印，高 1.9 cm，尺寸 2.1 cm×2 cm

（二）金朝的印章

金朝印章存世较多，仅《金代官印集》就收录500余方。从考古出土情况来看，主要分布在华北、东北地区，华东淮河流域也有出土。金朝公印印文整体风格具有统一性，但根据变动的铸印机构以及不同时期细节有差异的印文面貌，可将金朝公印历史分为早期（太祖、太宗、熙宗时期）、中期（海陵王迁都燕京至卫绍王时期）和晚期（金宣宗迁都南京及之后）。这种分期集中表现了：金朝国家政权变动所引发公印铸造机构的变动；金朝印章见证国家政权由统一走向割据分裂的过程；在这种变动的历史过程中印章表现出的时代性。

金朝公印绝大多数为青铜质，有极少数为铜质镀银（如"陕西路征行都统印"，图7.2.38），以及铜质鎏金（如吉林省舒兰市出土的"中书门下之印"和黑龙江阿城出土的"诜王之印"）。印面多为方形，也有少量为块形、横长方形。上海博物馆馆藏"贞祐三年陕西西路转运使分火印记"（图7.2.39），是金朝罕见的锭形印面。印面边框极粗，有罕见的双层边框，如"军资库印"（图7.2.40）。部分公印印背还带有辽公印附加一层台的遗风，这部分公印的年代推测为金早期，如"元帅府印"（图7.2.41）。印背、钮顶和印墙通常有刻款，常见的标准格式为铸造年号和铸印机构（印背）+表示方向的"上"字（钮顶）+印面文字内容（印墙）。除此，生肖纪年和干支纪年也出现在金朝公印的印背刻款中，如黑龙江巴彦县出土印背刻"猪儿年八月/日造"的"副统之印"，这也是目前发现最早使用生肖纪年的公印。与两宋刻款相比，金朝刻款使用"造"字，而两宋使用"铸"字。虽然金朝早期女真大字和女真小字就已经被创制，但目前没有在公印印文中发现被使用的现象，仅大定年间造"移改达葛河谋克印"（图7.2.42）印侧刻有一行女真文。这可能与金朝统治辽、北宋部分疆域内沿袭原有职官、官职和公印制度，加上统治下非女真族人数众多，推行新创文字的公印所受阻力大有关。金朝中期开始，公印印文出现"五行"和"千字文"编号，并为之后朝代继承。公印印钮多使用块状钮，呈方形或梯形，专称有"印""之印""记""之记""印记"。以"军资库印"为例，金朝公印引文的"印"字特征明显，是与其他政权公印区分开来的重要依据。一般而言，"记"和"之记"为地方和军队公印所用专称，而且这类印面也小。

印面文字使用叠篆，极个别为楷书，均为阳文。公印字法，早期模仿辽朝，中期模仿两宋用字并发展出自己的特点。印文和刻款部分采用简化字，"金代官印印背大部刻有楷书汉字，铸印的年月和机构名称。这些字常用简化字。最常见的是礼、万、号；礼、禮古异体字；万、萬是后起字；号、

图 7.2.38
陕西路征行都统印，尺寸 6.8 cm×6.6 cm

图 7.2.39
贞祐三年陕西西路转运使分火印记，
通高 6.5 cm

图 7.2.40
军资库印，尺寸 5 cm×5 cm

图 7.2.41
元帅府印，尺寸 9.4 cm×9.4 cm

图 7.2.42
移改达葛河谋克印，尺寸 6.3 cm×6.2 cm

号、异体字。这些字成为后来统一了的简化字"[23]。金朝印文风格整体趋同，印文的每个单字都极为规则，排列也彰显法度，虽然有地方自行铸印，但与中央铸印形制保持一致。印文风格虽然不是影响金朝公印分期的根本因素，但不同时期在细节面貌上仍有区别，如金朝早中期是流畅圆滑的笔画，晚期则呈现僵直呆板的面目。按照用途分类，金朝独有的公印有勾当公事印、钞库印、猛安谋克印、万户印、提控印。宗教印出现较多，如"都天大雷火印"（图7.2.43）。金朝末期，地方割据和各族人民起义，遗留一批延续金朝公印风格的各政权公印，诸如刘永昌、张致、耶律留哥（大辽）、蒲鲜万奴（大真国）等政权所铸公印。

早期：《金史·世纪》有女真建国前接受辽授印的记载，但无法确定用印的具体情况。当女真逐渐完成部落的统一，这股来自白山黑水的势力引起辽统治者重视。为了拉拢女真，辽任命景祖完颜乌古乃为"生女直部族节度使"并"刻印与之"。景祖只接受节度使一职，以"若受印系籍，部人必杀之"为借口推却授印。景祖过世后，其第二子世祖袭节度使，在桓赧、散达来袭时，世祖私下对穆宗说："若我死，汝勿收吾骨，勿顾恋亲戚，亟驰马奔告汝兄颇刺淑，于辽系籍受印，乞师以报此仇！"[24]从文献可知，接受辽授印是需要系籍于辽的，因此景祖没有接受授印；世祖让穆宗接受授印的前提是世祖战死，让穆宗归附辽以俟机报仇，而世祖没有战死，因此穆宗也没有接受授印。总而言之，基于上述文献和缺乏实物资料，女真族建国前用印的情况无法得到证实。

金朝在攻辽灭北宋的过程中，获一批御宝和中央地方诸司的公印，这批印章在金朝初期被使用过一段时间。金太宗在天会六年，下诏用新铸公印取代旧印："诏给诸司，其前所带印记无问有无新给，悉上送官，敢匿者国有常宪。"[25]至此，金朝有明确关于用印的历史记载。该时期，金朝受辽印影响最深，表现为印文写法和印背附加一层印台的印体形制。目前发现的早期公印数量较少，有"永兴军节度使之印"（图7.2.44）、"阿里合谋克印"（图7.2.45）、"诜王之印"（图7.2.46）等。"永兴军节度使之印"，印背有"皇统二年总管府"刻款。金朝的地方行政有路、府、州、县四级体制，其中路治所在的府称总管府，永兴军隶属京兆府，京兆府于皇统二年（1142年）设置。因此"永兴军节度使之印"可以被视作金朝早期公印的典型代表。"阿里合谋克印"，印背有"天眷七年三月少府监造"刻款。按天眷为年号，一共四年，在天眷四年正月即改元皇统，天眷七年实则为皇统四年

23　黑龙江省文物考古工作队：《黑龙江古代官印集》，黑龙江人民出版社，1981，第109页。
24　脱脱：《金史》卷一《本纪第一·世纪》，中华书局，1975，第8页。
25　脱脱：《金史》卷五十八《志第三十九·百官四》，中华书局，1975，第1337页。

图 7.2.43
都天大雷火印，尺寸 5.1 cm×5.1 cm

图 7.2.44
永兴军节度使之印，尺寸 5.6 cm×5.6 cm

图 7.2.45
阿里合谋克印，尺寸 6.5 cm×6.5 cm

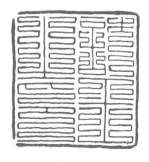

图 7.2.46
诜王之印，尺寸 7.2 cm×6.9 cm

（1144年）。这方公印既然刻有"少府监造"的字样，作为中央机构的少府监对年号必然熟悉，所以这方印要么是后世伪造，要么就是偏远地区自行铸印。[26]"诜王之印"，使用叠篆布满印面，《黑龙江古代官印集》称："清末宣统元年（1909年），于阿城白城出土。仅见印文。金毓黻在《辽东文献征略》记述此印为'铜质，驼钮，外似范金剥落殆尽，厚约四分，钮高寸许，重二十八两'。印面方形每边7厘米。该书明确考定这是金代完颜娄室被追封为莘王的印鉴。"[27]这三方公印的印体和印文，明显带有辽印痕迹。根据印背刻款推测该时期铸印机构尚未统一，少府监和地方政府都能铸造公印。

中期：这一时期公印在铸印机构、印背刻款、印文等方面，与前后两期存在明显的差异。铸印机构：从海陵王正隆元年开始，公印由"礼部更铸"，但从现存实物看，海陵王时期的公印为（内）少府监和尚书礼部造；目前发现金世宗大定十一年（1171年）及之前为礼部和少府监造，大定十五年（1175年）以后统一为（尚书）礼部造；金章宗时期，公印为礼部铸造；卫绍王时期为礼部铸印，仅见至宁元年（1213年）反映耶律留哥起兵反金而地区自行铸印史实的印章刻款为"咸平应办所"。"（金章宗）泰和八年闰四月，敕殿前都点检司，依总管府例铸印，以'金''木''水''火''土'五字为号，如本司差人则给之。"[28]目前发现有千字文编号的时代较早的公印，如泰和八年的"省差顺字号印"（图7.2.47）。典型的五行编号公印，如卫绍王大安元年（1209年）间的"山东东路按察司差委火字号印""西京差委金字号之印""上京差委火字号之印""瑞州差委木字号之印"等。虽然《金史》记载公印使用"五行"编号，但所见实物更多的是利用千字文编号，并且千字文编号是直接写入印文中的。金朝中期的印文，笔画尚圆滑，重叠部分流畅而不死板。按照《金代官印集》的分类，海陵王和金世宗时期多为朝廷官印、州县官印和猛安谋克官印，其他诸如军官印、勾当公事印、委差官印等，数量很少，这反映金朝中期稳定的社会局面。

晚期：蒙古崛起后，南侵威胁金朝统治。卫绍王时期开始，蒙古侵袭、地方割据、农民起义使金朝的统治风雨飘摇。为避蒙古军，金宣宗贞祐二年（1214年）五月迁都南京（今河南开封）。此时中央不再专享铸印权，如同年八月有"副统之印"（图7.2.48）印背款为"贞祐二年八月／真定帅府造"。因中都在名义上依旧是金朝首都，因此南京被称为行宫。在南京的中

图 7.2.47
省差顺字号印，尺寸 5.5 cm×5.5 cm

图 7.2.48
副统之印，尺寸 6.3 cm×6.3 cm

26　景爱编《金代官印集》，文物出版社，1991，第252页。

27　黑龙江省文物考古工作队：《黑龙江古代官印集》，黑龙江人民出版社，1981，第103页。

28　脱脱：《金史》卷五十八《志第三十九·百官四》，中华书局，1975，第1338页。

央机构被冠以"行宫"两字，所以公印刻款中的铸印机构通常为"行宫礼部""行六部"等。金宣宗兴定四年（1220年），"九公封建"更加剧铸印制度的混乱，中央对地方政权以及军队控制的衰退，使地方治印蔚然成风。"副统忘字之印"（图7.2.49）刻款为"正大五年四月/恒山公府造"，即"九公封建"之一的恒山公武仙的地方政权铸印。金朝晚期的铸印机构在刻款中有"礼部""行宫礼部""行部""行六部""尚书省""总部""公府""应办所""规措所""总管所"，或者直接用州县名称，如有方"行军万户所印"印背刻款为"贞祐三年四月/廿八日平州造"。"行六部"是中央尚书省六部的派出机构，所以部分刻款中会加州县名称，如"上京行部""山东东路行部""东平行部""林州行部""怀州行部""陕西行部""陕州行部""陕西路行部""大名行部""河中行部"等。从金宣宗开始，部分公印刻款使用干支纪年代替年号，如刻款为"辛巳年八月日造"的"征行副提控印"即为兴定五年（1221年）铸印。千字文编号还有出现千字文置于印文文首的格式，如"宣字副统之印"。本期公印制作粗糙，表面有气孔和毛刺，缺乏中期公印的平整光滑。印文缺乏中期的从容端稳和横平竖直，笔画转折呈直角而显僵直，布局拥挤。公印种类也发生变化，由于猛安谋克制度的崩溃，猛安谋克印渐趋消失；与军事相关的公印数量剧增，反映出金朝晚期战争频发、内外交困的情况。

金末地方割据政权势力——刘永昌、张致、耶律留哥、蒲鲜万奴所铸公印仍有传世。这些公印与金朝并无二致，只能从刻款和印文内容判断其所属政权。张致使用龙兴年号时间仅两年，发现的官印有"万户之印"（图7.2.50）、"巡检司印"。刘永昌使用天赐年号，时间仅一年，确定政权所属有四方官印："宝坻监判官印"（图7.2.51）、"都统府弹压印"、"都统府印"、"都统府弹押印"。契丹人耶律留哥结蒙反金，于卫绍王崇庆元年（1212年）建立大辽政权，自称辽王，存世有"大辽尚书吏部之印"（图7.2.52）、"萌夺果大猛安合里太谋克印"、"克剌阿邻猛安所之印"、"大辽行省委差勾当印"、"古州之印"等，前三方印均为零星出土，且都有"天统三年四月"的刻款，收录于《丹东地区出土的一批古代官印》。《元史·太祖纪》载"八年癸酉春，耶律留哥自立为辽王，改元元统"[29]，关于耶律留哥政权"天统"与"元统"谁正谁误，伯颜在《耶律留哥之天统纪年》一文已有说明，肯定"天统"说。由此，玺印纠史的功能可见一斑。蒲鲜万奴于金宣宗贞祐三年（1215年）十月在东京建都自立为天王，国号大真，年号有天泰、大同。从发现的公印刻款看，天泰年造公印机构有少府

图 7.2.49
副统忘字之印，尺寸 6.1 cm×6.1 cm

图 7.2.50
万户之印，尺寸 6.2 cm×6.2 cm

图 7.2.51
宝坻监判官印，尺寸 5.8 cm×5.8 cm

图 7.2.52
大辽尚书吏部之印，尺寸 8.9 cm×8.9 cm

---

29 宋濂：《元史》卷一《本纪第一》，中华书局，1976，第 16 页。

图 7.2.53
大朝国师统领诸国僧尼中兴释教之印，
尺寸 6.4 cm×6.4 cm

图 7.2.54
经筵讲官，尺寸 4.1 cm×4.2 cm

图 7.2.55
监国公主入宣差□河北都总管之印，
尺寸 6.7 cm×6.9 cm

图 7.2.56
贵由可汗之玺，尺寸 7.1 cm×7.1 cm

监、应办所、北京行六部、南京行六部；大同年印有少府监、礼部。割据政权往往存在时间短，制度草创而不完善，但极重视公印的作用。这些印章见证割据政权的存在，对研究割据政权历史以及制度有重要作用。

金代私印质地较多样，有的风格与元代押印类似，印背置手捏钮。山西金代道士墓中曾出土牛角印五方，印体作方柱状，无钮，均为带有宗教色彩的私印，其印文有"德源""龙山道长""青霞子印""天上方丈老人""玉虚丈室老师"。

三、元代印章

本节研究以元代为主要，还涉及前后时期的大蒙古国和北元。大蒙古国分裂为元朝以及四大汗国。独立的四大汗国仍使用中央颁授的公印，在伊利汗国遗留的公印和部分文书已发现相关的钤印痕迹。[30]元代印章的存世量较大，其中一些为富有特色的农民起义政权遗留的公印。元代印章主要是零星出土和遗址出土，墓葬出土较少，还有一些为传世品。其分布范围十分广泛，不仅全国各地均有发现，甚至连北亚、中亚地区都有出土。

元代公印基本为青铜质地，少量为石质，有一些宗教公印使用名木、玉石、象牙、黄金等材质制作。印面以方形为主，兼有块形、条形。印面边长6—12厘米不等，印面边框粗，有一些印章在粗边框内还附加一圈细边框，如西藏自治区文物管理委员会珍藏的"大朝国师统领诸国僧尼中兴释教之印"（图7.2.53）。元末农民起义政权遗留的一批印章，与传统公印有明显的区别——圆形作为公印印面的主要形式。钮式多为块状钮，在南宋、金朝的基础上进一步升高。印背附有台阶状印台，最多为三台，视官阶高低采用层数的多少。西藏自治区文物管理委员会藏有一批元朝赐的佛教类印，印钮使用回首龙钮、双龙盘钮、异兽钮、浮雕如意头钮，形制较为特殊。[31]公印印文专称有"宝""之宝""印""之印""记"。铜印绝大多数为阳文，少量为阴文（如"经筵讲官"，图7.2.54），印文为铸造，其他质地多刻制而成。印文使用畏兀字、汉字、八思巴文三种语言。畏兀字极为少见，内蒙古武川县东土城乡出土的印面正中有畏兀文两行的"监国公主入宣差□河北都总管之印"（图7.2.55），除此还有"贵由可汗之玺"（图7.2.56）、"皇帝之宝"（图7.2.57）、"宣差规措之印"（图7.2.58）等。汉字印文多为篆书，少量为楷书。汉字篆书排列工整，笔画折叠如死蚯，僵直机械而无生气。篆体的八思巴文字，笔画模仿九叠篆作盘曲折叠状。公印刻款普遍使用

30 四日市康博：《伊利汗朝の印章制度における朱印、金印と漢字印——元朝の宝璽、官印との比較から》，《欧亚学刊》2008年第十辑，第311–355页。

31 程竹敏：《西藏文管会收藏的元代印章》，《文物》1985年第9期。

汉字，标识年月、编号、印面内容、颁发机构等款识，印钮顶部刻"上"字。《隋唐以来官印集存》收录一方"行军万户所印"（图7.2.59），印背刻款为"猪儿年/十月造"，此印年代被定为元，但根据印文风格，此印应该是金朝晚期的。宝钞印、昏钞印、医学教授印、元押是本节较为独特的公印。宝钞印与南宋交子印、金朝钞库印作用相同；昏钞印是为防止混烂钞再流入民间，钤盖于上以表示作废销毁；关于医学教授印，有元代"东路蒙古侍卫亲军都指挥使司医学教授之印"[32]。本节中，艺术印章兴起，表现在理论和治印实践两方面：赵孟頫《印史序》、吾衍《三十五举》为印学理论的代表；王冕首创利用花药石刻印、朱珪使用汉瓦刻印是文人艺术印章实践的典范。

从成吉思汗统一漠北诸部到元朝灭亡，历经160余年。除了上述基本特征，根据印文文字、刻款等差异，可以将这一时期分为前后两期。

（一）前期

时间跨度为成吉思汗至元世祖在位期间。蒙古各部在成吉思汗统一前，尚无用印记载，"凡发命令、遣使往来，止是刻指以记之"[33]。1204年，成吉思汗灭乃蛮，擒获怀印逃离的塔塔统阿，并从他那里得知印章作为信验在"出纳钱谷、委任人材"等方面的作用，于是"帝善之，命居左右。是后凡有制旨，始用印章，仍命掌之"[34]。塔塔统阿教太子、诸王用畏兀字书写蒙古语，即回鹘式蒙古文，因此这种文字也开始出现在该时期的公印中。蒙古在1234年灭金，从金朝获得文物典章制度，公印也出现使用千字文编号的特征。至元六年（1269年），八思巴文字被下诏颁布使用，成为主要印文文字。畏兀字、汉字、八思巴文三种文字在前期都见使用。"管民千户之印"（图7.2.60），印背左侧刻"甲寅年六月日造"，而右侧刻"塔察国王发"。经考证，甲寅年为1254年，"塔察国王"为成吉思汗幼弟斡惕赤斤的嫡孙"塔察儿"，这方公印反映蒙古早期授印制度。"世祖即位，登用老成，大新制作，立朝仪，造都邑，遂命刘秉忠、许衡酌古今之宜，定内外之官"[35]，忽必烈继位之后完善制度，铸印机构也逐渐开始统一。根据印背刻款，一般而言，中统年间铸印机构为行中书省，至元为中书礼部。但仍出现部分公印的铸印机构不同的情况，如出现"尚书礼部""都元帅府"等铸印机构。行中书省和都元帅府等地方高层军政机构在至元年间尚有铸造公印的权力。这些印多来自南方地区，与"率军攻打南宋的蒙古统帅被赋予了临时

32　崔爽：《元代官印的初步研究》，硕士学位论文，内蒙古大学，第38页。

33　孟珙：《蒙鞑备录》，中华书局，1985，第2页。

34　宋濂：《元史》卷一百二十四《列传第十一》，中华书局，1976，第3048页。

35　宋濂：《元史》卷八十五《志三十五·百官一》，中华书局，1976，第2119页。

图 7.2.57
皇帝之宝，尺寸 4.2 cm×4.2 cm

图 7.2.58
宣差规措之印，尺寸 6.6 cm×7 cm

图 7.2.59
行军万户所印，尺寸 6.3 cm×6.3 cm

图 7.2.60
管民千户之印，尺寸 7 cm×7 cm

委任官员、设置机构、军民兼领的权力"[36]密切相关。印背刻款格式主要有五种：1. 印钮右侧为印文，左侧为铸造机构；2. 印钮右侧为年号，左侧为铸造机构；3. 印钮右侧为印文，左侧为年号；4. 印钮右侧为印文，左侧为年号和铸造机构；5. 印钮右侧为年号和铸造机构，左侧为印文。其中，以第三种为最常见类型。

（二）后期

时间跨度为元成宗元贞年间至元惠宗至正年间。畏兀字不见使用于公印，汉字公印数量少，八思巴文为印文主要文字。铸印机构更为规范，绝大多数公印由中书礼部铸造。刻款格式也统一为印钮右侧刻印文+左侧刻年号和铸印机构。宝钞印和昏钞印主要在该阶段发现，既说明元代商品经济的活跃，纸币作为一般等价物被广泛用于交易，也反映随着元代统治的腐朽化，滥发纸币成为弥补国家财政不足的重要方式。每当一个政权统治无法维护社会稳定而走向灭亡的时候，往往也是军事战争最为频发的时期，元后期义兵印数量众多，这与金朝后期情况极为相似。

1368年，朱元璋派明将徐达等率军攻占大都，元朝退守蒙古本部后，历史上称其"北元"。与北元相关的文物资料极为少见，罗福颐在故宫博物院整理藏品时发现三方八思巴文公印，分别为宣光元年（1371年）"太尉之印"（图7.2.61）、宣光五年（1375年）"太尉之印"（图7.2.62）、天元五年"甘肃省左右司之印"（图7.2.63），从印背刻款得知是北元公印，由此撰写《北元官印考》。[37]虽然从宣光元年到天元五年（1383年），蒙古退居漠北，但保存用印制度和体系的北元对于明而言，仍是强大的威胁势力。在其他书籍文献中，北元的天元年号有"添元"别称。

元代末年，以"红巾军"为代表的农民起义此起彼伏，如韩林儿称"小明王"，国号大宋，年号龙凤，历时十一年；徐寿辉政权，国号天完，年号有治平、太平、天启、天定，历时十年；陈友谅政权，国号汉，年号大义。韩林儿大宋政权龙凤年号款的铜印有"元帅之印"（图7.2.64）、"管军万户府印"（图7.2.65）等，在安徽[38]、湖北襄樊[39]、江苏丹阳[40]、山东[41]等地出土。徐寿辉政权的公印，其印面形制有少量模仿元朝的公印作方形印面，更具特色的是外圆内方形印面——在圆形印面内部设置方框，印文置于方框

图 7.2.61
太尉之印，印体／印蜕／印背，尺寸
10.2 cm×10.2 cm

图 7.2.62
太尉之印，尺寸 10.4 cm×10.4 cm

图 7.2.63
甘肃省左右司之印，尺寸 7.2 cm×7.2 cm

※知识链接：

民间藏品中，有枚"天光元宝"，经该藏家有《罕见的北元〈天光元宝篆书光背折五〉银钱考略》一文考证："北元也试铸过钱币，北元的最后年号是'天光'而非'天元'。"天元为北元年号无疑，至于天光是否为北元最后年号，还有待深究。

36　薛磊：《元世祖朝汉字官印新考》，《文物》2016 年第 2 期。

37　罗福颐：《北元官印考》，《故宫博物院院刊》1979 年第 1 期。

38　闫启鑫：《安徽出土"龙凤"款官印的初步研究》，《黑龙江史志》2014 年第 15 期。

39　邱树森：《元末农民政权几方铜印的初步研究》，《文物》1975 年第 9 期。

40　江苏丹阳县文物管理委员会：《丹阳全州公社发现元末红巾军宋政权的铜印》，《文物》1977 年第 12 期。

41　朱活：《略论元末红巾军在山东》，《文史哲》1962 年第 6 期。

内，而在方圆之间又以装饰性的图案填充，见"开州司寇院新铸朱记"（图7.2.6），江西南丰县出土的"管军万户府印"[42]和江西九江发现的"管军万户府印"[43]与"开州司寇院新铸朱记"具有相同的形制。目前确定属于陈友谅政权的公印只有一枚，出土于安徽宿松县的"汉授天命主公之印"[44]（图7.2.66）。该印为元末起义政权中仅见的大理石质印，方形无钮，边长11厘米，印背刻有"上"字。这些政权的公印，基本延续元代风格，铜质，边框粗，叠篆。印背有刻款，刻款格式一致，印钮右侧为印文内容，左侧为年号和铸印机构。韩林儿政权的公印在印台四侧使用千字文编号，较为特殊。秦之后的王朝，政权末期大多伴随不断爆发的农民起义，但这些起义大多没有公印存世。元末起义政权公印的存在说明农民起义已经重视制度建立，而不仅着眼于均田分粮，这也是能与元相抗衡并且地方割据的重要原因。

元代私印以青铜质地为主，另有玉石、骨、角、木等质地。有汉文私印，也有八思巴文私印，以阳文为主。铜印全为铸造，其他全为凿刻而成。元代印章中押印尤其多见，俗称为"元押"，充满生机活泼的民间气息。质地除铜质外，尚有大量南宋到元代的瓷质押印，宫中押印甚至有用玉制作的。押印的面型多样，常见的有方形、块形、条形、圆形，还有一些模仿动植物造型的异形印面。在押印的背部，常置以扁薄的小捏钮，也有做成动植物或器物形状的，体现出制作者对于印钮的审美追求。元押的用字有楷、行、草、隶、篆等多种字体，有的还使用八思巴文的行书、篆书体。有上汉文下押字的组合，也有上八思巴文下押字的组合；有文字与图形的组合，也有的单用押字，变化多端。由于押印在这一时期达到了顶峰，所以人们常常笼统地将一些宋、辽、金、西夏和明朝的押印也纳入"元押"的系统中。元押中大多数是私印，但其中应当也有少量的公用印，其具体用法和含义仍然不甚清楚。

图 7.2.64
元帅之印，尺寸 9 cm × 9 cm

图 7.2.65
管军万户府印，尺寸 7.8 cm × 7.8 cm

图 7.2.66
汉授天命主公之印，尺寸 11 cm × 11 cm

42 花兴如：《南丰发现元末红巾军徐寿辉部铜印》，《江西历史文物》1980 年第 3 期。

43 胡尧夫：《九江发现元末红巾军铜印》，《江西历史文物》1980 年第 3 期。

44 王纪潮：《新发现的元末陈友谅"汉授天命主公之印"》，《文物》1993 年第 12 期。

◎ 本章小结 ———————————————————

第一，规范期是中国实用印章发展史第二段中的一个重要阶段。本期公用印改变了更变期印章自由活泼的面貌。以两宋、金、元为代表，逐渐形成了严正规范的风格，这种风格在元代以后发展到了僵硬呆板、了无生气的地步，标志着公印最终抛弃艺术韵味而一味追求实用价值，标志着以公印为代表的一般实用印章与艺术印章的分裂。

第二，本期公印由规范化而转为僵硬呆板，其艺术价值长期以来不被人所重视。但除却元朝公印，两宋、金朝的公印仍有其特别的艺术韵味。两宋公印文字虽稍显萎靡，但也不乏秀丽之风。金朝公印则显得雄浑刚劲，不俗不媚，用字构思奇巧，是本阶段公印的巅峰之作。

第三，本期印章的地域特点问题很值得重视。除两宋政权外，其他诸朝都非由汉民族建立，他们的公印反映了各自的文化特点和发展水平，也反映了他们与汉民族地区的各种联系。

第四，宋元时期正值文人流派印出现与发展的时期，在本期的一些私印中，已经见到不少向秦汉玺印学习和模仿的做法。这些私印中的大多数尚不能纳入流派印的范畴，但从侧面反映出流派印的发展动向。两宋、西夏、辽、金，特别是元代大量流行的押印，总体上难以准确地归入公印或私印，它们是在本期内突起的一支异军。押印非常贴近世俗生活，它们所洋溢的盎然生意让人们获得了新鲜的艺术感受，与当时沉闷的公印风格形成强烈的对比。押印的用字被后来的流派印艺人所借鉴，押印丰富的钮式使得印钮艺术得到复苏和发展。

第五，规范期公印的印面形制、用钮、用字、款识等要素，上承更变期的传统并加以发展，后被明清两代，甚至民国时期所沿用，所以被称作第二阶段中的"规范"。掌握了规范期公印的基本特色，也就掌握了自南北朝晚期至明清时期公印的基本特色。

第六，规范期后一节中的元末农民起义军用印与统治者公印迥然不同，这种与正统公印迥异的做法，反映了起义者与统治者不可调和的矛盾，这种做法也被明清两代农民起义用印所继承。

新流期——明清

明清时期带有文人气息的流派艺术印章蓬勃兴起，成为此时期玺印文化与印章艺术发展的重心，从印章的用途和制作来看，此时的印章已经彻底划分成艺术印章和实用印章两大系统：艺术印章在经历了宋元时期的积累沉淀之后，呈现出百家争鸣的时代面貌，本书中卷对此有详细的论述，本章节不再介绍；实用公印的发展在宋元以来的基础上，种类更加丰富，使用和管理制度方面也愈加细致繁缛。公印是一个国家权力的印信，封建王朝的一系列政治制度都有公印的身影，明清时期是中国古代社会的最后一个阶段，权力高度集中，明清公印也体现出规模宏大、体系完备的特点。

"新流"一词是针对此时期印章创作的整体环境而言的，中国印史在这个阶段步入了较为纯粹的艺术创作与流派氛围，但实用公印的发展并没有受到这种大环境的影响，就整体面貌而言体现出封建统治下制式的僵化。新流期印章包括明公印、清公印、明清时期农民革命政权公印等以及中华民国时期非圆形、保留有传统气息的公印。明清两朝的公印在风格形态上有很大的差异，如清代的公印使用了满汉两种文字，印款有的加刻满文与汉文的对译，但总体来说明清两朝的公印有明显的继承关系，它们亦是中国古代实用公印发展的最后一个阶段，故本章节将其一并论述。

第一节　明代公印

明代是中国古代社会后期的重要阶段，各种政治制度趋于完备，公印制度作为政治体系的重要组成部分，在此时也更趋精密。在公印的形制规定上，也表现出这一特点。明代公印在形制规则、制作授予上有详细的规范，皇帝、皇后、亲王及其百官诸印在质地、形态、大小等方面根据其等级差异各有不同。皇室玉玺、王府之宝，用玉箸篆，多见龙钮、螭钮、瑞兽钮等，以金质、玉质为主。高级文武官印，用叠篆、螭鼎文，武官多用虎钮，文官用直钮，皆银质。四品以下官员皆用铜印，多叠篆。未入流者，用条记，皆铜质。以上各级官员用印根据品级不同尺寸依次递减。另有领敕而权重者，用铜关防，直钮，九叠篆。

一、天子宝玺

明代皇帝的宝玺制度，亦是对历朝宝玺制度的继承与发展，其中受宋制影响较深。《万历野获编》云："秦天子六玺，唐始有八宝，宋世尚循其制，至徽宗而加九，南渡至十一，皆非制也。本朝初有十七宝，至世宗加制

图 8.1.1
明宣宗《武侯高卧图》（局部），钤"广运之宝"

图 8.1.2
明宣宗《万年松图》（局部），钤"皇帝尊亲之宝"

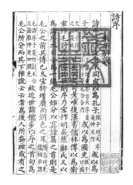

图 8.1.3
明永乐刻本《诗传大全》，钤"钦文之玺"

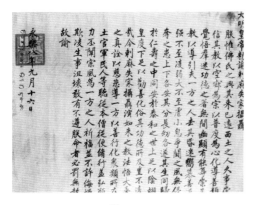

图 8.1.4
明永乐八年（1410年）敕谕，钤"敕命之宝"

其七，今掌在符台者共二十四宝，盖金玉兼有之。"[1]

明代宝玺始制于太祖洪武二年（1369年），初制六宝，后又相继刻制了十七宝，后因失火而毁。据《明实录·太祖洪武实录》载："庚子造御宝六，白玉三，青玉三。文曰：'天子行宝''天子信宝''天子之宝''皇帝行宝''皇帝信宝''皇帝之宝'。"[2]《明史·舆服志》记载，明初宝玺共17种："明初宝玺十七：其大者曰'皇帝奉天之宝'，曰'皇帝之宝'，曰'皇帝行宝'，曰'皇帝信宝'，曰'天子之宝'，曰'天子行宝'，曰'天子信宝'，曰'制诰之宝'，曰'敕命之宝'，曰'广运之宝'，曰'皇帝尊亲之宝'，曰'皇帝亲亲之宝'，曰'敬天勤民之宝'；又有'御前之宝'、'表章经史之宝'及'钦文之玺'、'丹符出验'四方。洪武元年欲制宝玺，有贾胡浮海献美玉，曰：'此出于阗，祖父相传，当为帝王宝玺。'乃命制为宝，不知十七宝中，此玉制何宝也。成祖又制'皇帝亲亲之宝''皇帝奉天之宝''诰命之宝''敕命之宝'。"[3]明嘉靖时补制被火焚毁的十七宝，十八年又新制七宝。《万历野获编》记载了御宝造焚毁重制的实例："御宝凡十七，正德九年甲戌，大内遭火，宝玺散佚。至嘉靖四十五年之冬，则世宗已不豫久矣，乃下诏曰：先朝甲戌遇灾，御宝凡六，其五已遭毁。命所司觅美玉补造。想十七宝者，大半范金为之，而此六玺乃玉制耶。"[4]《明史·舆服志》载："嘉靖十八年，新制七宝：曰'奉天承运大明天子宝''大明受命之宝''巡狩天下之宝''垂训之宝''命德之宝''讨罪安民之宝''敕正万民之宝'。与国初宝玺共为御宝二十四，尚宝司官掌之。"[5]（图8.1.1—图8.1.4）

明代宝玺每一方都有具体的用途，其中十六方宝玺的用途在典籍中可查。《春明梦余录》记载了明初十二方宝玺的用途："曰奉天之宝，以镇万国，祀天地；曰皇帝之宝，以册封赐劳；曰皇帝信宝，以征召军旅；曰天子之宝，以祭享鬼神；曰天子行宝，以封赐蛮司；曰天子信宝，以调发番兵；曰制诰之宝，以识诰命；曰敕命之宝，以识敕命；曰广运之宝，以识黄选勘籍；曰御前之宝，以进御座，从车驾；曰皇帝尊亲之宝，以答赐宗人；曰敬天勤民之宝，以训迪有司。"[6]《明史·职官志》[7]与《明会要·宝玺》[8]中记

1　沈德符：《万历野获编》卷二《列朝符印之式》，中华书局，1959，第58页。
2　《明实录》卷四十五《太祖洪武实录》，国立北平图书馆红格抄本微卷影印本，第879页。
3　张廷玉等：《明史》卷六十八《舆服志四》，中华书局，1974，第1657页。
4　沈德符：《万历野获编》卷二《列朝正嘉御宝之毁》，中华书局，1959，第58页。
5　张廷玉等：《明史》卷六十八《舆服志四》，中华书局，1974，第1657页。
6　孙承泽：《春明梦余录》，北京古籍出版社，1992，第416页。
7　张廷玉等：《明史》卷七十四《职官志三》，中华书局，1974，第1795页。
8　龙文彬：《明会要》卷二十四《舆服下》，中华书局，1956，第386页。

载了十六方宝玺的用途。根据《春明梦余录》与《明史》、《明会要》的记载，将宝玺的名称与用途对应如表8.1.1。

表8.1.1　明代宝玺名称、用途对应表

宝玺名称	宝玺用途		
	《春明梦余录》	《明史》	《明会要》
皇帝奉天之宝	以镇万国，祀天地	祀天地	祀天地
皇帝之宝	以册封赐劳	诏、敕	诏与敕
皇帝行宝		册封、赐劳	册封赐劳
皇帝信宝	以征召军旅	诏亲王、大臣及调兵	诏亲王、大臣及调兵
天子之宝	以祭享鬼神	祀山川、鬼神	以祀山川鬼神
天子行宝	以封赐蛮司	封外国、赐劳	以封外国及赐劳
天子信宝	以调发番兵	招外服及征发	以招外服及征发
制诰之宝	以识诰命	诏用	诰
敕命之宝	以识敕命	敕用	敕
广运之宝	以识黄选勘籍	奖励臣工	奖励臣工
皇帝尊亲之宝	以答赐宗人	上尊号	上尊号
敬天勤民之宝	以训迪有司	敕谕朝觐官	敕谕朝觐官
皇帝亲亲之宝		谕亲王	谕亲王
御前之宝	以进御座，从车驾	图书文史等用之	图书文史等用之
表章经史之宝		图书文史等用之	图书文史等用之
钦文之玺		图书文史等用之	图书文史等用之

明代宝玺的尺寸大小，史料中并无记载。在质地上，金、玉材质兼备。据沈德符《万历野获编》卷二记载："命所司觅美玉补造，想十七宝者，大半范金为之"，"今掌在符台者共二十四宝，盖金玉兼有之"。[9]《明史·舆服志四》云："乃命制为宝，不知十七宝中，此玉制何宝也。"[10]明实录·太祖洪武实录》对宝玺材质也有记载："庚子造御宝六，白玉三，青玉三。"[11]由此可见，明初的宝玺制作主要是金和玉两种材质，其中金质宝玺的数量居多。《万历野获编》还记载了御宝造焚毁重制的实例："御宝

9　沈德符：《万历野获编》卷二《列朝正嘉御宝之毁》，中华书局，1959，第58页。

10　张廷玉等：《明史》卷六十八《舆服志四》，中华书局，1974，第1657页。

11　《明实录》卷四十五《太祖洪武实录》，国立北平图书馆红格抄本微卷影印本，第879页。

凡十七，正德九年甲戌，大内遭火，宝玺散佚。至嘉靖四十五年之冬，则世宗已不豫久矣，乃下诏曰：先朝甲戌遇灾，御宝凡六，其五已遭毁。命所司觅美玉补造。想十七宝者，大半范金为之，而此六玺乃玉制耶。然嘉靖十八年，上又添制七颗，合之世守者为二十四矣。辛酉西苑之灾，则历代所传，尽付煨烬，所少奚止五宝？意者圣主讳言，而托之甲戌耶。"[12]从记载上看，正德九年宫火，宝玺有失，嘉靖帝谓失之五颗，正德时并没有补刻。沈德符认为，嘉靖辛酉（四十年）"历代所传，尽付煨烬"，玺宝损失惨重，嘉靖不愿张扬，以正德时所失为借口进行全部补刻，很有道理。从原来"十七宝者，大半范金为之"而后世所见明代皇帝宝玺大都以玉石为主，也能证明多为补刻这一事实。[13]《明世宗实录》中也对此有所记载："己酉，上谕内阁曰：皇祖初制御宝六，曰'天子之信行''皇帝之信行'，今止存一，其五正德甲戌失火之。兹西夷有玉，可示户部买盈尺之料补制。"[14]

　　以上提及的二十四宝玺，皆已不存于世，或失之于战乱，或失之于灾祸，仅能从现存书画作品的钤印中探知其中一二。故宫博物院藏有一批明代皇帝的石质御宝，包括"皇帝之宝""皇帝尊亲之宝""钦文之玺""御前之宝""制诰之宝""广运之宝"等。这些石质宝玺与二十四宝玺相互对应，亦呈系统，应当是作为明代天子宝玺过渡时期使用的暂替品：

　　皇帝之宝（图8.1.5），寿山石质，瑞兽钮。印通高4.8厘米，尺寸3.8厘米×3.8厘米。《明史·职官志》载"若诏与赦，则用皇帝之宝"[15]。

　　皇帝尊亲之宝（图8.1.6），白石质，瑞兽钮。印通高3.2厘米，尺寸3.2厘米×3.2厘米，上尊号，处理皇族内部关系用之。《明史·礼志》载："天子登极，奉母后或母妃为皇太后，则上尊号。"[16]

　　钦文之玺（图8.1.7），白石质，龙钮。印通高4.7厘米，尺寸5厘米×5厘米，钦定文史图书用之。

　　御前之宝（图8.1.8），寿山石质，螭钮。印通高3.2厘米。尺寸4.3厘米×4.3厘米，此宝用途较广泛，《明史》载"图书文吏等用之"，《明宫史》载"曰御前之宝，则宫中库藏箱锁用之"，又《万历野获编》载"上有密旨，则用御前之宝封示"[17]。

　　制诰之宝（图8.1.9），白石质，瑞兽钮。印通高5.5厘米。尺寸5厘米×

12　沈德符：《万历野获编》卷二《列朝正嘉御宝之毁》，中华书局，1959，第58页。

13　张金梁：《明代朝廷玺印研究》，《中国历史文物》2008年第5期。

14　《明世宗实录》卷五百六十，台北"中央研究院"历史语言研究所1962年校印《明实录》本，上海古籍出版社1982年影印本。

15　张廷玉等：《明史》卷七十四《职官志三》，中华书局，1974，第1803页。

16　张廷玉等：《明史》卷五十三《礼志七》，中华书局，1974，第1362页。

17　沈德符：《万历野获编补遗》卷二《内阁》，中华书局，1959，第825页。

图 8.1.5
皇帝之宝，寿山石质，瑞兽钮，高 4.8 cm，
尺寸 3.8 cm×3.8 cm

图 8.1.6
皇帝尊亲之宝，白石质，瑞兽钮，高 3.2 cm，
尺寸 3.2 cm×3.2 cm

图 8.1.7
钦文之玺，白石质，龙钮，高 4.7 cm，
尺寸 5 cm×5 cm

图 8.1.8
御前之宝，寿山石质，螭钮，高 3.2 cm，
尺寸 4.3 cm×4.3 cm

图 8.1.9
制诰之宝，白石质，瑞兽钮，高
5.5 cm，尺寸 5 cm×5 cm

图 8.1.10
广运之宝，白石质，瑞兽钮，高
5.8 cm，尺寸 5.6 cm×5.6 cm

5厘米，用于皇帝诏书，《明史·职官志》载"诏用'制造之宝'"[18]。

广运之宝（图8.1.10），白石质，瑞兽钮。印通高5.8厘米。尺寸5.6厘米×5.6厘米，奖励臣工用之，赐予臣工书籍、图画亦用之。

明朝皇帝用以传世的二十四宝玺，是明代至高无上皇权的象征。除此之外，还制作有许多宝玺，如宫殿玺、年号玺、御书玺、吉语玺印等，从这些宝玺玺文的内容可以看出各自的使用功能，主要有五种：其一，宫殿名玺、宫殿名封记，一般在召见朝臣或处理日常政务时使用，如"文华殿宝"（图8.1.11）、"乾清宫封记"（图8.1.12）；其二，皇帝专为自己制作的年号玺、御书玺，这类宝玺是当朝皇帝专为自己制作的宝玺，带有私人性质，同时也具有征信功用，如"成化皇帝之宝"（图8.1.13）、"成化御书之宝"（图8.1.14）；其三，吉祥词语玺印，玺文一般为带有吉祥警示含义的四字词语，可以用于各个不同的场合，如"协和万邦"（图8.1.15）、"万国来朝"（图8.1.16）可以在外交及会见外邦使节时用之，"天潢演派"（图8.1.17）可在与皇族人书信交往中使用；其四，道教玺及图形玺印，道教玺印是明朝皇帝热衷于道教活动的产物，故宫中藏有大量成化、嘉靖时期的道教玺印，如"紫极真仙之宝"（图8.1.18）、"玄都万寿之宝"（图8.1.19）；其五，谥宝，明定陵出土有木质龙钮谥宝一方，印文"神宗范天合道哲肃敦简光文章武安仁之孝显皇帝之宝"（图8.1.20）。

从以上论述中，可以看到明代宝玺的几个特点：其一，明代的宝玺制度，受到了以往历朝历代宝玺制度的影响，尤其是宋元时期。明代宝玺皆用龙钮，在具体的名称、形制、质地及用途等方面沿用了前朝之制。但宝玺的数量有所增加，在宋辽十四宝玺的基础上，增加至二十四玺。同时宝玺规制上也逐渐严格细化，宝玺的用途有较大的改变，首先增加了"敕命之宝""制造之宝""敬天勤民之宝""讨罪安民之宝"等新的宝玺。其次原有宝玺的用途也有一定的改变，如宋代"'皇帝之宝'，答邻国书则用之"，明则是"若诏与赦，则用'皇帝之宝'"；宋"'皇帝信宝'，赐邻国书及物则用之"，明则是"诏亲王、大臣及调兵，则用'皇帝信宝'；明代宝玺数量的增加与用途的扩大、调整，反映出明代宝玺制度的逐渐完善。其二，明代历朝皇帝登基之后，都会为自己刻制年号玺、御书玺，这些宝玺是当朝皇帝的私人玺印，亦具有征信作用，但也导致了宝玺规制的混乱。其三，明朝天子宝玺中还出现了宫殿名玺、封记押玺、道教玺等，这些宝玺名目众多，体系繁杂，规制混乱。

图 8.1.11
文华殿宝，寿山石质，盘龙钮，高 3.6 cm，
尺寸 4.2 cm×4.2 cm

图 8.1.12
乾清宫封记，寿山石质，鼻钮，高 4.3 cm，
尺寸 5.6 cm×1.8 cm

---

18 张廷玉等：《明史》卷七十四《职官志三》，中华书局，1974，第 1803 页。

图 8.1.13
成化皇帝之宝，白石质，龙钮，高 4.8 cm，
尺寸 3.4 cm×3.4 cm

图 8.1.14
成化御书之宝，白石质，海水蛟龙钮，高
5 cm，尺寸 5.2 cm×5.2 cm

图 8.1.15
协和万邦，黑寿山石质，象钮，高 5.3 cm，
尺寸 4.5 cm×4.5 cm

图 8.1.16
万国来朝，寿山石质，盘螭钮，高 4.5 cm，
尺寸 5.2 cm×5.2 cm

图 8.1.17
天潢演派，寿山石质，蹲龙钮，高 7.8 cm，
尺寸 9.8 cm×9.8 cm

图 8.1.18
紫极真仙之宝，寿山石质，瑞兽钮，高 6.2 cm，
尺寸 6 cm×6 cm

图 8.1.19
玄都万寿之宝，寿山石质，雕人物钮，高 3 cm，
尺寸 5.5 cm × 5.5 cm

图 8.1.20
神宗范天合道哲肃敦简光文章武安仁之孝
显皇帝之宝，木质，龙钮

明代宝玺的管理与使用机构：

1. 尚宝司。尚宝司的前身是"符玺郎"，据《明史》记载："太祖初，设符玺郎，秩正七品。吴元年改尚宝司卿，秩正五品，以侍从儒臣、勋卫领之，非有才能不得调。勋卫大臣子弟奉旨乃得补丞。其后多以恩荫寄禄，无常员"。[19]《明史·职官志》记载了尚宝司的职能："卿一人（正五品），少卿一人（从五品），司丞三人（正六品。吴元年但设一人，后增二人）。掌宝玺、符牌、印章，而辨其所用。"[20]

2. 尚宝监。尚宝监是明代宦官十二监之一，主要起到对宝玺使用中的监视作用。《明史·职官志》记载："尚宝监，掌印一员，金书、掌司无定员。"[21]

3. 尚宝女官。尚宝女官的职能是日常保管与维护宝玺。《明史·职官志》记载：明代女官分属六局，尚宝女官隶属"尚服局"，有"司宝二人，典宝二人，掌宝二人，女史四人。掌宝玺、符契"。[22]

明朝针对宝玺的管理与使用，建立了一套完备的监督体系，将宝玺的管理划分为使用、保管、监督三个系统，三个系统之间互有分工，又相互制约。史料记载："凡用宝，外尚宝司以揭帖赴监请旨，至女官尚宝司领取，监视外司用讫，存号簿，缴进。"[23]其意大致是：尚宝女官负责宝玺的日常保管与维护，尚宝司负责宝玺的日常使用和管理，尚宝监起到宝玺使用过程中的监督作用。尚宝司、尚宝监、尚宝女官三者掌权不同，相互制约，确保了宝玺使用过程中的万无一失。

二、皇室成员宝、印

明朝的皇室成员均有封印，根据其身份、等级的不同，所授印宝的称谓、尺寸、质地、装饰等皆不同，根据《明史》中的记载，大致可分为三等：

第一等，皇后、太子、亲王宝。皇后、太子之宝，据《明史》记载，皆是金质龟钮，称宝，上面篆刻有"皇后之宝、皇太子宝"，皆配有宝池，另有宝箧两副，一置宝池，一置宝。每副宝箧有三重："外箧用木，饰以浑金沥粉蟠龙，红纻丝衬里；中箧用金钑蟠龙；内小箧饰如外箧，内置宝座，四角雕蟠龙，饰以浑金。座上用锦褥，以销金红罗小夹袱裹宝，其箧外各用红

19 张廷玉等：《明史》卷七十四《职官志三》，中华书局，1974，第 1803 页。
20 同上。
21 同上书，第 1818 页。
22 同上书，第 1827 页。
23 同上书，第 1818 页。

罗销金大夹袱覆之。"[24]亲王宝，据《明史》记载："亲王册宝：册制与皇太子同。其宝用金，龟钮，依周尺方五寸二分，厚一寸五分，文曰'某王之宝'。池箧之饰，与皇太子宝同。宝盝之饰，则雕蟠螭。"[25]故宫藏有双面玺一枚，檀香木质，通高4.7厘米，面14厘米见方，一面篆书"章圣皇太后宝"（图8.1.21），据《明史》载"天子登极，奉母后或母妃为皇太后，则上尊号。其后或以庆典推崇皇太后，则加二字或四字为徽号"；另一面汉文篆书满文本字"皇帝奉天之宝"，应为清廷沿用前朝旧物所刻。1971年，山东邹县（现邹城市）朱檀墓出土有一枚木印，贴金，高7.5厘米，边长10.5厘米，刻"鲁王之宝"（图8.1.22）篆书四字，上雕龟钮，钮穿紫红色缓带。置盘顶匣中，匣饰立金云龙纹，匣有三重，均挂有铜锁。[26]此宝的形状、规制与明史中记载的亲王宝较为接近，应当是为了随葬而仿制的亲王之宝。另外成都凤凰山出土的朱悦燫"蜀悼庄世子宝"（图8.1.23），通高7厘米，边长10.8厘米，木质龟钮，印文如其生前之制。湖北朱元璋第六子楚昭王朱桢墓又出土"楚昭王宝"（图8.1.24），贴金木质，亦是仿生前原印制作的谥宝。

第二等，贵妃、公主印。《明史·舆服志》记载皇贵妃、公主印："皇贵妃而下，有册无宝而有印。……其印用金，龟钮，尺寸与诸王宝同，文曰'皇妃之印'。箧饰以蟠凤……""公主册印……其印同宋制，用金，龟钮，文曰'某国公主之印'。方五寸二分，厚一寸五分。印池用金，广取容。印外箧用木，饰以浑金沥粉盘凤，中箧用金钑蟠凤，内小箧饰如外箧。"[27]以皇贵妃身份而授宝者，只有一例："宣德元年，帝以贵妃孙氏有容德，特请于皇太后，制金宝赐之，未几即诞皇嗣。自是贵妃授宝，遂为故事。"[28]故宫藏有"皇贵妃图书"（图8.1.25），白石质，通高5.7厘米，面4.6厘米见方。

第三等，郡王印。《明史》记载："郡王，镀金银册、镀金银印，册文视世子。其妃止有镀金银册。"[29]

《明史》中还对太子妃、亲王妃用印有所记载，但未见有详细的形制。《明史》记载："洪武二十三年铸世子妃印，制视王妃，金印，龟钮，篆文曰'某世子妃印'。"由此可知，亲王妃印与世子妃印应皆是金质，龟钮。而太子妃的印册、金印制式不见史料记载。

24　张廷玉等：《明史》卷六十八《舆服志四》，中华书局，1974，第 1658 页。

25　同上书，第 1660 页。

26　山东省博物馆：《发掘明朱檀墓纪实》，《文物》1972 年第 5 期。

27　张廷玉等：《明史》卷六十八《舆服志四》，中华书局，1974，第 1659 页。

28　同上。

29　同上书，第 1660 页。

图 8.1.21
章圣皇太后宝，檀香木质，双面方玺，高 4.7 cm，
尺寸 14 cm×14 cm

图 8.1.22
鲁王之宝，木质贴金，龟钮，高 7.5 cm，
尺寸 10.5 cm×10.5 cm

图 8.1.23
蜀悼庄世子宝，木质，龟钮，高 7 cm，
尺寸 10.8 cm×10.8 cm

图 8.1.24
楚昭王宝，木质贴金，龟钮

图 8.1.25
皇贵妃图书，白石质，螭钮，高 5.7 cm，
尺寸 4.6 cm×4.6 cm

三、百官诸印

明朝百官诸印，《明史》中有详细的记载："正一品，银印，三台，方三寸四分，厚一寸。六部、都察院并在外各都司，俱正二品，银印二台，方三寸二分，厚八分。其余正二品、从二品官，银印二台，方三寸一分，厚七分。惟衍圣公以正二品，三台银印，则景泰三年赐也。顺天、应天二府俱正三品，银印，方二寸九分，厚六分五厘。其余正三品、从三品官，俱铜印，方二寸七分，厚六分。惟太仆、光禄寺并在外盐运司，俱从三品，铜印，方减一分，厚减五厘。正四品、从四品，俱铜印，方二寸五分，厚五分。正五品、从五品，俱铜印，方二寸四分，厚四分五厘。惟在外各州从五品，铜印，方减一分，厚减五厘。正六品、从六品，俱铜印，方二寸二分，厚三分五厘。正七品、从七品，铜印，方二寸一分，厚三分。正从八品，俱铜印，方二寸，厚二分五厘。正从九品，俱铜印，方一寸九分，厚二分二厘。未入流者，铜条记，阔一寸三分，长二寸五分，厚二分 厘。以上俱直钮，九叠篆文。初，杂职亦方印，至洪武十三年始改条记。"

百官诸印体现出鲜明的等级划分，为此制成表8.1.2。

表8.1.2 各级官员印信与官职等级表[30]

官职	官品	官印大小	材质	形态
宗人府、五军都督府	正一品	方三寸四分，厚一寸	银印	方形
六部、都察院、五军都督府在外各都司	正二品	方三寸二分，厚八分	银印	方形
衍圣公、张真人、中都留守司	正二品	方三寸一分，厚七分	银印	方形
各布政司	从二品	方三寸一分，厚七分	银印	方形
顺天府、应天府	正三品	方二寸九分，厚六分五厘	银印	方形
文渊阁	正五品	方一寸七分，厚六分	银印	方形
大理寺、太常寺、通政司、詹事府及京卫、在外各按察司、各卫	正三品	方二寸七分，厚六分	铜印	方形
苑马寺、宣慰司	从三品	方二寸七分，厚六分	铜印	方形
光禄寺、太仆寺、在外各盐运司	从三品	方二寸六分，厚五分五厘	铜印	方形
鸿胪寺并在外各府	正四品	方二寸五分，厚五分	铜印	方形

---

30 项天伦：《明代官印制度》，硕士学位论文，华东政法大学，2015，第13页。

续表

官职	官品	官印大小	材质	形态
国子监并在外宣抚司	从四品	方二寸五分，厚五分	铜印	方形
六部各司、宗人府、翰林院、钦天监、尚宝司、太医院、左右春坊、上林苑监、各卫千户所、在外各王府长史司	正五品	方二寸四分，厚四分五厘	铜印	方形
司经局、安抚司、五府经历司、在外招讨司	从五品	方二寸四分，厚四分五厘	铜印	方形
在外各州	从五品	方二寸三分，厚四分	铜印	方形
大理寺左右寺、都察院经历司、五城兵马司、僧录司、道录司、在外中都留守司、断事司、各都司经历司、各卫百户所、各王府审理所、长官司、大兴宛平上元江宁各京县	正六品	方二寸二分，厚三分五厘	铜印	方形
在外各布政司、理问所、光禄寺大官等署	从六品	方二寸二分，厚三分五厘	铜印	方形
吏科等六科、行人司、工部营缮所、通政司经历司、太常寺典簿厅、上林苑监蓄育等署、在外各按察司经历司	正七品	方二寸一分，厚三分	铜印	方形
顺天应天府经历司、中书舍人、京卫经历司及在外各卫经历司、太仆寺詹事府各主簿厅、光禄寺典簿厅、盐运司经历司、宣慰司经历司、苑马寺主簿厅	从七品	方二寸一分，厚三分	铜印	方形
兵部典牧所、户部刑部都察院各照磨所、国子监绳愆厅、典簿厅、博士厅、鸿胪寺钦天监各主簿厅、各府经历司、在外各布政司照磨所、各王府纪善、典膳、典宝、良医、奉祠、工正各所、宣抚司经历司	正从八品	方二寸，厚二分五厘	铜印	方形
顺天应天二府照磨所、刑部都察院各司狱司、鸿胪寺司仪署、司宾署、司狱司、上林苑监典簿厅、国子监典籍厅、内府宝钞等各库、军器局、会同馆、御马仓草仓、文思院、织染所、颜料局、皮作局、宝源局、鞍辔局、都税等司、教坊司、各都司狱司、在外留守司司狱司、各府照磨所司狱司、各按察司照磨所司狱司、教授典仪所、各王府长史司典簿厅、各府卫儒学、阴阳学、医学、税课司、道纪司、僧纲司、各巡检司	正从九品	方一寸九分，厚二分二厘	铜印	方形
仓库驿递闸坝批验所、抽分竹木局、各州县儒学、阴阳学、医学、税课司、僧道司、河泊所、织染局	未入流	阔一寸三分，长二寸五分，厚二分一厘	铜印	条形

从上述表格来看，明代百官诸印有着鲜明的等级划分，在大小上，位高者其印越大，位卑者其印愈小。在质地上二品以上官员用银印，五品以下官员用铜质，除此之外只有两个特例：一是明朝二都城所在地的顺天府、应天府，以三品位阶使用银印，以示尊贵；二是文渊阁，文渊阁大学士虽品秩五品，但他们是皇帝的智囊顾问，位低而权重，用银质印信以示其地位、权利的特殊性。

明代百官印在形制、钮制上也带有鲜明的时代特色：

第一，印面形制。明代百官诸印中，除了常见的方形印面官印，还流行两类呈长方形的印。一是条记。从上文的《各级官员印信与官职等级表》中可以看到明代用印制度，一品到九品官员授印，皆方形。而无品级、未入流等官员用印，皆条形，称铜条记。"记"在官印中的使用，最早见于唐末，五代、宋、元时期已经普遍使用，五代时"记"是高官印信，宋、元时下级官员多用"记"，明代时"条记"的地位进一步下降，成为未入流的杂吏使用的印记。如"浪穹县儒学记"（图8.1.26），铜质橛钮，阳文六字竖分两排，叠篆。二是关防。明代的关防印信，也呈长方形，形状类似于"条记"，但尺寸大小与条记不同。《明史》卷六十八记载："文武大臣有领敕而权重者，或给以铜关防，直钮，广一寸九分五厘，长二寸九分，厚三分，九叠篆文，虽宰相行边与部曹无异。惟正德时张永征安化王，用金铸。嘉靖中顾鼎臣居守，用牙镂关防，皆特赐也。"[31]如"户部督催津粮关防"（图8.1.27），铜质橛钮，背部阴刻"户部督催津粮关防""礼部造/崇祯十四年九月日"，边刻印章编号"崇字三千七百六十一号"。

第二，钮制。明代百官之印，大多为直钮，呈椭圆形，上细下粗，整体无装饰，无穿孔，高度比元代官印高出约三分之一，其实际上就是宋元以来使用的橛钮、把钮的变形。唯独监察御史之印，直钮有穿孔，应是考虑到御史在外巡查时便于系戴所致。明朝的将军印用"虎钮，柳叶篆"，但将军印只在战时发放，战毕奉回，所以明朝将军又称为"挂印将军"。《明史·舆服志》记载："武臣受重寄者，征西、镇朔、平蛮诸将军，银印，虎钮，方三寸三分，厚九分，柳叶篆文。洪武中，尝用上公佩将军印，后以公、侯、伯及都督充总兵官，名曰'挂印将军'。有事征伐，则命总兵佩印以往，旋师则上所佩印于朝。"[32]例如南京博物院藏"荡寇将军印"（图8.1.28）。

---

31 张廷玉等：《明史》卷六十八《舆服志四》，中华书局，1974，第1661页。
32 同上。

图 8.1.26

浪穹县儒学记，铜质，杙钮，高 10.4 cm，
尺寸 9.7 cm×6.2 cm

图 8.1.27

户部督催津粮关防，铜质，杙钮，高 7.6 cm，
尺寸 8 cm×4.2 cm

图 8.1.28

荡寇将军印，银质，虎钮，高 7.5 cm，
尺寸 10.4 cm×10.4 cm

四、属国国王公印

明朝政府也对属国颁发国王之印。《明史·舆服志》记载："明初，赐高丽金印，龟钮，方三寸，文曰'高丽国王之印'，赐安南镀金银印，驼钮，方三寸，文曰'安南国王之印'。赐占城镀金银印，驼钮，方三寸，文曰'占城国王之印'。赐土蕃金印，驼钮，方五寸，文曰'白兰王印'。"[33]

五、南明公印

自福王朱由崧在南京建号称帝，是南明始，直至1683年清军攻克台湾而终。其间经历弘光、鲁王监国、隆武、绍武、永历、明郑等时期，前后维持40年。自1949年以来，在浙江、广东、广西等地先后发现南明政权的官印，这些官印是研究南明政权最好的实物资料，也对南明史有一定的补充作用，在此将部分列出：

"吏部文选清吏司之印"（图8.1.29），铜质，杙钮，印正方形，边长8厘米。印文篆书"吏部文选清吏司之印"，背右刻"吏部文选清吏司之印"，左刻"文字五号，礼部造"，侧刻"弘光元年四月日"。据《明史·职官志》，"文选"为吏部第一司，职掌官员的班秩升迁："吏部。尚书一人，……文选、考功、验封、稽勋四清吏司，各郎中一人，主事一人。（验封、稽勋二司主事，后并革。）凡南京官，六年考察，考功掌之，不由北吏部。"[34]此印侧刻有年款"弘光元年四月"，弘光是福王朱由崧的年号，1644年北京陷落，崇祯自缢后，五月福王在南京即皇帝位，改元弘光。

"建国府仁营左都督关防"（图8.1.30），铜质，杙钮，印长9.3厘米，宽6厘米。印文篆书"建国府仁营左都督关防"，背刻"礼部造"，右侧刻"建国府仁营左都督关防"，左侧刻"监国鲁三年三月日"。明代设五军都督府，掌军旅之事，据《明史·职官志》记载："中军、左军、右军、前军、后军五都督府，每府左、右都督（正一品），都督同知（从一品），都督佥事（正二品，恩功寄禄，无定员）。"[35]

"规秦将军之印"（图8.1.31），铜印三台，虎钮，印正方，边长9.4厘米，通高10.2厘米。印文篆书"归秦将军之印"，背右刻"永历二年十一月奉圣旨，礼部造，以铜代银"；上刻"永字第一千一百三十九号"，左刻"归秦将军之印"。《明史·舆服志》记载："武臣受重寄者，征西、镇

33　张廷玉等：《明史》卷六十八《舆服志四》，中华书局，1974，第1661页。
34　张廷玉等：《明史》卷七十五《职官志四》，中华书局，1974，第1832页。
35　张廷玉等：《明史》卷七十六《职官志五》，中华书局，1974，第1856页。

图 8.1.29
吏部文选清吏司之印，铜质，杙钮

图 8.1.30
建国府仁营左都督关防，铜质，杙钮

朔、平蛮诸将军，银印，虎钮，方三寸三分，厚九分，柳叶篆文。"[36]此印印文使用两头尖之柳叶篆，符合明代一品将军印的规制，印为铜质，背刻"以铜代银"，显然本应以银铸造，这反映出当时永历政权不稳，再三迁徙之下财政拮据的政况。

"临安卫后千户所入伍百户印"（图8.1.32），铜质，杙钮，通高9厘米，印面7厘米见方。印背后右边刻款"礼部造永历三年二月日"，左边刻"临安卫后千户所入伍百户印"，上部刻"永字五千六百二十五号"。明洪武十五年（1382年）置临安卫，治所在今云南建水县，至清康熙七年（1668年）废，此印为永历三年（1649年）南明政权所铸。千户所为明代卫所编制，由1200人组成，长官为千户，其下设10个百户所，长官为百户。[37]此临安卫后千户所下的"伍百户"印较为罕见。

36　张廷玉等：《明史》卷六十八《舆服志四》，中华书局，1974，第 1661 页。

37　孙家谭：《大风堂古印举》，西泠印社出版社，2009，第 29 页。

图 8.1.31
规秦将军之印，铜质，虎钮，高 10.2 cm，
尺寸 9.4 cm×9.4 cm

图 8.1.32
临安卫后千户所入伍百户印，铜质，杙钮，
高 9 cm，尺寸 7 cm×7 cm

第二节　清代公印

　　清承明制，清朝的政治制度在很多方面沿袭明朝，清代公印制度在很大程度上受到明代公印的影响，但其公印的形制、种类与明代还是有较多的不同之处。

一、天子宝玺及相关制度

　　清代天子宝玺的沿革大致分为太祖、太宗时期，顺康雍时期，乾隆时期。

　　太祖、太宗时期：清军入关前，努尔哈赤、皇太极时代是清代宝玺制度的初创与形成时期。太祖努尔哈赤曾任明建州左卫都指挥使，领明朝颁布的敕书和印信，在与明朝及朝鲜的文书上，仍钤用"建州左卫之印"。明万历四十四年（1616年），努尔哈赤于赫图阿拉称汗，定国号"金"（史称"后金"），开始制定卤簿用乐制度，同时铸造宝玺。当时铸造宝玺有二：一为满文"天命金国汗之宝"，二为"后金国天命皇帝"。至今沈阳故宫博物院所藏的信牌文物之上，仍钤有老满文"天命金国汗之宝"的印痕。[38]

　　天命十一年（1626年），努尔哈赤卒于瑷鸡堡，清太宗皇太极继位，另铸造新宝。宝玺玺文为四行老满文，汉译曰"金国汗之印"，此印的印痕见藏于沈阳故宫博物院收藏的信牌上。天聪九年（1635年），出征察哈尔国的军队获"元传玉玺"，相传此玺原藏于元廷大内，后元顺帝被明洪武帝所败，携此宝出逃，遗失了二百余年，后有牧羊者，见一山羊以蹄刨地，三日不啮草，牧者遂掘之，此玺乃见。朝鲜《李朝实录》记载："戊午，朴鲁回自沈阳，言'汗击破蒙古诸国，广地千里，且得玉玺，以玺印纸，使示我国'，其印文曰'制诰之文'。"中国第一历史档案馆现存《崇德元年七月初十日封庄妃册文》上钤有"制诰之宝"（图8.2.1），应当就是此所谓的"元传国玺"。

　　天聪十年（1636年），皇太极得到元传国玺后，"受宽温仁圣皇帝尊号"，建国号曰"大清"，改元崇德元年。《清太宗实录稿本》记载了授封："左班和硕墨尔根戴青贝勒多尔衮，科尔沁贝勒土谢图济农巴达礼捧宝一；和硕额尔克楚虎尔贝勒多铎，和硕贝勒豪格捧宝一；右班和硕贝勒岳托，察哈尔汗三子额附额尔克孔果尔额哲捧宝一；贝勒杜度，都元帅孔有德

38　任万平：《清代官印制度综论》，载朱诚如、王天有主编《明清论丛》（第一辑），紫禁城出版社，1999，第298—316页。

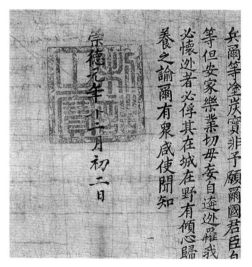

图 8.2.1
清崇德元年诰谕，钤"制诰之宝"

捧宝一。各以次献于上，上受宝，授内院官置盒内。"[39]由此可知，大清建国之初制有四宝。

叶其峰指出，唐以来历朝均有"神宝""受命宝"的传统，这些宝文可能与皇权天授有关。乾隆钦定二十五宝，大部改镌，唯四宝"先代相承、传为世守者，不敢轻易"，此四宝即二十五宝中的前四宝："大清受命之宝"（图8.2.2）、"皇帝奉天之宝"（图8.2.3）、"大清嗣天子宝"（图8.2.4）、满文"皇帝之宝"（图8.2.5）。此四宝，除"皇帝之宝"为皇权象征外，其余三宝文字均含皇权神授的意味，与传统"神宝""受命宝"十分相近。所以，皇太极称帝时授宝典礼上所授的可能就是二十五宝中的前四宝。[40]

顺康雍时期：顺治年间，清王朝入主中原之后，各种制度逐渐完善，宝玺的数量也逐渐增加，康熙二十五年（1686年）之时，宝玺的数量已经达到二十九宝。《康熙会典》卷二对二十九宝有详细的记载："皇帝奉天之宝"、"大清受命之宝"、"皇帝之宝"、"天子之宝"（图8.2.6）、"制诰之宝"、"敕命之宝"，这六宝乃内宫收藏；另外内库收贮二十三方："皇帝之宝""皇帝行宝""皇帝信宝""天子行宝""天子信宝""制诰之宝""敕命之宝""广运之宝""御前之宝""皇帝尊亲之宝""皇帝亲亲之宝""敬天勤民之宝""表彰经史之宝""钦文之宝""丹符出验四方""巡狩天下之宝""垂训之宝""命德之宝""奉天法祖亲贤爱民""讨罪安民之宝""摄政万邦之宝""摄政万民之宝""制驭六师之宝"。任万平指出：这二十九宝在《雍正会典》中所记载的数目、名称均未改变，但其制作时间应是在顺治朝完成的，因为顺治朝多项制度袭明制，玺印制度也应当如此。明代御宝的名称就成为顺治初年制作宝玺的范本，甚至在制作宝玺时直接照搬前史中的记载。[41]叶其峰在《古玺印通论》一书中提到，康熙二十九宝，有一方宝文作"丹符出验四方"。按此宝文出自《明史·舆服志》。该书记载明初十七宝有"又有'御前之宝'、'表章经史之宝'及'钦文之玺'、'丹符出验'四方"句，文中"四方"是指"又有"下面四种新镌的宝玺，清人误以为是宝文，于是照搬制作出"丹符出验四方"这样不伦不类的印章，奉为至宝。[42]

乾隆时期：乾隆时期是清代天子宝玺数量最多、形式最多样的时期。乾

---

39 辽宁大学历史系：《清太宗实录稿本》，1978。

40 叶其峰：《古玺印通论》，紫禁城出版社，2003，第269页。

41 任万平：《清代官印制度综论》，载朱诚如、王天有主编《明清论丛》（第一辑），紫禁城出版社，1999。

42 叶其峰：《古玺印通论》，紫禁城出版社，2003，第270页。

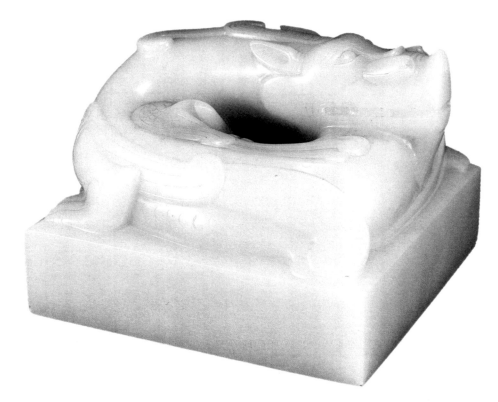

图 8.2.2
大清受命之宝，白玉质，盘龙钮，高 12 cm，
尺寸 14 cm×14 cm

图 8.2.3
皇帝奉天之宝，碧玉质，盘龙钮，
高 15.2 cm，尺寸 14 cm×14 cm

图 8.2.4
大清嗣天子宝，金质，交龙钮，高 7.6 cm，
尺寸 7.9 cm×7.9 cm

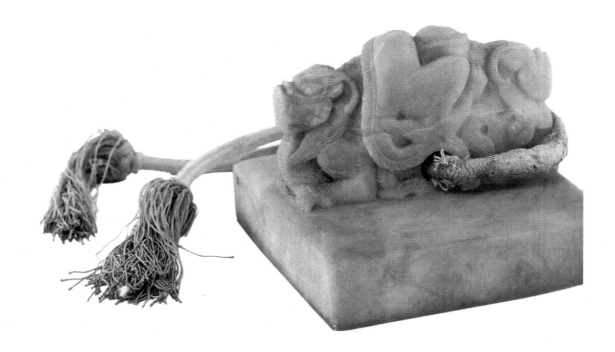

图 8.2.5
满文"皇帝之宝"，青玉质，交龙钮，高 9.5 cm，
尺寸 12.5 cm × 12.5 cm

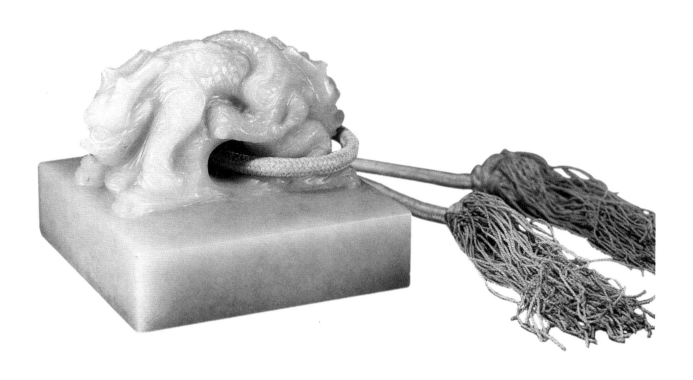

图 8.2.6
天子之宝，白玉质，交龙钮，高 6.4 cm，
尺寸 7.8 cm × 7.8 cm

隆初期，宝玺的数量又增加了十方，到乾隆十一年（1746年）时，宫中所藏的宝玺已达三十九方之多。根据《清史稿》记载，乾隆十一年开始对宫中所藏宝玺进行整理："乾隆十一年，考定宝谱，藏之交泰殿者二十有五，藏之盛京者十。"[43]交泰殿所藏二十五宝，除一方"皇帝之宝"是满文外，其余二十四宝用满汉两种文字篆刻，汉字使用篆书，满文使用本字。乾隆十三年（1748年），乾隆皇帝又对宝玺进行改刻，除"大清受命之宝"、"皇帝奉天之宝"、"大清嗣天子宝"及满文"皇帝之宝"四方因"先代相承、传为世守者，不敢轻易"，另外二十一宝全部用篆书体改刻。"《高宗御题交泰殿宝谱序》后曰：……按谱内青玉'皇帝之宝'，本清字篆文，传自太宗文皇帝时，自是而上四宝，均先代相承传为世守者，不敢轻易，其檀香皇帝之宝以下二十一有一，则朝仪纶綍所常用，宜从新制。因敕所司一律改镌，与汉篆文相配。"[44]乾隆时期将御宝的数量最终定为二十五方，其内容分别为"大清受命之宝、皇帝奉天之宝、皇帝行宝、皇帝信宝、天子行宝、天子信宝、敬天勤民之宝、制诰之宝、敕命之宝、大清嗣天子宝、皇帝之宝（满文）、皇帝之宝（汉文、檀香木）、天子之宝、皇帝尊亲之宝、皇帝亲亲之宝、垂训之宝、命德之宝、钦文之玺、表章经史之宝、巡狩天下之宝、讨罪安民之宝、制驭六师之宝、敕政万邦之宝、敕正万民之宝、广运之宝"。这二十五宝分别用于政治、军事、文教、宗室、外交等八大方面，现将宝玺的名称与用途根据《清史稿》整理如表8.2.1：

表 8.2.1　清代宝玺名称、用途对应表[45]

宝玺名称	用途
大清受命之宝	以章皇序
皇帝奉天之宝	以章奉若
皇帝行宝	以颁赐赉
皇帝信宝	以征戎武
天子行宝	以册外蛮
天子信宝	以命殊方
敬天勤民之宝	以饬觐吏
制诰之宝	以谕臣僚
敕命之宝	以钤诰敕
大清嗣天子宝	以章继绳
皇帝之宝（满文）	以布诏敕
皇帝之宝（汉文檀香木）	以肃法驾
天子之宝	以祀百神

43　赵尔巽等：《清史稿》卷一百四《志七十九·舆服三》，中华书局，1977，第3065页。
44　同上书，第3070页。
45　同上书，第3067页。

续表

宝玺名称	用途
皇帝尊亲之宝	以荐徽号
皇帝亲亲之宝	以展宗盟
垂训之宝	以扬国宪
命德之宝	以奖忠良
钦文之玺	以重文教
表章经史之宝	以崇古训
巡狩天下之宝	以从省方
讨罪安民之宝	以张征伐
制驭六师之宝	以整戎行
敕政万邦之宝	以诰外国
敕正万民之宝	以诰四方
广运之宝	以谨封识

宝玺管理使用制度：清朝皇帝对宝玺的使用与管理十分重视，建立内阁与内务府共同监视管理宝玺钤用的制度，即内阁必须在内务府总管监视下使用宝玺。《清史稿》记载："国朝受天命，采古制为玺。掌以宫殿监正，袭以重盝，承以綦几，设交泰殿中，以次左右列，当用则内阁请而用之。"[46]又《钦定总管内务府现行则例》卷一记康熙八年（1669年）的一道上谕对其中程序规定甚为详细："五月大学士等转传上谕，用宝时著会同内务府总管监视钤用，钦此钦遵。总管内务府大臣等以嗣后用宝时应否预行奏闻之处俱奏，奉旨不必奏闻，即会同伊等监视钤用，钦此钦遵。凡遇用宝内阁咨文到日，总管内务府大臣同学士等在乾清门，监视钤用。"内阁享有宝玺钤用的权利一直延续到清末，这反映出清代皇帝对内阁的重视，同时钤用宝玺监督的权力由明代宦官转移到内务府，也是清代防止太监专权的措施。

乾隆以后宝玺制度多承袭不变，数量和种类也不如乾隆时期，所以在此不做过多介绍。

二、皇室成员宝、印

清朝的皇室成员均有授印，根据其身份、等级的不同，所授印宝的称谓、尺寸、质地、装饰等皆不同，根据《明史》中的记载，大致分为三等：

第一等，皇后、太子及嫔妃用印。皇后、太皇太后、皇太后、皇贵妃、贵妃、太子宝玺质地皆为金、玉质，用玉箸篆镌刻，但钮式不一。皇后宝交龙钮，平台，方四寸四分，厚一寸二分；太皇太后、皇太后宝盘龙钮，太皇太后玉宝台高一寸八分，余与皇后宝同；皇贵妃、贵妃宝用蹲龙钮，平台，

46　赵尔巽等：《清史稿》卷一百四《志七十九·舆服三》，中华书局，1977，第3067页。

方四寸，厚一寸二分；皇太子金宝用蹲龙钮，平台，方四寸，厚一寸二分；嫔妃印用龟钮，平台，方三寸六分，厚一寸。如：

皇后之宝（图8.2.7），金质，交龙钮，满汉文篆书，通高10厘米，面14厘米见方，附系黄色绶带。

珍妃之印（图8.2.8），金质，龟钮，通高11.5厘米，面11厘米见方。

第二等，亲王、亲王世子宝。亲王、亲王世子印皆金质龟钮，用芝英篆镌刻，但尺寸不一。亲王宝，龟钮，平台，方三寸六分，厚一寸。亲王世子宝，龟钮，平台，方三寸五分，厚一分。此类印的龟钮首尾皆龙形，身躯似龟，与嫔妃印略同，其中有"和硕怡亲王宝"（图8.2.9）传世，故宫博物院还见有寿山石质的"和硕雍亲王宝"（图8.2.10）。亦有少量的铜质亲王印存世，可能是清军入关前的亲王用印或暂时性的替代品。如"哲盟图旗业亲王印"（图8.2.11），铜质，印面3.9厘米见方。

第三等，郡王印。《清史稿》记载："多罗郡王镀金银印，麒麟钮，平台，方三寸四分，厚一寸，俱清、汉文芝英篆。"见上海博物馆馆藏的"多罗定郡王印"（图8.2.12）。

三、百官诸印

清朝在百官诸印的管理与制造方面，确立起一套行而有效的制度。清代百官印的铸造制度沿袭明代，分为两级铸造。凡有品级的官员，由礼部的铸印局铸造，根据官员品级，高级官员的铸印为银质，低级官员的铸印为铜质。《清史稿》记载："铸印局，汉员外郎、满洲署主事、汉大使各一人"，"铸印局题销铸印，掌铸宝玺，凡内外诸司印信，并范冶之"。[47]负责监督铸印的官员以一年为期，不断更替轮换。《大清会典事例》记载："其监督铸造者，由部于满汉司官内遴选二人引见，恭候钦定一人专司局事，一年期满，再行更代。"对各地衙门中未入流的佐杂人员用印，《大清会典事例》卷三二三记载："（乾隆）三十四年谕：佐杂等官卑人冗，所用止系钤记，若悉令由部颁发，事体尤数纷繁。朕意莫若交与各直省督抚，于省会地方定一镌刻铺户，如官代书之类。令佐杂等报明上司，将应用钤记，即就官铺镌刻。但不许悬挂包刻门牌，以除陋习。其余市肆，一概不许私雕，已足备稽查而昭信守，于事理庶为允协。该部即遵谕行。"地方佐杂未入流者用印由地方自行解决，减轻了中央礼部铸印局的负担，也提高了行政效率。[48]

---

47 赵尔巽等：《清史稿》卷一百十四《志八十九·职官一》，中华书局，1977，第3279页。
48 任万平：《清代官印制度综论》，载朱诚如、王天有主编《明清论丛》（第一辑），紫禁城出版社，1999，第298—316页。

图 8.2.7
皇后之宝，金质，交龙钮，
高 10 cm，尺寸 14 cm×14 cm

图 8.2.8
珍妃之印，金质，龟钮，
高 11.5 cm，尺寸 11 cm×11 cm

图 8.2.9
和硕怡亲王宝，金质，龟钮

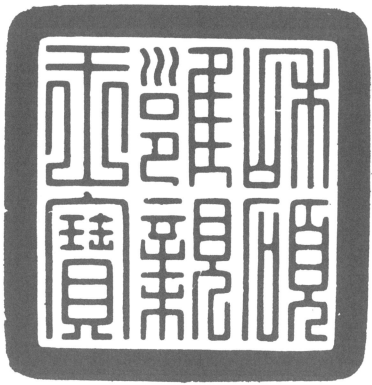

图 8.2.10
和硕雍亲王宝，寿山石质，随形雕云龙钮，
高 16.3 cm，尺寸 10 cm×10 cm

图 8.2.11
哲盟图旗业亲王印，铜质

图 8.2.12
多罗定郡王印，银质鎏金，麒麟钮，
尺寸 10.8 cm×11 cm

清代百官公印的铸造，由礼部和内阁共同监督、审核，无论是中央铸印局铸造品级官印，还是地方铸造为入流者的用印，都必须按照规章制度进行铸造。《清史稿》《大清会典》中对有品级的官员用印、铸造有相当详细的记载，每铸造一方印，都必须由吏部、兵部开具题印，并由礼部奏请皇上之后，才可以择吉日开炉铸造。印章铸成，还须送内阁，由内阁学士审阅无误才可颁发。礼部是铸印局的直属机构，铸印完成后，礼部要首先对铸印进行核审，然后由非上署机构的内阁进行复审，这种审查机制确保了清代官印的质量与权威性。官印的左右两侧还标注有制造年月、编号，同时每枚新印的大小、厚薄、成分、重量及颁发日期都会登记在案，以备查看。

清代官印的领取、启用、销毁方面亦有详细的规定。在京各部院的官员，自行遣官领取。在外官员，根据品级的高下，采取不同的方式：在外文职府通判以上、武总官兵以上，专差赍文领取；文知县、武副将以下发提塘邮寄。在传递的过程中为了防止盗用，会在印的四角加柱，钤封如前，本官得印去柱启封。[49]旧印的销毁，会在废印的印面加刻"缴"字，送至特定的部门统一销毁。从目前遗存的实物来看，印面带有"缴"字的废印较少，大多是采取毁印的方式，较为随意的方式是在印面上刻画，有间隔剜凹字者，有砍去印面一角者，有在印面用横竖线条刻画者。与用随意方式损毁印文的方式相较，可能印面镌刻"缴"字的方式执行颇为不易，最后这一制度不了了之。

清代百官用印特别复杂，根据官品的高低，在质地、钮式、尺度、印文风格、款式等方面有诸多不同，大致将其分为三类：

第一类，文官印。此类印的印钮皆为直钮，清代早期的直钮多作椭圆柱形，后期多作圆柱形，与明代宽扁的直钮印有很大的不同。文官印根据官员品级的不同，质地主要有铜质和银质两种，印台的形态和尺寸厚薄也有所差别。第一等级，如宗人府、衍圣公、六部、都察院、理藩院等印，皆为银质，三台，方三寸三分、厚九分，印文用满、汉两种文字，汉文用尚方大篆镌刻；第二等级，如军机事务处、盛京五部、户部总理三库事务、翰林院、内务府、銮仪卫等印，皆为银质，二台，方三寸二分、厚八分，印文用满、汉两种文字，汉文用尚方大篆镌刻；第三等级，如通政使司、大理寺、太常寺、顺天府、奉天府等印，皆为银质，平台，方二寸九分，六分五厘；第四等级，这一级别的文官用印皆为铜质，印的尺寸厚薄根据官员的品级依次递减，每品官的官印差别为边长一分，厚五厘，其中品位高的官员官印印文汉文使用尚方小篆，品位低的官员官印印文汉文使用垂露篆。如"钦天监时宪

49　任万平：《清代官印制度综论》，载朱诚如、王天有主编《明清论丛》（第一辑），紫禁城出版社，1999，第298—316页。

书之印"（图8.2.13），铜质，杙钮，印背阴刻满汉文"钦天监时宪书之印/礼部造"，边阴刻"乾字二千四十一号""乾隆十四年七月日造"。

第二类，公、侯、伯、高级武吏及边政大臣印。此类印均银质，蹲虎钮，汉文用柳叶篆镌刻。最贵者为公、提督、总兵印，虎钮，三台，方三寸三分，厚九分；侯、伯、经略大臣、大将军、将军、领侍卫内大臣、提督九门步军统领、各地区边政大臣等印，虎钮，二台，方三寸二分，厚八分；其余依其官品，平台，大小基本相同。如"提督广东水师总兵官印"（图8.2.14），银质，豹钮，印面尺寸10.6厘米×10.8厘米。"江南长江水师提督之印"（图8.2.15），铜质，虎钮，通高9.2厘米，印面10.8厘米×10.5厘米，印文使用汉文柳叶篆、满文两种书体镌刻。边政大臣官印印文除满、汉两种文字以外，还会刻有所辖地区少数民族的文字，近些年新疆出土的"旧土尔扈特部落统辖北部右翼旗札萨克之印"（图8.2.16），银质，虎钮，印文使用满文、蒙文两种文字。

第三类，关防、图记、条记。关防是沿用明代的印章制度，为总督、巡抚、钦差、各要冲镇守武吏，以及部分专设事务机构如关税监督等用印。这类印自成系统，均呈长方形，品级高的官吏如总督、巡抚的关防为银质，长三寸二分，阔两寸，汉文用尚方大篆。品级低的官员印均铜质，大小和其他官印一样，与官品高下成正比，印文也与文官信印一样依据不同等级，镌刻以不同的书体。如"陕西绥德城守营都司金书之关防"（图8.2.17），铜质，杙钮，通高11.7厘米，印面9.8厘米×6.3厘米。条记名称亦见于明代，在清代是下级文、武官吏的用印，铜质，均呈长方形。如"夹江县儒学记"（图8.2.18），铜质，杙钮，通高10.78厘米，印面8.47厘米×5.32厘米。

清承明制，清代百官诸印的形制在继承明代官印的基础上，其制度、形制更加繁杂。

明代百官用印，从正一品的宗人府、五军都督府，至地方低级九品的文思院、织染所、颜料局等部门，均用方形之印。只有未入流者，使用长条形铜条记，如各州县儒学、阴阳学、医学、税课司、僧道司、河泊所、织染局等。另外，初设带有临时性的职官如总督、巡抚，以及镇守官、公差官，则颁给长方形的关防。清代官印除印、关防、条记之外，还增加了为八旗基层组织及边疆民族地区所设职官"图记"，如吉林出土的"吉林巴彦鄂佛罗边门防御钤记"（图8.2.19）。

清代官印使用满、汉两种文字入印，而少数民族首领官印，除了刻有满、汉两种文字，还刻有该民族的文字。另外在官印的印文使用尚方大篆、芝英篆、柳叶篆、尚方小篆、殳篆、钟鼎篆、悬针篆、垂露篆等多种汉文篆体，用以区分官员的职务类别，强化品位之间的等级界限。

图 8.2.13
钦天监时宪书之印，铜质，柱钮

图 8.2.14
提督广东水师总兵官印，银质，豹钮，
尺寸 10.6 cm × 10.8 cm

图 8.2.15
江南长江水师提督之印，铜质，虎钮，尺寸 10.8 cm×10.5 cm

图 8.2.16
旧土尔扈特部落统辖北部右翼旗札萨克之印，银质，虎钮，
高 8.2 cm，尺寸 10.7 cm×10.7 cm

图 8.2.17
陕西绥德城守营都司金书之关防，铜质，杙钮

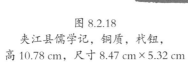
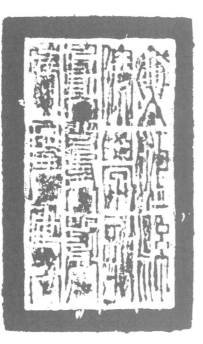

图 8.2.18
夹江县儒学记，铜质，杙钮，
高 10.78 cm，尺寸 8.47 cm×5.32 cm

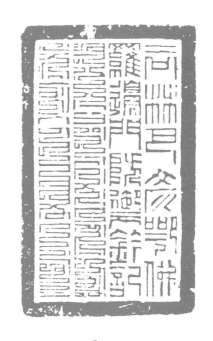

图 8.2.19
吉林巴彦鄂佛罗边门防御钤记，
铜质，尺寸 7.8 cm×4.8 cm

第三节　明清农民起义、群众运动用印

中国历史上农民起义的数量之多，规模之大，对政治和历史影响之深刻，为全世界所罕见。到明清时代，一些群众运动又有社会各阶层的投入，波澜壮阔，震荡了整个社会。自秦汉时代以来，能够见到的中国农民起义运动用印较少，直至元末，还较难以分辨，其原因一是农民运动用印与当时的一些公印很难区别，一些低级军旅用印、宗教用印可能被农民起义军所使用；二是历代统治者（包括农民起义领导者转化成的统治者）对这一类印信彻底地扫灭。所以元代以前的农民起义用印较为罕见。明清时期，由于时代较近，文献记录较完整，留存有一批可鉴别的农民起义、群众运动用印，它们与此时期的公印相比，有其特殊的研究价值。[50]

一、明末农民起义用印

李自成"大顺政权"用印，面型有正方形和长方形两种，青铜质，印面为阳文凿刻，字用篆文，字画平直凌厉，杙钮。为避李自成父亲之名"印家"之讳，专称不再用"印"字，而用"契""符""信""记"等，如"辽州之契"（图8.3.1）、"夔州防御使符"（图8.3.2）、"后营远击关防"（图8.3.3）、"前营参将关防"（图8.3.4）。

张献忠起义用印的风格大体如李自成起义用印。所用篆文风格与明朝公印相似，专称为"印"，如"西充县印"（图8.3.5）。2013年，四川省眉山市彭山区江口沉银遗址发生重大的盗挖案件，部分文物流失。2016年该案破获后追缴回一件"永昌大元帅印"（图8.3.6），有学者指出该金印主人为张献忠。

二、清代太平天国运动用印

传世太平天国天王所用玉玺，桥钮，正方形印面，用仿宋字刻出印文。此外，还曾见到多枚木印，有的为出土，有的藏匿于旧宅，有的为太平天国遗属代代相传。太平天国印的用途多样，中央天朝用正方形印面，其他各级官署用长方形印面。在印的背部，往往钉上一个突起木把手。印文用仿宋字，竖排。在印文四周，刊刻有龙、凤、日、云、水等纹样，如"太平天国玉玺"（图8.3.7）、"旨准"（图8.3.8）、"太平天国浙江海宁州前军右师左旅帅"（图8.3.9）、"太平天国天朝九门御林开朝勋臣璇天豫黄学德"（图8.3.10）。

50　周晓陆：《古代玺印》，中国书店，1998，第201页。

图 8.3.1
辽州之契，铜质，杙钮，
尺寸 8.3 cm×8.3 cm

图 8.3.2
夔州防御使符，铜质，杙钮

图 8.3.3
后营远击关防，铜质，杙钮，
尺寸 9.2 cm×5.4 cm

图 8.3.4
前营参将关防，铜质，杙钮，
高 9.8 cm，尺寸 9.3 cm×5.4 cm

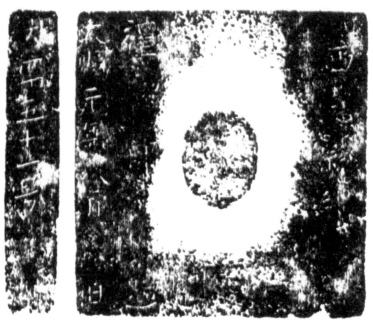

图 8.3.5
西充县印，铜质，杙钮，尺寸 8.3 cm×8.3 cm

图 8.3.6
永昌大元帅印，金质，蹲虎钮，
高 8.6 cm，尺寸 10.3 cm×10.3 cm

图 8.3.7
太平天国玉玺，玉质，龙钮

图 8.3.8
旨准，木质，高 2.4 cm，尺寸 11.7 cm×11.7 cm

图 8.3.9
太平天国浙江海宁州前军右师左旅帅，
木质，高 1.9 cm，尺寸 9.8 cm×4.6 cm

图 8.3.10
太平天国天朝九门御林开朝勋臣璇天豫黄学德，
木质，高 2.9 cm，尺寸 21 cm×10 cm

三、清代白莲教起义用印

贵州出土有白莲教起义用印，石质，阳文凿刻而成，正方形印面，印面巨大。印背置塔形钮。印文内容为"奉天行命统理山河社稷奉圣遵行执掌中国权衡风调雨顺天下太平宋朝皇印"（图8.3.11）。

四、清代杜文秀起义用印

云南出土有杜文秀起义时期的印章。形制与清代公印相似，正方形印面，字画坚硬挺拔。印面文字左半用苗文，右半用汉文。印章专称为"篆"，如"南军后参军篆"（图8.3.12）。

五、清代义和团运动用印

义和团的成员情况、斗争宗旨较为复杂，反映了近代人民运动的一些特点。用印为长方形印面，木质戳记，无边栏，刻以仿宋字，如"永邑信安镇乾字北义合团人等全胜"（图8.3.13）。清朝政府曾颁发督办团练的职官印。虽与义和团运动有一定的关系，但这些印章属于清朝公印，并非义和团运动专用印。

六、清末至辛亥革命人民斗争用印

清代末年，神州大地风云激荡，起义此起彼伏。由于反清斗争组织的多样、复杂，其用印情况也较为复杂，但均摆脱了清朝公印的格式。有的为革命会组织印，有的为反清结社帮会印，有的带有浓重的宗教色彩，等等。辛亥革命成功之后，这些革命斗争用印基本上被废弃，其中有的对民国时期公印产生了一定的影响。

图 8.3.11
奉天行命统理山河社稷奉圣遵行执掌中国权
衡风调雨顺天下太平宋朝皇印，石质，塔钮，
尺寸 19 cm × 19 cm

图 8.3.12
南军后参军篆，铜质，柄钮，高 8 cm，
尺寸 7.3 cm×7.3 cm

图 8.3.13
永邑信安镇乾字北义合团人等全胜，木质，
高 2.9 cm，尺寸 14.4 cm×3 cm

早在汉代就已经出现带有宗教色彩的印章，宋元之后这类印章的数量开始增加，佛教印章里面出现了"佛法僧宝"印，这是寺院法事活动的专用印章。至明清时期，宗教印章的发展已经较为成熟，有公印性质的宗教用印，有僧人篆刻家体现佛道禅心的印章，有公印与私印性质兼备的宗教印，也有图形化的符箓印等。这些宗教印章，形制多样，体系也较为繁杂，但其中部分印章仍带有一定的公印性质，在此加以略述。

一、佛教用印

佛教是明代最主要的宗教，地位显著，在民间有广泛的信仰基础，在很多方面影响到了国家政策的制定与实行，与此同时，佛教印章的使用在此时期变得丰富起来。此时期的佛教印章形制多样，材质丰富，文字风格多变，印文有汉文、满文、藏文、梵文、八思巴文、蒙文等。西藏地区，因其特殊的地理位置与宗教政策，在此时期有大量代表中央政府权力、政治、地位的印信随着对西藏地区的施政而进入，其中包括历代达赖、班禅印和藏僧图章等。

自16世纪起，明清中央政府开始颁授历代喇嘛、班禅金印金册，这也代表中央政府对喇嘛、班禅在西藏地区统治地位的肯定。在此之后逐渐形成一种制度，每一代喇嘛、班禅坐床时都需要朝廷加以册封，才可以被认定取得正式的地位，喇嘛、班禅的金印是西藏地区最高统治权力的象征。

五世达赖喇嘛法名罗桑嘉措，1652年应清顺治皇帝邀请进京，次年春离京返藏的途中，顺治皇帝遣使者册封五世达赖并赐金印。印文称"西天大善自在佛所领天下释教普通瓦赤拉呾喇达赖喇嘛之印"，尺寸11.2厘米×11.2厘米，从右至左用汉、满、藏三种文字制成。（图8.4.1）五世达赖喇嘛将此印的汉文单独制作成一颗印，作为专用章，并起名"自在佛"三字，尺寸3.8厘米×3.8厘米，印面印文呈不规则排列。

七世达赖喇嘛法名噶桑嘉措，1723年，清朝雍正皇帝遣使颁赐七世达赖名号及金册金印诏。金印印文"西天大善自在佛所领天下释教普通瓦赤拉呾喇达赖喇嘛之印"，尺寸11.2厘米×11.2厘米，印文自左及右由蒙、满、汉、藏四种文字制成。（图8.4.2）

八世达赖喇嘛强白嘉措，乾隆四十五年（1780年）颁赐给八世达赖喇嘛强白嘉措玉册玉印，尺寸12.9厘米×12.9厘米，印文从左及右使用满、汉、藏、蒙，满、蒙两种文字用九叠篆。（图8.4.3）

五世班禅法名罗桑益喜，1713年康熙皇帝派钦差至扎什伦布寺"照封达

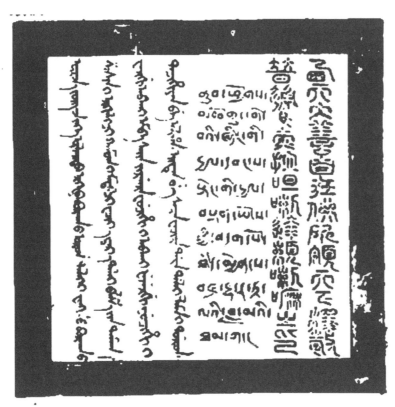

图 8.4.1
五世达赖金印，金质，如意钮，
尺寸 11.2 cm × 11.2 cm

图 8.4.2
七世达赖金印，金质，如意钮，
尺寸 11.2 cm × 11.2 cm

图 8.4.3
八世达赖玉印，青玉质，龙钮，
尺寸 12.9 cm×12.9 cm

赖之例"册封五世班禅为"班禅额尔德尼"并赐金册金印。从此之后，班禅的封号的地位得到确定，历代的班禅额尔德尼都必须经过中央政府的册封。班禅额尔德尼金印，印文"敕封班臣（禅）额尔德尼之印"，尺寸10.8厘米×10.8厘米，印文为汉、满、藏三种文字。

六世班禅法名白丹益喜，乾隆三十一年（1766年）册封六世班禅。《清史稿》卷五百二十五记载："六辈罗布藏巴勒垫伊西，乾隆四十三年，请祝七旬万寿，许之。……四十五年八月，在热河祝嘏，至京居西黄寺。是年颁赐玉印玉册。"[51]玉印，印文"敕封班禅额尔德尼之宝"，尺寸11.5厘米×11.5厘米，印文为汉、藏、满三种文字。（图8.4.4）

综上所述历代喇嘛、班禅额尔尼德的金册金印均有中央政府颁赐，在坐床典礼上宣读中央政府授予的封号和册文，同时颁赐金印，体现了历代中央政府的权威和对西藏地区主权的管辖。

西藏地区还留存有大量藏僧使用的图书、图记及印信：

"净修觉道"（图8.4.5），明代，象牙质，佛轮钮。印高6.5厘米，尺寸4.3厘米×4.3厘米。印文为"净修觉道"，汉文叠篆，印背右上刻有"赐副都纲露竹聪密"，印背左上刻有"正统十三年月□日"。

"弘善禅师图书"（图8.4.6），明代，银质，狮钮。印高8.1厘米，尺寸9.5厘米×9.5厘米。印文为"弘善禅师图书"，汉文叠篆。

"圆修般若"（图8.4.7），明代，象牙质，佛光钮。印高6.4厘米，尺寸4.3厘米×4.3厘米。印文为"圆修般若"，汉文叠篆，印背右上刻有"宣德二年月□日"，印背左上刻有"赐喇嘛桼哩结藏卜"。

"如如自在"（图8.4.8），明代，象牙质，佛光钮。印高6.7厘米，尺寸4.3厘米×4.3厘米。印文为"如如自在"，汉文叠篆，印背右上刻有"赐喇嘛舍罗藏卜"，印背左上刻有"正统二年九月□日"。"如如"在佛教内指真如常住、圆融而不凝滞的境界，"自在"指空寂无碍。

"佛法僧宝"（图8.4.9），明代，铜质，杙钮。印高3.3厘米，尺寸6.1厘米×5.9厘米。印文为"佛法僧宝"。宋元时期，佛教印章出现了"佛法僧宝"印，为寺院法事活动的专用印记。"佛法僧宝"印的沿用下至元、明、清，为佛门庄严之象征。

另外西藏地区还流行有押印，一般为铁质或银质，印体装饰华丽，形制别具特色。如文雅堂藏清代西藏铁印（图8.4.10）、清代西藏霍尔康萨家族创建者诺颜和硕齐双面印（图8.4.11）。

51　赵尔巽等：《清史稿》卷五百二十五《列传三百十二·藩部八》，中华书局，1977，第14529页。

图 8.4.4
六世班禅玉印，尺寸 11.5 cm×11.5 cm

图 8.4.5
净修觉道，象牙质，佛轮钮，高 6.5 cm，
尺寸 4.3 cm×4.3 cm

图 8.4.6
弘善禅师图书，银质，狮钮，
高 8.1 cm，尺寸 9.5 cm×9.5 cm

图 8.4.7
圆修般若，象牙质，佛光钮，
高 6.4 cm，尺寸 4.3 cm×4.3 cm

图 8.4.8
如如自在，象牙质，佛光钮，
高 6.7 cm，尺寸 4.3 cm×4.3 cm

图 8.4.9
佛法僧宝，铜质，杙钮，
高 3.3 cm，尺寸 6.1 cm×5.9 cm

图 8.4.10
文雅堂藏清代西藏铁印，
铁质，莲花钮

图 8.4.11
清代西藏霍尔康萨家族创建者诺颜
和硕齐双面印，铁质

二、道教用印

自汉代道教出现之后，道教印章亦随之出现。经历隋唐五代，直至明清，在朝廷齐醮、民间道场的道教科仪及法事活动中经常可以看到道教印章的身影，尤其是道教法印，更是名目众多，数量巨大。明清时期道教印章的发展进入成熟阶段，从其来源和使用的角度上看，大致可分为道教官印、名号印、法印三个类别。

第一类，道教官印。道教官印是指朝廷或国家政权为管理道教事务而设置的机构或道官所使用的印章。《明史·职官志》记载："僧、道录司掌天下僧道。在外府州县有僧纲、道纪等司，分掌其事，俱选精通经典、戒行端洁者为之。"[52]《清史稿》中记载了用印的情况："僧录司、道录司，铜质直钮，清、汉文垂露篆，方二寸二分，厚四分五厘。"此类印章基本以管理道教事务的机构名称、官职作为印文，在印体的侧面留有印章的制作时间和制作机构，印文的风格与级别相对应的官印相一致。如明代初年"嘉定县道会司记"（图8.4.12），印背刻有"洪武十五年二月礼部造"。[53]此印与《明史·职官志》中的记载相吻合："道会司，俱未入流，铜条记，阔一寸三分，长二寸五分，厚二分一厘。已上俱直钮，九叠篆文。"[54]

图 8.4.12
嘉定县道会司记，铜质，杙钮

第二类，名号印。这类印一般是朝廷封赐给道教掌门或者道门重要人物的封号印，这类印往往作为道门的镇山之宝，传世的实物与相关形象资料较少。故宫博物院中收藏有此类名号印，有学者推测这些印多为皇帝在道教活动中所用。如"玄都万寿之宝"（图8.4.13）、"玄谷帝君金丹之玺"（图8.4.14）、"紫极真仙之宝"（图8.4.15）等。

第三类，法印。法印是因宗教活动、仪式的需要而产生的印章，此类印章一般依据道教经典内的名目制作，用以发书封章、驱策鬼神、治疗疾病、延年益寿等，这类印包括篆书、符篆、道符、图符四种形式。如：

北极驱邪院印（图8.4.16），明，铜质，柱钮。印高1.6厘米，尺寸5.7厘米×5.7厘米。印文为"北极驱邪院印"。

道经师宝（图8.4.17），明，铜质，方钮。印高5.1厘米，尺寸6.5厘米×6.3厘米。印文为"道经师宝"。

雷霆司之印（图8.4.18），明，铜质，扁钮。印高1.5厘米，尺寸5厘米×5厘米。印文为"雷霆司之印"。

符篆印（图8.4.19），明，铜质，矩钮。印高3.2厘米，尺寸6.5厘米×6.5厘米。

图 8.4.13
玄都万寿之宝，寿山石质，雕人物钮，
高 3 cm，尺寸 5.5 cm×5.5 cm

52　张廷玉等：《明史》卷七十四《职官志三》，中华书局，1974，第1817页。
53　罗振玉：《隋唐以来官印集存》，上虞罗氏影印本，第135页。
54　张廷玉等：《明史》卷七十二《职官志一》，中华书局，1974，第1745页。

图 8.4.14
玄谷帝君金丹之玺，寿山石质，法
轮钮，高 6.5 cm，尺寸 5.4 cm×5.4 cm

图 8.4.15
紫极真仙之宝，寿山石质，瑞兽钮，
高 6.2 cm，尺寸 6 cm×6 cm

图 8.4.16
北极驱邪院印，铜质，柱钮，
印高 1.6 cm，尺寸 5.7 cm×5.7 cm

图 8.4.17
道经师宝，铜质，方钮，
印高 5.1 cm，尺寸 6.5 cm×6.3 cm

图 8.4.18
雷霆司之印，铜质，扁钮，
印高 1.5 cm，尺寸 5 cm×5 cm

图 8.4.19
符篆印，铜质，矩钮，
印高 3.2 cm，尺寸 6.5 cm×6.5 cm

三、明清鉴藏印

（一）宫廷鉴藏印

明清宫廷鉴藏印是出于宫廷书画收藏和皇室宗亲个人的需求而制作的印章，它们与用于政事的宝玺不同，宫廷鉴藏印一般使用在私人的场合，但由于印主特殊的身份，此类印章仍带有一定的公印性质，在印章的印文中仍镌刻有"宝""玺"等字样。宫廷鉴藏印在使用的过程中有时存在御宝、封印相互易位的现象，体现了鉴藏印具有的双重性质，难以体现它本来的身份，但在形制与印文内容方面的选择，鉴藏印要比正式的御宝自由而多样。

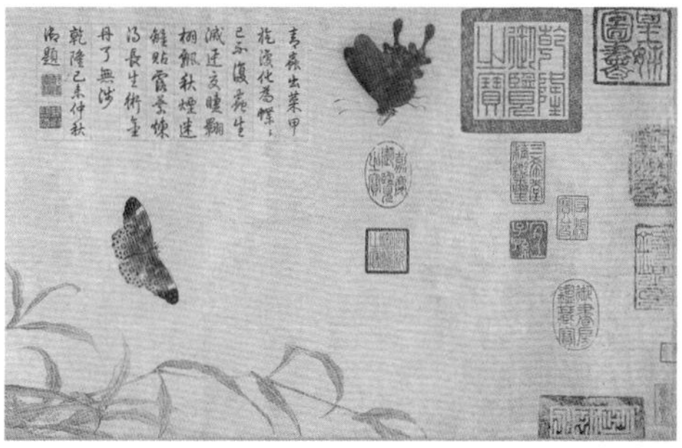

明代宫廷鉴藏印在传世的绘画作品和出土实物资料中可以看到：故宫博物院馆藏有北宋赵昌绘《写生蛱蝶图》（图8.4.20）和南宋马麟绘《层叠冰绡图》（图8.4.21），两画卷中钤有"典礼纪察司印"（半印），但都只见末行"司印"二字，偶见中间"纪察"之半者，大致另一半印文，是钤在典礼纪察司的簿子上，以备核查。明宣宗朱瞻基在明代皇帝中具有较高的书法和绘画造诣，尤工山水、人物、走兽、花鸟、鱼虫，经常将其书画作品赏赐重臣，画面上书年月及受赐者姓名，钤用"广运之宝"（图8.4.22）、"武英殿宝"及"雍熙世人"等印章。《池北偶谈·谈艺三》记载："康熙戊申岁在京师，见明宣宗御画《黑猿图》，上方有御笔云：'宣德壬子之夏，广西守臣都督山云以猿来进。朕既一览而足，间因几务之暇偶绘为图，以资宴玩。念卿辅理之勤，宜与同之，特用颁赐以见朕意。赐少傅杨荣。'上有'武英殿宝'。"[55]明宪宗朱见深在绘画上亦有很高的造诣，在位期间依旧制召集画家入宫绘画并授以官职，对明代的书画发展起到了推动作用，故宫博物院藏有其工笔人物画《一团和气》，以及石质"成化御书之宝"（图8.1.14）。明代的皇子、亲王中也不乏书画的爱好者，在唐人摹王羲之《上虞帖》中钤有"晋国奎章""晋府书画之印"，即明晋恭王朱㭎的鉴藏印记。1971年，山东邹县鲁荒王朱檀墓出土有石质藏书印，印文"鲁府图书"（图8.4.23）。

清代康熙、乾隆时期，宫廷鉴藏书画、收藏古代艺术品的风气兴盛，大量民间收藏的字画纷纷通过各种渠道进入宫廷，清代宫廷可以说是继北宋"宣和内府"后，最具规模的古代艺术作品的大汇集地。清代宫廷大量收集古代艺术品，最初源于皇帝本人的兴趣爱好，最后形成一股社会风气，并在宫廷的收藏形成一定规模之后，开始对这些艺术品进行整理和著录。乾隆、嘉庆时期先后完成了《石渠宝笈》《秘殿珠林》的编著，并在入藏的书画作品中按照规制钤上不同的印记，如乾隆五玺、乾隆七玺、嘉庆五玺、嘉庆七

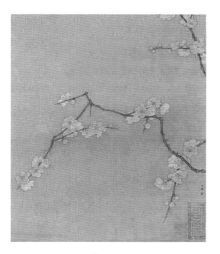

图 8.4.20
北宋赵昌《写生蛱蝶图》（局部），
钤"典礼纪察司印"（半印）

图 8.4.21
南宋马麟《层叠冰绡图》（局部），
钤"典礼纪察司印"（半印）

图 8.4.22
明宣宗《武侯高卧图》（局部），
钤"广运之宝"

55　王士禛：《池北偶谈》卷十三《谈艺三·黑猿图》，中华书局，1982，第308页。

图 8.4.23
鲁府图书（山东邹县鲁荒王朱檀墓出土），莱阳石质，
龟钮，高 10.4 cm，尺寸 12.7 cm×12.7 cm

图 8.4.24
《康熙宝薮》钤印 "康熙宸翰"

图 8.4.25
《康熙宝薮》钤印 "戒之在得"

图 8.4.26
《康熙宝薮》钤印 "康熙御览"

玺等，这些印记已经成为人们研究古代书画的重要资料。

清代康熙皇帝玄烨（1654—1722年）喜好丹青，精善书法。在书画作品中留有很多印鉴，在其行书诗扇上钤有印文为 "康熙"、"心手相师"、"康熙宸翰"（图8.4.24）、"戒之在得"（图8.4.25）的印章。又有印文为 "睿鉴"、"康熙御览"（图8.4.26）的书画鉴藏用印，以及印文为 "佩文斋" 的斋号印。还有康熙皇帝专门用于书画创作的 "康熙御笔之宝"（图8.4.27），闲暇之时用于书画中的闲章 "万几余暇"（图8.4.28）。

乾隆皇帝弘历（1711—1799年）的鉴藏印和书画用印数量庞大，据不完全统计，见于乾隆皇帝一人使用的鉴藏章、闲章就达千枚之多，其经常使用的有 "古稀天子"、"古稀天子之宝"（图8.4.29）、"秘殿珠林"、"乾隆御赏之宝"、"养心殿精鉴玺"（图8.4.30）、"乾隆鉴赏"、"宝笈重编"、"宜子孙"（图8.4.31）、"石渠宝笈"、"淳化阁图书珍秘宝"、"五福五代堂古稀天子宝"、"八徵耄念之宝"、"太上皇帝之宝"、"寿" 字印、"避暑山庄"、"乾隆宸翰"（图8.4.32）等玺印。内府在整理清宫书画时，凡入选《石渠宝笈》或《秘殿珠林》的书画，钤用乾隆五玺，即 "三希堂精鉴玺"（图8.4.33）、"宜子孙"、"乾隆御赏之宝"、"乾隆鉴赏"、"石渠宝笈"。藏于各宫的书画会再加盖各宫印记，如 "乾清宫鉴藏宝" "养心殿鉴藏宝" "重华宫鉴藏宝" "御书房鉴藏宝" 等。

嘉庆皇帝颙琰（1760—1820年）在位期间，也仿照乾隆五玺的样式制作了嘉庆五玺，款式与印文与乾隆五玺基本一致，只是将印文中 "乾隆" 改镌为 "嘉庆"。"三希堂精鉴玺" 和 "宜子孙" 两方印在嘉庆时期新制，它们的形制与乾隆时期虽一致，但印文风格有不同之处。如 "三希堂精鉴玺" 的 "三" "堂" "精" "鉴" 等字，在印文的布局上与乾隆时期存在不同；"宜子孙" 印，乾隆时期的印文风格圆滑多转笔，而嘉庆时期的印文在转折处多直角，字体差异明显，如 "嘉庆御览之宝"（图8.4.34）、"嘉庆"（图8.4.35）。

清代的道光、咸丰、同治、光绪等帝，也都效法先帝制作各自的 "御览之宝"（图8.4.36）和 "宸翰" 印。清末宣统时期，宣统皇帝和慈禧太后也都制作各自的鉴藏印，如 "宣统御览之宝"（图8.4.37）、"宣统鉴赏"、"慈禧皇太后御览之宝"（图8.4.38）等。

（二）民间鉴藏印

明清时期随着古物收藏、字画鉴赏风气的流行，民间涌现许多私人鉴藏家，这些私家实力与影响与宫廷内府相较虽远远不如，但也藏有许多精品，至今仍可以从传世的书画作品中看到他们的鉴藏用印。明清时期民间鉴藏印在很大程度上受到了艺术流派印的影响，两者互有交集，本节只选取其中名

图 8.4.27
康熙御笔之宝，碧玉质，龙钮

图 8.4.28
万几余暇，尺寸 3.1 cm × 3.1 cm

图 8.4.29
古稀天子之宝，碧玉质，交龙钮，
高 7.8 cm，尺寸 12.9 cm×12.9 cm

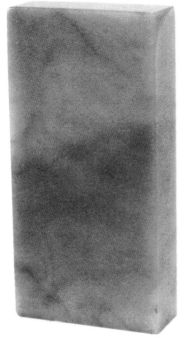

图 8.4.30
养心殿精鉴玺，青田石质，光
素长方形玺，高 8.5 cm

图 8.4.31
宜子孙，汉玉质，瓦钮，
高 1.5 cm，尺寸 2.5 cm×2.5 cm

图 8.4.32
乾隆宸翰，昌化石质，随形雕鸳鸯荷花钮，
高 15.2 cm，尺寸 8.4 cm×8.4 cm

图 8.4.33
三希堂精鉴玺，青玉质，虎螭钮，
高 1.9 cm，尺寸 4 cm×2.2 cm

图 8.4.34
嘉庆御览之宝，寿山石质，螭钮，
高 8.5 cm，尺寸 8.6 cm×8.6 cm

图 8.4.35
嘉庆，白玉质，随形雕螭钮，
阳文尺寸 2 cm×2 cm，阴文尺寸 2.4 cm×2.4 cm

图 8.4.36
道光御览之宝，青玉质，瑞兽钮，
高 2.2 cm，尺寸 3.4 cm×3.4 cm

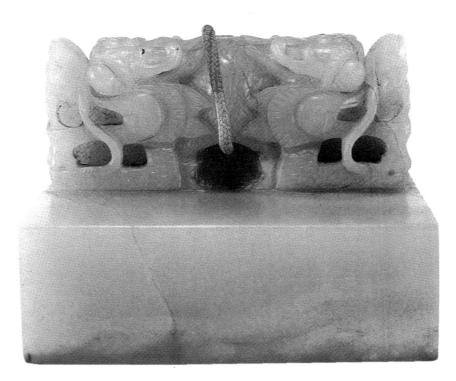

图 8.4.37
宣统御览之宝，青玉质，交龙钮，
高 9.4 cm，尺寸 12.9 cm×12.9 cm

图 8.4.38
慈禧皇太后御览之宝，寿山石质，随形雕
瑞兽钮，高 12 cm，尺寸 10.4 cm×10.4 cm

图 8.4.39
项子京家珍藏

图 8.4.40
墨林秘玩

图 8.4.41
项墨林父秘笈之印

家鉴藏印信加以略述。

项元汴（1525—1590年），字子京，号墨林，别号墨林山人、墨林居士、香严居士、惠泉山樵、鸳鸯湖长、漆园傲吏等，浙江嘉兴人。明代著名收藏家、鉴赏家，精于鉴赏，因其喜好在古籍书画上累累钤盖图章，曾受到书画收藏家的讥评："钤印累幅，犹如聘丽人却黥其面。"其鉴赏印有"项子京家珍藏"（图8.4.39）、"世济美堂"、"天籁阁"、"墨林秘玩"（图8.4.40）、"项墨林父秘笈之印"（图8.4.41）、"檇李"、"世济美堂项氏图籍"、"古狂"、"古檇李狂儒墨林山房史籍印"、"墨林山人"、"墨林堂"（图8.4.42）、"项墨林鉴藏章"、"项墨林季子章"、"项子京家珍藏"等。

梁清标（1620—1691年），字玉立，号棠村，又号蕉林、苍岩，直隶真定（今河北正定）人，明崇祯十六年（1643年）进士，清康熙二十三年（1684年）擢保和殿大学士，二十七年（1688年）任相国。精于书法，喜好藏书，收藏书画有"甲天下"之名，在正定城内筑有书楼"蕉林书屋"，专以藏书画、古籍，积书多至数十万卷。其鉴藏印有"梁清标印"（图8.4.43）、"棠村"、"河北棠村"、白文"蕉林居士"及"棠村审定"印、"蕉林"（图8.4.44）、"蕉林居士"（图8.4.45）、"苍岩子"、"冶溪渔隐"、"玉立氏印章"、"观其大略"、"家在北潭"、"净心抱冰雪"、"无垢"等。

高士奇（1645—1703年），字澹人，号瓶庐，又号江村，赐号笔窗，浙江平湖人。早年在詹事府做记录官，后官至礼部侍郎。其学识渊博，能诗善画，所藏书画达千余卷，著有《春秋地名考略》《左传纪事本末》《清吟堂全集》《江村消夏录》《扈从西巡日录》《苑西集》《归田集》《城北集》等，其中《江村消夏录》中对每件所藏书画有鉴定评语。其鉴藏印有"士奇"（图8.4.46）、"澹人"（图8.4.47）、"竹窗"（图8.4.48）、"江村"、"生香乐意斋"、"萧兀斋"、"简静斋"、"蔬香园"、"红雨轩"、"朗润堂"、"高氏岩耕草堂藏书之印"、"高氏江村草堂珍藏书画之印"等。

另外这一时期民间私印进一步的风格化受到艺术流派印的影响，印文风格倾向于汉印、古文，材质也比较多，出现有铜、牙、石、玉、木等。如明"夏允彝印"（图8.4.49），象牙质；1966年江苏苏州虎丘王锡爵墓出土的两方"锡爵""荆石"螭钮玉印（图8.4.50）；上海博物馆馆藏的清"龚鼎孳印"（图8.4.51），铜质鎏金，兽钮等。

图 8.4.42
墨林堂

图 8.4.43
梁清标印

图 8.4.44
蕉林

图 8.4.45
蕉林居士

图 8.4.46
士奇

图 8.4.47
澹人

图 8.4.48
竹窗

图 8.4.49
夏允彝印，象牙质，象钮，
尺寸 4 cm×4 cm

图 8.4.50
"锡爵""荆石"玉印，
"荆石"，白玉质，螭钮，高 4 cm，尺寸 2.9 cm × 2.4 cm；
"锡爵"，白玉质，螭钮，高 3.5 cm，尺寸 2.6 cm × 2.4 cm

图 8.4.51
龚鼎孳印，铜质鎏金，兽钮

第五节　民国公印

民国的公印制度在很大程度上借鉴了清朝的公印制度，仍带有浓厚的传统色彩。从印面上来说民国公印均为方形，并且"玺"字在印文中重新出现。民国各级机关的用印，则按其形制的不同分为印、关防、钤记、小章四种，并分别有其特定的使用范围。根据南京国民政府公布的《国民政府颁发印信条例》中的规定：永久性及属于行政范围之机关发印，临时性及不属于行政范围之机关发关防，特殊机关应发印或关防时需要临时核定审查。委任职之机关发钤记，特、简任职及简任或荐任职之机关长官发小章。

国玺、印、关防、钤记、小章所使用的材质也不尽相同。民国时期的国玺宝印使用上等的碧玉雕刻而成（图8.5.1）。据《国民政府颁发印信条例》规定：国民政府及陆海空军总司令暨行政、立法、司法、考试、监察等五院之印用银质；国民政府主席、陆海空军总司令、五院院长及特任职长官之小章用牙质（1943年7月改为牙质或银质），如"国民政府监察院印"（图8.5.2）；长官为特任、简任、荐任职各级机关之印、关防、小章均用铜质，如"两浙区盐务管理局平海办事处鲍黄两场管理所图记"（图8.5.3）、"中法大学之章"（图8.5.4）；长官为委任职机关之钤记用木质。其中，军政机关印信较特殊，依照《国民政府行政院军政部印信条例》的规定，军政部所属各级军事机关之印、关防及钤记，均用木质刻制，自少将以上之印及关防、钤记镶锡边如"中国国民党太湖东南第二期清乡区党务办事处钤记"（图8.5.5）；上校以上之独立机关长官小章用牙质或角质（牛角）刻制。金为贵重稀有金属，民国时期机关印信均不使用，仅限于铸造西藏活佛达赖喇嘛和班禅额尔德尼之印使用。

民国时期公印的印文，均使用阳文篆书，国玺宝印、印、关防、钤记、小章所使用的篆体各有不同。国玺宝印使用玉箸篆。各部院印民国初年多使用九叠篆，后改为尚方大篆。

将军及各武职等印信用柳叶篆，各省巡按使及各厅局印信用方小篆，京师及各省审判厅、检察厅等印信用钟鼎篆，各省县印信用垂露篆。此外，蒙藏机构印信如"巴林左翼旗旗政府印"（图8.5.6），则采汉蒙藏文三体或汉蒙文二体合璧文字，其中的汉文，武职用柳叶篆，文职用方大篆或方小篆。民国时期公印的印钮较为简单，从实用出发，基本为清一色的直柄式。

图 8.5.1
中华民国之玺，玉质，四环钮

图 8.5.2
国民政府监察院印，牙质，杙钮

图 8.5.3
两浙区盐务管理局平海办事处鲍黄两场
管理所图记，铜质，杙钮

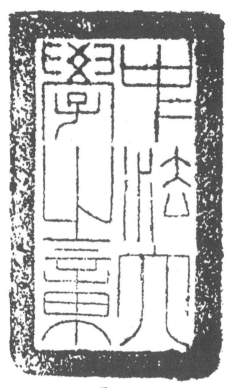

图 8.5.4
中法大学之章，铜质，杙钮

图 8.5.5
中国国民党太湖东南第二期清乡区党务办事
处铃记，铜质，杙钮

图 8.5.6
巴林左翼旗旗政府印，铜质，杙钮

◎ 本章小结 ————————————————————————

　　新流期距今较近，目前遗留下来的印章实物较多，明清两朝的文献、笔记小说对其记载既详尽可信又繁缛琐碎。这个时期为中国古代印章的发展呈现出圆满而资料丰富的结局，中国近现代实用印章的发展由此展开。

　　新流期的公印在规范期的基础上发展而成，整个风格愈加显得死板僵化。出现这一状况的基本原因，是中国印章史的进展使其艺术创作不再着力于此时期的公印，而几乎全部转向了流派艺术印章。清朝的公印上刊有两种文字，也仅仅反映了当时的制度规定，不具有很高的艺术价值。

　　新流期的公印的价值并不因其艺术性低下而一无是处，它们是明清两朝极为重要的，事关政治、经济、军事、民族、外交诸多方面的实物资料。就公印的品类而言，本期是一个集大成的时期，明清两代史的研究应比以往更倚重存世的印章资料。明清时代农民起义、群众运动所使用的印章是继元末农民起义之后，可以确认的此类器物，它们有着特殊的地位与研究价值。

　　新流期是中国流派艺术印章蓬勃发展并取得巨大成就的时期，流派纷呈、面目各异，并大量吸收了古代印章的艺术精髓。但是文人流派艺术印章的创制对公用印为代表的实用印章几乎没有什么影响，这标志着中国玺印文化中实用系列印章与艺术系列印章彻底的分裂，造成这种"分裂"的原因往往是多方面的，既有"印外"的，也有"印内"的，这种分裂，造成了中国印章文化与艺术发展的质的飞跃与空前的进步。

续表

续表

图　序	图　名	印面原文	页　码
图 3.3.34	长陞，铜质，鼻钮	長陞	050
图 3.3.35	公孙郾，铜质，鼻钮	公孫郾	051
图 3.3.36	曹，铜质，鼻钮	曹	051
图 3.3.37	秦，铜质，鼻钮	秦	051
图 3.3.38	骀，铜质，鼻钮	骀	051
图 3.3.39	玄羊都，铜质，鼻钮	玄羊都	051
图 3.3.40	尾石幸，铜质，鼻钮	尾石幸	051
图 3.3.41	倥侗襄，铜质，鼻钮	倥侗襄	051
图 3.3.42	邯郸暲，铜质，鼻钮	邯郸暲	051
图 3.3.43	事相如，铜质，鼻钮	事相如	051
图 3.3.44	事少臣，铜质，鼻钮	事少臣	051
图 3.3.45	王疾，铜质，鼻钮	王疾	051
图 3.3.46	长去疾，铜质，鼻钮	長去疾	051
图 3.3.47	昌，铜质，鼻钮	昌	052
图 3.3.48	吉，铜质，鼻钮	吉	052
图 3.3.49	美，铜质，鼻钮	美	053
图 3.3.50	善寿，铜质，鼻钮	善壽	053
图 3.3.51	千万，铜质，鼻钮	千万	053
图 3.3.52	千秋，铜质，鼻钮	千秋	053
图 3.3.53	出内吉，铜质，亭钮	出内吉	053
图 3.3.54	宜有千万，铜质，鼻钮	宜有千萬	053
图 3.3.55	千秋百万昌，铜质，鼻钮	千秋百萬昌	054
图 3.3.56	青中，铜质，鼻钮	青中	054
图 3.3.57	敬其上，铜质，鼻钮	敬其上	054
图 3.3.58	正行亡曲，铜质，鼻钮	正行亡曲	054
图 3.3.59	可以正身，铜质，鼻钮	可以正身	054
图 3.3.60	君，铜质，鼻钮	君	054
图 3.3.61	上士，铜质，鼻钮	上士	054
图 3.3.62	君子士，铜质，鼻钮	君子士	054
图 3.3.63	王之上士，铜质，鼻钮	王之上士	054
图 3.3.64	丘，铜质，鼻钮	丘	055
图 3.3.65	章，铜质，鼻钮	章	055
图 3.3.66	百尝，铜质，鼻钮	百嘗	055
图 3.3.67	百赏，铜质，鼻钮	百賞	055
图 3.3.68	宜士和众，铜质，鼻钮	宜士和衆	055
图 3.3.69	宜民和众，铜质，鼻钮	宜民和衆	055
图 3.3.70	巴蜀图形印，铜质，鼻钮		055
图 3.3.71	楚国虎纹泥封		055
图 3.3.72	楚国虎纹陶文拓片		055
图 3.4.1	河南温县北平皋村出土的"陛（邢）公""公"陶文拓片	陛公、公	056
图 3.4.2	春秋"鄘"戈铭文拓片	鄘	057

续表

图 序	图 名	印面原文	页 码
图3.4.3	"郾侯脮"戈铭文拓片		057
图3.4.4	公书，铜质，鼻钮	公書	058
图3.4.5	王兵戎器，铜质，绳索状鼻钮	王兵戎器	059
图3.4.6	阴平，铜质，鼻钮	陰平	059
图3.4.7	右宫馆，铜质，鼻钮	右宮馆	059
图3.4.8	晏门，铜质，鼻钮	晏門	059
图3.4.9	长陛，铜质，鼻钮	長陛	059
图3.5.1	洇（泉）岙（水）山金贞端，铜质，橛钮	洇岙山金貞端	060
图3.5.2	右朱贞端，铜质，橛钮	右朱貞端	060
图3.5.3	大司徒长节乘，铜质，橛钮	大司徒長節乘	060
图3.5.4	中阳都吴（虞）王节，铜质，橛钮	中易都吳王節	061
图3.5.5	中军丞，铜质，橛钮	中軍丞	061
图3.5.6	庚都丞，铜质，鼻钮	庚都丞	062
图3.5.7	柜阳都左司马，铜质，鼻钮	柜易都左司馬	062
图3.5.8	坪（平）阴都司工，铜质，鼻钮	坪陰都司工	062
图3.5.9	釜阴都清左，铜质，鼻钮	釜陰都清左	062
图3.5.10	甫阳都封人，铜质，鼻钮	甫易都封人	062
图3.5.11	文安都巽（遽）垍（駬），铜质，鼻钮	文安都巽垍	062
图3.5.12	安阳水鉢，铜质，鼻钮	安易水鉢	062
图3.5.13	郄阳君鉢，铜质，鼻钮	郄易君鉢	062
图3.5.14	武城德垍（駬），铜质，鼻钮	武城惠垍	062
图3.5.15	左市，铜质，鼻钮	左市	063
图3.5.16	加芳实鉢，铜质，鼻钮	加芳實鉢	063
图3.5.17	甫阳铸师鉢，铜质	甫易鑄帀鉢	063
图3.5.18	逃都市鉢，铜质	逃都市鉢	063
图3.5.19	日庚都萃车马，铜质，纳鏊钮	日庚都萃車馬	063
图3.5.20	长诘－千秋，铜质，穿带两面印	長詰－千秋	064
图3.5.21	东方纨－纳，铜质，穿带两面印	東方紈－紈	064
图3.5.22	卫生达，铜质，鼻钮	衛生達	065
图3.5.23	中生狗，铜质，鼻钮	中生狗	065
图3.5.24	彝吴不壬，铜质，鼻钮	彝吳不壬	065
图3.5.25	司马思，铜质，鼻钮	司馬思	065
图3.5.26	中行蛞，铜质，鼻钮	中行蛞	065
图3.5.27	刑莫，铜质，鼻钮	刑莫	065
图3.5.28	虏留，铜质，鼻钮	虏留	065
图3.5.29	王喜，铜质，鼻钮	王喜	065
图3.5.30	王旦，铜质，鼻钮	王旦	065
图3.5.31	长宓，铜质，鼻钮	長宓	065
图3.5.32	长内，铜质，鼻钮	長内	065
图3.5.33	中，铜质，鼻钮	中	065
图3.5.34	匋攻（工）谏，陶文拓片	匋攻谏	066
图3.5.35	匋丹，陶文拓片	匋丹	066

续表

图　序	图　名	印面原文	页　码
图 3.5.36	匋工十二，陶文拓片	匋工十二	066
图 3.5.37	匋攻（工）乙，陶文拓片	匋攻乙	066
图 3.5.38	廿二年正月左匋君（尹）、左匋攻（工）敀、左匋倅汤敀匜，陶文拓片	廿二年正月左匋君、左匋攻敀、左匋倅汤敀匜	066
图 3.5.39	左宫痈，陶文拓片	左宫癰	066
图 3.5.40	长陞，陶文拓片	長陞	067
图 3.5.41	酉，陶文拓片	酉	067
图 3.5.42	迎，陶文拓片	迎	067
图 3.5.43	诣处，泥封拓片	詣処	067
图 3.5.44	东武城攻（工）师鉌，铜质，鼻钮	東武城攻帀鉌	068
图 3.5.45	阳都邑圣趄（徒）盅（盐?）之鉌，铜质，鼻钮	昜都邑聖趄盅（鹽?）之鉌	068
图 3.5.46	趄（徒）盅（盐?）之鉌，铜质，鼻钮	趄盅（鹽?）之鉌	068
图 3.5.47	战国齐旁凸肖形印，铜质，鼻钮		069
图 3.5.48	尚（掌）硌（路）鉌，铜质，鼻钮	尚硌鉌	069
图 3.5.49	左正鉌，铜质，鼻钮	左正鉌	069
图 3.5.50	右司马敀，铜质，鼻钮	右司馬敀	069
图 3.5.51	右嗇□□羽工鉌，铜质，鼻钮	右嗇□□羽工鉌	069
图 3.5.52	市，铜质，鼻钮	市	069
图 3.5.53	右桁正木，铜质，纳鎜钮	右桁正木	069
图 3.5.54	关勿正鉌，铜质，纳鎜钮	關勿正鉌	069
图 3.5.55	鄞□市罂，铜质，鼻钮	鄞□市罂	069
图 3.5.56	子杢子罂，铜质	子杢子罂	069
图 3.5.57	左桁敶（廪）木，铜质，纳鎜钮	左桁敶木	069
图 3.5.58	执关，铜质，鼻钮	執關	069
图 3.5.59	陈窒立事岁安邑亳釜，陶质，鼻钮	陳窒立事歲安邑亳釜	070
图 3.5.60	王庆忌，铜质，鼻钮（此印系西汉墓出土）	王慶忌	070
图 3.5.61	羊逾，铜质，鼻钮	羊逾	070
图 3.5.62	郐邦，铜质，鼻钮	郐邦	070
图 3.5.63	莫阳陈得三，陶质，鼻钮	莫昜陳寻三	071
图 3.5.64	子粟子信鉌，铜质，鼻钮	子粟子信鉌	071
图 3.5.65	□□吉鉌－鱼鸟纹，铜质，穿带双面印	□□吉鉌－鱼鸟纹	071
图 3.5.66	左司马闻旻私鉌，泥封	左司馬聞旻私鉌	071
图 3.5.67	民�信鉌，泥封	民�信鉌	071
图 3.5.68	郼吴，泥封	郼吴	071
图 3.5.69	王孙□逾左敀亳釜，陶文拓片	王孫□逾左里敀亳釜	072
图 3.5.70	句华门陈棱再鄙廪均亭釜罂，陶文拓片	句華門陳棱再鄙廪均亭釜罂	072
图 3.5.71	中蒦圈里贞，陶文拓片	中蒦圈里貞	073
图 3.5.72	豆里賠，陶文拓片	豆里賠	073
图 3.5.73	左里敀，陶文拓片	左里敀	073
图 3.5.74	郐平，陶文拓片	郐平	073
图 3.5.75	孙，陶文拓片	孫	073
图 3.5.76	成头，铜质，鼻钮（拼合印）	成頭	074

续表

图　序	图　名	印面原文	页　码
图 3.5.77	平匋，铜质，纳銎钮	平匋	074
图 3.5.78	南宫牺（将）行，铜质，鼻钮	南宫牺行	075
图 3.5.79	鄬逸馈府，铜质，鼻钮	鄬逸馈府	075
图 3.5.80	上洛坒（府），铜质，鼻钮	上洛坒	075
图 3.5.81	汪匋右司工，铜质，鼻钮	汪匋右司工	075
图 3.5.82	襄阴司寇，铜质，鼻钮	襄陰司寇	075
图 3.5.83	左邑发弩，铜质，鼻钮	左邑發弩	075
图 3.5.84	曲阳，铜质，鼻钮	曲陽	075
图 3.5.85	阳城冢，陶质，鼻钮	陽城冢	075
图 3.5.86	阳州左邑右卡司马，铜质，鼻钮	陽州左邑右卡司馬	076
图 3.5.87	左邑余子啬夫，铜质，鼻钮	左邑余子嗇夫	076
图 3.5.88	修武鄲（县）事，铜质，鼻钮	修武鄲事	076
图 3.5.89	踉（长）舶（信）君，玉质，覆斗钮	踉舶君	076
图 3.5.90	句丘君，玉质，覆斗钮	句丘君	076
图 3.5.91	襄右守，铜质，鼻钮	襄右守	076
图 3.5.92	俞氏，陶质，鼻钮	俞氏	076
图 3.5.93	肖（赵）轵器容一斗，铜质	肖轵器容一斗	076
图 3.5.94	右宦，铜质，鼻钮	右宦	076
图 3.5.95	长猗，铜质，鼻钮	長猗	077
图 3.5.96	孙疾，铜质，鼻钮	孫疾	077
图 3.5.97	孔迷，铜质，鼻钮	孔迷	077
图 3.5.98	韩巡，铜质，鼻钮	韓巡	077
图 3.5.99	肖（赵）谨，铜质，鼻钮	肖謹	077
图 3.5.100	郭齿，铜质，鼻钮	郭齒	078
图 3.5.101	阳城直，银质，鼻钮	陽城直	078
图 3.5.102	通罕，铜质，鼻钮	通罕	079
图 3.5.103	郵（董）乙，玉质，覆斗钮	郵乙	079
图 3.5.104	孙㤰，铜质，鼻钮	孫㤰	079
图 3.5.105	石敆，玉质，覆斗钮	石敆	079
图 3.5.106	富昌，铜质，鼻钮	富昌	079
图 3.5.107	中身（信），铜质，鼻钮	中身	079
图 3.5.108	正行亡曲，铜质，鼻钮	正行亡曲	079
图 3.5.109	各，铜质，鼻钮	各	079
图 3.5.110	王，铜质，鼻钮	王	079
图 3.5.111	疢，铜质，鼻钮	疢	079
图 3.5.112	阳城，陶文拓片	陽城	079
图 3.5.113	格氏左司工，陶文拓片	格氏左司工	079
图 3.5.114	亳，十一年以羞，陶文拓片	亳，十一年以羞	081
图 3.5.115	阳成（城）仓器，陶文拓片	陽成倉器	081
图 3.5.116	亳，陶文拓片	亳	081
图 3.5.117	禾，陶文拓片	禾	081
图 3.5.118	□城守，泥封拓片	□城守	081

续表

图 序	图 名	印面原文	页 码
图 3.5.119	"吹釐"戈铭文拓片	吹釐	081
图 3.5.120	工师之印，铜质，鼻钮	工師之印	082
图 3.5.121	颠里典，铜质，鼻钮	顛里典	082
图 3.5.122	上林郎池，铜质，鼻钮	上林郎池	082
图 3.5.123	发弩，铜质，鼻钮	發弩	082
图 3.5.124	咸郦里竭，陶质，鼻钮	咸郦里竭	083
图 3.5.125	咸□园相，铜质，鼻钮	咸□圜相	083
图 3.5.126	军市，铜质，鼻钮	軍市	083
图 3.5.127	段甲私玺，玉质，覆斗钮	段甲私璽	083
图 3.5.128	赵相如印，铜质，鼻钮	趙相如印	083
图 3.5.129	李脊，铜质，鼻钮	李脊	083
图 3.5.130	张涣，铜质，鼻钮	張涣	083
图 3.5.131	泠贤，铜质，鼻钮	泠賢	083
图 3.5.132	司马戎，铜质，鼻钮	司馬戎	083
图 3.5.133	忠仁思士，铜质，鼻钮	忠仁思士	083
图 3.5.134	百尝，铜质，鼻钮	百嘗	083
图 3.5.135	和众，铜质，鼻钮	和衆	083
图 3.5.136	敬事，铜质，鼻钮	敬事	083
图 3.5.137	志从，铜质，鼻钮	志從	083
图 3.5.138	敬，铜质，鼻钮	敬	083
图 3.5.139	禄，铜质，鼻钮	禄	084
图 3.5.140	遗－鸟纹，铜质，鼻钮	遗－鸟纹	084
图 3.5.141	新城邦，陶文拓片	新城邦	084
图 3.5.142	左监，陶文拓片	左监	084
图 3.5.143	咸郦里角，陶文拓片	咸郦里角	084
图 3.5.144	寺工丞玺，泥封拓片	寺工丞璽	084
图 3.5.145	上场行邑大夫钵，铜质，鼻钮	上場行邑大夫鉢	085
图 3.5.146	郢粟客钵，铜质，鼻钮	郢粟客鉢	085
图 3.5.147	截岁之钵，铜质，鼻钮	截歲之鉢	086
图 3.5.148	蓷之钵，铜质，鼻钮	蓷之鉢	086
图 3.5.149	郢阴愧（畏）大夫钵，铜质，鼻钮	郢陰愧大夫鉢	086
图 3.5.150	□钵，铜质，鼻钮	□鉢	086
图 3.5.151	行府之钵，铜质，鼻钮	行廚之鉢	086
图 3.5.152	连嚣（敖）之四，铜质，鼻钮	連嚣之四	086
图 3.5.153	郢室官钵，铜质，纳鉴钮	郢室官鉢	086
图 3.5.154	沅陵侯三玺，铜质，纳鉴钮（拼合印）	沅陵矦叁璽	086
图 3.5.155	滤州，铜质，鼻钮（拼合印）	滤州	087
图 3.5.156	莫□信钵，铜质，鼻钮	莫□信鉢	087
图 3.5.157	隈颐信，铜质，鼻钮	隈顈信	087
图 3.5.158	铢罳，铜质，鼻钮	銖罳	088
图 3.5.159	郘敨信钵，铜质，鼻钮	郘敨信鉢	088
图 3.5.160	吴戊，玉质，覆斗钮	吴戊	088

续表

续表

图　序	图　名	印面原文	页　码
图 4.3.22	安平乡印，铜质，瓦钮	安平鄉印	112
图 4.3.23	长平乡印，铜质，鼻钮	長平鄉印	112
图 4.3.24	营浦，石质，瓦钮	營浦	113
图 4.3.25	敦浦，铜质，鱼钮	敦浦	113
图 4.3.26	留浦，铜质，兽钮	留浦	113
图 4.3.27	南郑之印，泥封	南鄭之印	113
图 4.3.28	信平侯印，铜质，鼻钮	信平矦印	113
图 4.3.29	轵侯之印，铜质鎏金，龟钮	軹矦之印	113
图 4.3.30	泰子，金质，龟钮	泰子	113
图 4.3.31	泰子，玉质，覆斗钮	泰子	113
图 4.3.32	左夫人印，玉质，龟钮	左夫人印	113
图 4.3.33	左夫人印，铜质鎏金，龟钮	左夫人印	113
图 4.3.34	右夫人玺，金质，龟钮	右夫人璽	113
图 4.3.35	夫人，玉质，鼻钮	夫人	113
图 4.3.36	泰夫人印，铜质鎏金，龟钮	泰夫人印	113
图 4.3.37	部夫人印，铜质鎏金，龟钮	部夫人印	113
图 4.3.38	左丞相印，泥封	左丞相印	114
图 4.3.39	右丞相印，泥封	右丞相印	114
图 4.3.40	安民正印，铜质，鼻钮	安民正印	115
图 4.3.41	钜粟将印，铜质，鼻钮	鉦粟將印	115
图 4.3.42	邦侯，铜质，鼻钮	邦矦	115
图 4.3.43	泰医丞印，泥封	泰醫丞印	115
图 4.3.44	宗正，泥封	宗正	115
图 4.3.45	左司空印，泥封	左司空印	115
图 4.3.46	右厩将马，铜质，鼻钮	右廄將馬	116
图 4.3.47	左厩将马，铜质，瓦钮	左廄將馬	116
图 4.3.48	宫厩丞印，泥封	宮廄丞印	116
图 4.3.49	家马，泥封	家馬	116
图 4.3.50	章厩丞印，泥封	章廄丞印	117
图 4.3.51	宜春禁丞，铜质，鼻钮	宜春禁丞	117
图 4.3.52	南宫尚浴，铜质，鼻钮	南宮尚浴	117
图 4.3.53	杜南苑丞，泥封	杜南苑丞	117
图 4.3.54	阳陵禁丞，泥封	陽陵禁丞	117
图 4.3.55	南郡司空，泥封	南郡司空	118
图 4.3.56	太原守印，泥封	太原守印	118
图 4.3.57	四川太守，泥封	四川太守	118
图 4.3.58	江左盐丞，泥封	江左鹽丞	119
图 4.3.59	杜阳左尉，铜质，鼻钮	杜陽左尉	119
图 4.3.60	曲阳左尉，铜质，瓦钮	曲陽左尉	119
图 4.3.61	高陵右尉，铜质，瓦钮	高陵右尉	119
图 4.3.62	泉州丞印－范阳丞印，石质，双面印	泉州丞印－范陽丞印	119
图 4.3.63	浙江都水，铜质，蛇钮	浙江都水	119

续表

续表

图　序	图　名	印面原文	页　码
图 4.3.106	织室令印，铜质，鼻钮	織室令印	128
图 4.3.107	中部将军章，铜质，龟钮	中部將軍章	128
图 4.3.108	保虎圈，铜质，瓦钮	保虎圈	128
图 4.3.109	渭陵圈令，铜质，瓦钮	渭陵圈令	128
图 4.3.110	滇王之印，金质，蛇钮	滇王之印	130
图 4.3.111	石洛侯印，金质，龟钮	石洛矦印	130
图 4.3.112	朱庐执刲，银质，蛇钮	朱廬執刲	131
图 4.3.113	劳邑执刲，琥珀质，蛇钮	勞邑執刲	131
图 4.3.114	长沙仆，滑石质，鼻钮	長沙僕	131
图 4.3.115	长沙丞相，铜质鎏金，龟钮	長沙丞相	131
图 4.3.116	御史府印，泥封	御史府印	131
图 4.3.117	司空，铜质，瓦钮	司空	131
图 4.3.118	马府，铜质，瓦钮	馬府	131
图 4.3.119	器府之印，铜质，鼻钮	器府之印	132
图 4.3.120	中官府印，铜质，瓦钮	中官府印	132
图 4.3.121	武徒府，铜质，瓦钮	武徒府	132
图 4.3.122	赡印，铜质，瓦钮	贍印	132
图 4.3.123	庙衣府印，铜质，鼻钮	廟衣府印	133
图 4.3.124	御小府，铜质，瓦钮	御小府	133
图 4.3.125	库印，泥封	庫印	133
图 4.3.126	少府，泥封	少府	133
图 4.3.127	长沙顷庙，滑石质，鼻钮	長沙頃廟	133
图 4.3.128	仓印，铜质，瓦钮	倉印	133
图 4.3.129	春陵之印，石质，鼻钮	春陵之印	133
图 4.3.130	兰陵之印，铜质，鼻钮	蘭陵之印	133
图 4.3.131	西立乡，铜质，瓦钮	西立鄉	133
图 4.3.132	鲁都乡，铜质，鼻钮	魯都鄉	133
图 4.3.133	郱厉邑印，泥封	郱屬邑印	133
图 4.3.134	定陵邑印，泥封	定陵邑印	133
图 4.3.135	槐里之印，泥封	槐里之印	133
图 4.3.136	诸国侯印，金质，龟钮	諸國矦印	134
图 4.3.137	君侯之印，银质，龟钮	君矦之印	134
图 4.3.138	河间王玺，泥封	河間王璽	134
图 4.3.139	菑川王玺，泥封	菑川王璽	135
图 4.3.140	大鸿胪，铜质，鼻钮	大鴻臚	135
图 4.3.141	都水丞印，铜质，鼻钮	都水丞印	135
图 4.3.142	斡官泉丞，铜质，鼻钮	斡官泉丞	135
图 4.3.143	代郡农长，铜质，鼻钮	代郡農長	135
图 4.3.144	少府丞印，泥封	少府丞印	135
图 4.3.145	尚书令印，泥封	尚書令印	135
图 4.3.146	未央厩丞，铜质，鼻钮	未央廄丞	136
图 4.3.147	园里监印，铜质，龟钮	園里監印	136

续表

图 序	图 名	印面原文	页 码
图 4.3.148	右苑泉监，铜质，瓦钮	右苑泉監	136
图 4.3.149	禁圃左丞，泥封	禁圃左丞	136
图 4.3.150	霸陵园丞，铜质，鼻钮	霸陵園丞	137
图 4.3.151	康陵园令印，铜质，瓦钮	康陵園令	137
图 4.3.152	孝昭园令印，泥封	孝昭園令印	137
图 4.3.153	顷园长印，泥封	頃園長印	137
图 4.3.154	高寝（寝）丞印，泥封	高寢丞印	138
图 4.3.155	孝惠寝（寝）丞，泥封	孝惠寢丞	138
图 4.3.156	孝文庙令，泥封	孝文廟令	138
图 4.3.157	合浦太守章，石质，龟钮	合浦太守章	138
图 4.3.158	东莱守丞，铜质，鼻钮	東萊守丞	138
图 4.3.159	武陵尉印，铜质，瓦钮	武陵尉印	138
图 4.3.160	渭成令印，铜质，瓦钮	渭成令印	138
图 4.3.161	朔方长印，铜质，鼻钮	朔方長印	138
图 4.3.162	成皋丞印，铜质，鼻钮	成皋丞印	138
图 4.3.163	朝那左尉，铜质，瓦钮	朝那左尉	138
图 4.3.164	杜陵右尉，铜质，鼻钮	杜陵右尉	138
图 4.3.165	上沅渔监，铜质，钮残	上沅漁監	138
图 4.3.166	湘成侯相，铜质，瓦钮	湘成庪相	139
图 4.3.167	睢陵家丞，铜质，鼻钮	睢陵家丞	139
图 4.3.168	牧丘家丞，铜质，鼻钮	牧丘家丞	140
图 4.3.169	防乡家丞，铜质，鼻钮	防鄉家丞	140
图 4.3.170	平的国丞，铜质，瓦钮	平的國丞	140
图 4.3.171	阜梁国丞，铜质，瓦钮	阜梁國丞	140
图 4.3.172	孝子单祭尊，铜质，瓦钮	孝子單祭尊	140
图 4.3.173	外里祭尊，铜质，龟钮	外里祭尊	140
图 4.3.174	慈孝单左史，铜质，瓦钮	慈孝單左史	140
图 4.3.175	孝弟单右史诩，铜质，龟钮	孝弟單右史詡	140
图 4.3.176	万岁单三老，铜质，龟钮	萬歲單三老	140
图 4.3.177	校尉之印，银质，龟钮	校尉之印	141
图 4.3.178	禽适将军章，铜质，龟钮	禽適將軍章	141
图 4.3.179	禅将军印，铜质，龟钮	禪將軍印	141
图 4.3.180	将军长史，铜质，瓦钮	將軍長史	141
图 4.3.181	上将军印章，铜质，瓦钮	上將軍印章	142
图 4.3.182	营军司空，铜质，鼻钮	營軍司空	142
图 4.3.183	护军之印章，铜质，鼻钮	護軍之印章	142
图 4.3.184	中部护军章，铜质，龟钮	中部護軍章	142
图 4.3.185	护军印章，铜质，瓦钮	護軍印章	142
图 4.3.186	汉保塞近群邑长，铜质，龟钮	漢保塞近群邑長	142
图 4.3.187	归义邑长，铜质，瓦钮	歸義邑長	142
图 4.3.188	归义长印，铜质，瓦钮	歸義長印	142
图 4.3.189	越青邑君，铜质，瓦钮	越青邑君	142

续表

图 序	图 名	印面原文	页 码
图 4.3.190	越贸阳君，铜质，瓦钮	越貿陽君	142
图 4.3.191	闵都君印，金质，馒头形穿带印	閔都君印	144
图 4.3.192	朱萌私印，银质，龟钮	朱萌私印	144
图 4.3.193	絑婴，玉质，覆斗钮	絑嬰	145
图 4.3.194	单寒氏，绿松石质，覆斗钮	單寒氏	145
图 4.3.195	孙安国，水晶质，覆斗钮	孫安國	145
图 4.3.196	安嫖，玛瑙质，覆斗钮	安嫖	145
图 4.3.197	黄文，滑石质，鼻钮	黄文	145
图 4.3.198	刘殖，琥珀质，馒头形穿带印	劉殖	145
图 4.3.199	王宫私印，铜质，瓦钮	王宫私印	145
图 4.3.200	王相之印，铜质，桥钮	王相之印	145
图 4.3.201	王充之印，铜质，瓦钮	王充之印	145
图 4.3.202	单千岁印，铜质，鼻钮	單千歲印	145
图 4.3.203	筥定之印，铜质，瓦钮	筥定之印	146
图 4.3.204	杨彭私印，铜质，瓦钮	楊彭私印	146
图 4.3.205	贯建信印，铜质，瓦钮	貫建信印	146
图 4.3.206	左晋印信，铜质，拱钮	左晉印信	146
图 4.3.207	刘贺，玉质，鸱鸮钮	劉賀	146
图 4.3.208	周右车，玉质，覆斗钮	周右車	146
图 4.3.209	曹嫖，玉质，覆斗钮	曹嫖	146
图 4.3.210	赵通之印，铜质，瓦钮	趙通之印	147
图 4.3.211	臣偃，玉质，覆斗钮	臣偃	147
图 4.3.212	臣顺，玉质，覆斗钮	臣順	147
图 4.3.213	王长寿印，铜质，桥钮	王長壽印	148
图 4.3.214	卜千秋印，铜质，桥钮	卜千秋印	148
图 4.3.215	苏将军印，铜质，龟钮	蘇將軍印	148
图 4.3.216	韩大夫，铜质，鼻钮	韓大夫	148
图 4.3.217	大刘记印，玉质，龟钮	大劉記印	148
图 4.3.218	王子孺印，铜质，桥钮	王子孺印	148
图 4.3.219	庄庨－图形，水晶，双面印	庄庨－图形	149
图 4.3.220	田延年－日昌，铜质，双面印	田延年－日昌	149
图 4.3.221	周阮－臣阮印，铜质，双面印	周阮－臣阮印	150
图 4.3.222	高乘马－臣乘马，铜质，双面印	高乘馬－臣乘馬	150
图 4.3.223	段可俎印－臣可俎，铜质，双面印	段可俎印－臣可俎	150
图 4.3.224	王信－王少君，铜质，双面印	王信－王少君	150
图 4.3.225	辛驩－辛长君，铜质，双面印	辛驩－辛長君	150
图 4.3.226	董范人－日利，铜质，双面印	董范人－日利	150
图 4.3.227	侯疾巳－图形，铜质，双面印	矦疾巳－图形	150
图 4.3.228	李卿－图形，铜质，双面印	李卿－图形	150
图 4.3.229	长幸－长富，铜质，双面印	長幸－長富	150
图 4.3.230	日内千金－鸿幸，铜质，双面印	日内千金－鴻幸	150
图 4.3.231	侯婴－图形，铜质，四面印	矦嬰－图形	150

续表

续表

图　序	图　名	印面原文	页　码
图 4.3.274	章符子家丞，铜质，瓦钮	章符子家丞	158
图 4.3.275	上符子家丞，铜质，鼻钮	上符子家丞	158
图 4.3.276	大司空士王俊，泥封	大司空士王俊	158
图 4.3.277	大司马士王尊，泥封	大司馬士王尊	158
图 4.3.278	国将士石粪印，泥封	國將士石粪印	158
图 4.3.279	助威世子印，铜质，龟钮	助威世子印	159
图 4.3.280	展武世子印，铜质，龟钮	展武世子印	159
图 4.3.281	黄室私官右丞，铜质，鼻钮	黃室私官右丞	159
图 4.3.282	上林弘南捕奸，铜质，龟钮	上林弘南捕姦	159
图 4.3.283	汉氏成园丞印，铜质，鼻钮	漢氏成園丞印	159
图 4.3.284	司空左大夫，泥封	司空左大夫	160
图 4.3.285	大师右考事五，泥封	大師右考事五	160
图 4.3.286	司徒中士张尚，铜质，鼻钮	司徒中士張尚	161
图 4.3.287	执法直二十二，铜质，龟钮	執灋直二十二	161
图 4.3.288	尚书大夫章，铜质，龟钮	尚書大夫章	161
图 4.3.289	尚书散郎田邑，铜质，龟钮	尚書散郎田邑	161
图 4.3.290	昭城门候印，铜质，龟钮	昭城門候印	161
图 4.3.291	常乐苍龙曲候，铜质，龟钮	常樂蒼龍曲候	161
图 4.3.292	文竹门掌户，铜质，龟钮	文竹門掌戶	161
图 4.3.293	弘睦子则相，铜质，龟钮	弘睦子則相	162
图 4.3.294	顺武男则相，铜质，龟钮	順武男則相	162
图 4.3.295	扶恩相徒丞，铜质，瓦钮	扶恩相徒丞	163
图 4.3.296	安昌侯家丞，铜质，瓦钮	安昌矦家丞	163
图 4.3.297	审睦子家丞，铜质，瓦钮	審睦子家丞	163
图 4.3.298	宁陈男家丞，铜质，龟钮	寧陳男家丞	163
图 4.3.299	庶乐则宰印，铜质，龟钮	庶樂則宰印	163
图 4.3.300	长聚则丞印，铜质，鼻钮	長聚則丞印	163
图 4.3.301	东部牧印章，泥封	東部牧印章	164
图 4.3.302	魏部牧印章，泥封	魏部牧印章	164
图 4.3.303	魏部牧贰印，铜质，龟钮	魏部牧貳印	164
图 4.3.304	东部监之印，泥封	東部監之印	165
图 4.3.305	中部左监章，泥封	中部左監章	165
图 4.3.306	冀州牧印章，泥封	冀州牧印章	165
图 4.3.307	扬州监印章，泥封	揚州監印章	165
图 4.3.308	雒阳纬言州长，泥封	雒陽緯言州長	165
图 4.3.309	辽东襄平卒正，泥封	遼東襄平卒正	165
图 4.3.310	延平助有卒正，泥封	延平助有卒正	165
图 4.3.311	富生句容连率，泥封	富生句容連率	165
图 4.3.312	朔平善和连率，泥封	朔平善和連率	165
图 4.3.313	通路得鱼连率，泥封	通路得魚連率	166
图 4.3.314	桓宁大尹章，泥封	桓寧大尹章	166
图 4.3.315	广年尹印章，泥封	廣年尹印章	166

续表

续表

图　序	图　名	印面原文	页　码
图 4.3.358	郑从私印，铜质，瓦钮	鄭從私印	171
图 4.3.359	邓曾私印，铜质，钮残	鄧曾私印	171
图 4.3.360	樊长印，铜质，拱钮	樊長印	171
图 4.3.361	臣诩，铜质，龟钮	臣詡	172
图 4.3.362	臣况，铜质，瓦钮	臣況	172
图 4.3.363	臣充，泥封	臣充	173
图 4.3.364	臣光，泥封	臣光	173
图 4.3.365	臣广，泥封	臣廣	173
图 4.3.366	臣强，泥封	臣彊	173
图 4.3.367	臣普，泥封	臣普	173
图 4.3.368	妾阿，泥封	妾阿	173
图 4.3.369	妾知女，泥封	妾知女	173
图 4.3.370	广陵王玺，金质，龟钮	廣陵王璽	174
图 4.3.371	琅邪相印章，银质，龟钮	琅邪相印章	174
图 4.3.372	沅南左尉，滑石质，鼻钮	沅南左尉	174
图 4.3.373	武原令印，石质，双面印母	武原令印	175
图 4.3.374	汉委奴国王，金质，蛇钮	漢委奴國王	175
图 4.3.375	汉匈奴恶适尸逐王，铜质鎏金，驼钮	漢匈奴惡適尸逐王	175
图 4.3.376	河东太守章，泥封	河東太守章	176
图 4.3.377	司徒护军章，铜质，龟钮	司徒護軍章	176
图 4.3.378	频阳令印，铜质，瓦钮	頻陽令印	176
图 4.3.379	九原丞印，铜质，瓦钮	九原丞印	176
图 4.3.380	汉鲜卑率众长，铜质，驼钮	漢鮮卑率衆長	176
图 4.3.381	汉匈奴破虏长，铜质，驼钮		176
图 4.3.382	汉归义寶邑侯，金质，羊钮		176
图 4.3.383	汉委奴国王，金质，蛇钮		176
图 4.3.384	池阳家丞，铜质，鼻钮		176
图 4.3.385	药藏府印，铜质，瓦钮	藥藏府印	176
图 4.3.386	中厨印信，铜质，瓦钮	中廚印信	176
图 4.3.387	帑府，铜质，瓦钮	帑府	176
图 4.3.388	园印，铜质，鼻钮	圜印	176
图 4.3.389	庮印，铜质，瓦钮	庮印	177
图 4.3.390	海曲仓，铜质，鼻钮	海曲倉	177
图 4.3.391	诸仓，铜质，鼻钮	諸倉	178
图 4.3.392	骑库，铜质，瓦钮	騎庫	178
图 4.3.393	东乡，铜质，鼻钮	東鄉	178
图 4.3.394	灵都乡，泥封	靈都鄉	178
图 4.3.395	都乡，泥封	都鄉	178
图 4.3.396	三老舍印，铜质，瓦钮	三老舍印	178
图 4.3.397	广陵王玺，金质，龟钮	廣陵王璽	178
图 4.3.398	朔宁王太后玺，金质，龟钮	朔寧王太后璽	178
图 4.3.399	御史大夫，铜质，鼻钮	御史大夫	179

续表

续表

图 序	图 名	印面原文	页 码
图 4.3.442	范式之印，铜质，兽钮	范式之印	185
图 4.3.443	王成私印，铜质，龟钮	王成私印	186
图 4.3.444	牛豹印信，铜质，子母印，兽钮	牛豹印信	186
图 4.3.445	黄神信印，木质，双面印之一	黄神信印	186
图 4.3.446	河华记印，质地、钮式不明	河華記印	186
图 4.3.447	孟滕之印，铜质，套印母印，辟邪钮	孟滕之印	186
图 4.3.448	范冰印信，铜质，狮钮	范冰印信	187
图 4.3.449	张熊私印，铜质，辟邪钮	張熊私印	187
图 4.3.450	夏阳广国，铜质，熊钮	夏陽廣國	187
图 4.3.451	辛前私印，铜质，盘龙钮	辛前私印	187
图 4.3.452	"徐尊"五面印，铜质，鼻钮	徐尊	187
图 4.3.453	赵式印信－赵式－文平，铜质，三套印，辟邪钮	趙式印信－趙式－文平	187
图 4.3.454	路孝，铜质，瓦钮	路孝	188
图 4.3.455	张奉亲，铜质，龟钮	張奉親	188
图 4.3.456	臣光，木质，双面印之一	臣光	188
图 4.3.457	臣路人，铜质，双面印之一	臣路人	188
图 4.3.458	臣中意，铜质，双面印之一	臣中意	188
图 4.3.459	臣观，铜质，双面印之一	臣觀	188
图 4.3.460	妾纶，铜质，双面印之一	妾綸	188
图 4.3.461	汝南女阴公孙安汉印，铜质，瓦钮	汝南女陰公孫安漢印	188
图 4.3.462	使掌果池水中黄门赵许私印，银质，龟钮	使掌果池水中黄門趙許私印	188
图 4.3.463	乐浪太守掾王光之印，木质，双面印之一	樂浪太守掾王光之印	188
图 4.3.464	王表言事，铜质，龟钮	王表言事	188
图 4.3.465	张稣言事，象牙，双面印之一	張稣言事	188
图 4.3.466	甘楗言事，铜质，套印母印，狮钮	甘楗言事	188
图 4.3.467	肥子伯印宜身至前伯（迫）事不闲愿君自发印信封完，铜质	肥子伯印宜身至前伯事不閒願君自發印信封完	189
图 4.3.468	田长公印宜身至前迫事毋闲愿君自发印完，木质，双面印之一	田長公印宜身至前迫事毋閒願君自發印信封完	189
图 4.3.469	黄神之印，铜质，龟钮	黄神之印	189
图 4.3.470	黄神越章天帝神之印，铜质，瓦钮	黄神越章天帝神之印	189
图 4.3.471	天帝使者，铜质，鼻钮	天帝使者	190
图 4.3.472	天帝杀鬼之印，铜质鎏金，桥钮	天帝殺鬼之印	190
图 4.3.473	韩王孙印－曹丞谊，铜质，双面印	韓王孫印－曹丞誼	190
图 4.3.474	苏延年－苏少季，铜质，双面印	蘇延年－蘇少季	190
图 4.3.475	郭安－臣安，铜质，双面印	郭安－臣安	190
图 4.3.476	周弘之印－臣弘，铜质，双面印	周弘之印－臣弘	190
图 4.3.477	黄神信印－田长公印宜身至前迫事毋闲愿君自发印信封完，木质，双面印	黄神信印－田長公印宜身至前迫事毋閒願君自發印信封完	191
图 4.3.478	苏党－图形，铜质，双面印	蘇黨－图形	191
图 4.3.479	张毋巳－图形，铜质，双面印	張毋巳－图形	191
图 4.3.480	张懿印信－钜鹿下曲阳张懿仲然，铜质，套印，兽钮	張懿印信－鉅鹿下曲陽張懿仲然	191

续表

续表

图 序	图 名	印面原文	页 码
图 5.2.35	晋归义胡王，金质，驼钮	晉歸義胡王	206
图 5.2.36	晋归义叟侯，金质，驼钮	晉歸義叟矦	206
图 5.2.37	晋率善氐邑长，铜质，驼钮	晉率善氐邑長	206
图 5.2.38	晋率善羌仟长，铜质，驼钮	晉率善羌仟長	206
图 5.2.39	晋乌丸率善佰长，铜质，羊钮	晉烏丸率善佰長	206
图 5.2.40	关中侯印，铜质鎏金，龟钮	關中矦印	206
图 5.2.41	榆糜令印，铜质，鼻钮	榆糜令印	206
图 5.2.42	亲赵侯印，铜质，马钮	親趙矦印	206
图 5.2.43	广武将军章，铜质，龟钮	廣武將軍章	207
图 5.2.44	材官将军章，铜质，龟钮	材官將軍章	207
图 5.2.45	折冲将军司马，铜质，鼻钮	折衝將軍司馬	207
图 5.2.46	部曲督印，铜质，驼钮	部曲督印	208
图 5.2.47	殿中都尉，铜质，龟钮	殿中都尉	208
图 5.2.48	关中侯印，金质，龟钮	關中矦印	208
图 5.2.49	范阳公章，金质，龟钮	范陽公章	208
图 5.2.50	辽西公章，铜质鎏金，龟钮	遼西公章	208
图 5.2.51	右贤王印，驼钮	右賢王印	208
图 5.2.52	四角王印，铜质鎏金，驼钮	四角王印	209
图 5.2.53	择地羌王，鎏金，驼钮	擇地羌王	209
图 5.2.54	零陵太守章，滑石质，龟钮	零陵太守章	209
图 5.2.55	南义阳太守章，铜质，六面印	南義陽太守章	209
图 5.2.56	兼并州阳河草督，铜质，鼻钮	兼并州陽河草督	209
图 5.2.57	行禅将军章，铜质，龟钮	行禪將軍章	209
图 5.2.58	试守莲勺令印，铜质，鼻钮	試守蓮勺令印	209
图 5.2.59	假顺阳太守章，铜质，龟钮	假順陽太守章	209
图 5.2.60	临湖令印，铜质，鼻钮	臨湖令印	209
图 5.2.61	天元皇太后玺，金质，狮豸钮	天元皇太后璽	212
图 5.2.62	独孤信多面印，煤精质地	獨孤信白書，臣信上疏……	212
图 5.2.63	永昌长印，铜质，碑状鼻钮	永昌長印	212
图 5.2.64	关中侯印，铜质，龟钮		212
图 5.2.65	绥边将军印，铜质鎏金，龟钮		212
图 5.2.66	临邑县开国公章，铜质鎏金，龟钮		212
图 5.2.67	卫国公印，铜质，鼻钮	衛國公印	212
图 5.2.68	定阳令印，铜质，鼻钮	定陽令印	213
图 5.2.69	阴平太守，铜质，龟钮	陰平太守	213
图 5.2.70	南阳太守章，铜质，龟钮	南陽太守章	213
图 5.2.71	广宁太守章，铜质，龟钮	廣寧太守章	213
图 5.2.72	西安令印，铜质，鼻钮	西安令印	213
图 5.2.73	荡难将军印，铜质，龟钮	盪難將軍印	213
图 5.2.74	安昌县开国伯章，铜质鎏金，龟钮	安昌縣開國伯章	213
图 5.2.75	安北将军章，铜质鎏金，龟钮	安北將軍章	213
图 5.2.76	龙骧将军章，铜质鎏金，龟钮	驪驤將軍章	213

续表

续表

图　序	图　名	印面原文	页　码
图 6.2.11	郎州之印，铜质，橛钮	郎州之印	231
图 6.2.12	平琴州之印，铜质，橛钮	平琴州之印	231
图 6.2.13	国宁州之印，铜质，橛钮	國寧州之印	234
图 6.2.14	左司武印，铜质，鼻钮（附印槽），印体	左司武印	234
图 6.2.15	汗赭，铁质，柄钮	汗赭	234
图 6.2.16	高祖神武圣文孝德明惠皇帝谥宝，石质，覆斗钮	高祖神武聖文孝德明惠皇帝諡寶	234
图 6.2.17	军资库印，铜质，橛钮	軍資庫印	234
图 6.2.18	都阳县印，铜质，鼻钮	都陽縣印	234
图 6.2.19	竹州刺史之印，铜质，橛钮	竹州刺史之印	234
图 6.3.1	宣谕使图书记，印蜕摹本	宣諭使圖書記	236
图 6.3.2	端居室，玉印，鼻钮	端居室	236
图 6.3.3	不二室，印蜕	不二室	237
图 6.3.4	成，陶质，橛钮	成	237
图 6.4.1	直嶋，木质，柱状钮	直嶋	240
图 6.4.2	御笠团印，铜质，弧钮		240
图 6.4.3	鵤寺仓印，铜质，荅钮		240
图 6.4.4	方形钮		241
图 6.4.5	日本古代官印与隋唐官印对比		241
图 6.4.6	明州牒	明州之印	242
图 6.4.7	福州公验	福州都督府印	242
图 6.4.8	台州·温州公验	台州之印、臨海縣印、黃嚴縣印	243
图 6.4.9	东大寺封户处分敕书	天皇御璽	243
图 7.1.1	新浦县新铸印，铜质，橛钮，以及"新浦县印牌"	新浦縣新鑄印	250
图 7.2.1	骁猛弟（第）四指挥弟（第）五都朱记	驍猛弟第四指揮弟五都朱記	255
图 7.2.2	驰防指挥使记	馳防指揮使記	255
图 7.2.3	蕃落弟（第）五十二指挥弟（第）五都朱记	蕃落弟第五十二指揮弟五都朱記	255
图 7.2.4	龙猛弟（第）七指挥弟（第）三都记		255
图 7.2.5	枣阳县新铸印	棗陽縣新鑄印	256
图 7.2.6	开州司寇院新铸朱记	開州司寇院新鑄朱記	256
图 7.2.7	归义军节度使新铸印	歸義軍節度使新鑄印	257
图 7.2.8	康宁军节度观察留后印	康寧軍節度觀察留後印	257
图 7.2.9	管军万户府印	管軍萬户府印	257
图 7.2.10	提刑陕右，兽形印钮		257
图 7.2.11	古江顺安州道路巡检□栅朱记	古江順安州道路巡檢□栅朱記	257
图 7.2.12	文房之印	文房之印	258
图 7.2.13	契丹节度使印	契丹節度使印	258
图 7.2.14	开龙寺记	開龍寺記	258
图 7.2.15	佛法僧所宝记	佛法僧所寶記	258
图 7.2.16	汗王之印	汗王之印	258

续表

续表

图　序	图　名	印面原文	页　码
图 7.2.55	监国公主入宣差□河北都总管之印	監國公主入宣差□河北都總管之印	271
图 7.2.56	贵由可汗之玺	貴由可汗之璽	271
图 7.2.57	皇帝之宝	皇帝之寶	272
图 7.2.58	宣差规措之印	宣差規措之印	272
图 7.2.59	行军万户所印	行軍萬戶所印	272
图 7.2.60	管民千户之印	管民千戶之印	272
图 7.2.61	太尉之印，印体／印蜕／印背	太尉之印	273
图 7.2.62	太尉之印	太尉之印	273
图 7.2.63	甘肃省左右司之印	甘肅省左右司之印	273
图 7.2.64	元帅之印	元帥之印	274
图 7.2.65	管军万户府印	管軍萬戶府印	274
图 7.2.66	汉授天命主公之印	漢授天命主公之印	274
图 8.1.1	明宣宗《武侯高卧图》（局部），钤"广运之宝"	廣運之寶	279
图 8.1.2	明宣宗《万年松图》（局部），钤"皇帝尊亲之宝"	皇帝尊親之寶	2/9
图 8.1.3	明永乐刻本《诗传大全》，钤"钦文之玺"	欽文之璽	279
图 8.1.4	明永乐八年（1410年）敕谕，钤"敕命之宝"	敕命之寶	279
图 8.1.5	皇帝之宝，寿山石质，瑞兽钮	皇帝之寶	282
图 8.1.6	皇帝尊亲之宝，白石质，瑞兽钮	皇帝尊親之寶	282
图 8.1.7	钦文之玺，白石质，龙钮	欽文之璽	282
图 8.1.8	御前之宝，寿山石质，螭钮	御前之寶	282
图 8.1.9	制诰之宝，白石质，瑞兽钮	制誥之寶	283
图 8.1.10	广运之宝，白石质，瑞兽钮	廣運之寶	283
图 8.1.11	文华殿宝，寿山石质，盘龙钮	文華殿寶	284
图 8.1.12	乾清宫封记，寿山石质，鼻钮	乾清宮封記	284
图 8.1.13	成化皇帝之宝，白石质，龙钮	成化皇帝之寶	285
图 8.1.14	成化御书之宝，白石质，海水蛟龙钮	成化御書之寶	285
图 8.1.15	协和万邦，黑寿山石质，象钮	協和萬邦	285
图 8.1.16	万国来朝，寿山石质，盘螭钮	萬國來朝	285
图 8.1.17	天潢演派，寿山石质，蹲龙钮	天潢演派	286
图 8.1.18	紫极真仙之宝，寿山石质，瑞兽钮	紫極真仙之寶	286
图 8.1.19	玄都万寿之宝，寿山石质，雕人物钮	玄都萬壽之寶	287
图 8.1.20	神宗范天合道哲肃敦简光文章武安仁之孝显皇帝之宝，木质，龙钮	神宗範天合道哲肅敦簡光文章武安仁之孝顯皇帝之寶	287
图 8.1.21	章圣皇太后宝，檀香木质，双面方玺	章聖皇太后寶	290
图 8.1.22	鲁王之宝，木质贴金，龟钮	魯王之寶	290
图 8.1.23	蜀悼庄世子宝，木质，龟钮	蜀悼莊世子寶	291
图 8.1.24	楚昭王宝，木质贴金，龟钮	楚昭王寶	291
图 8.1.25	皇贵妃图书，白石质，螭钮	皇貴妃圖書	291
图 8.1.26	浪穹县儒学记，铜质，杙钮	浪穹縣儒學記	295
图 8.1.27	户部督催津粮关防，铜质，杙钮	戶部督催津糧關防	295
图 8.1.28	荡寇将军印，银质，虎钮	蕩寇將軍印	295

续表

续表

图　序	图　名	印面原文	页　码
图 8.3.12	南军后参军篆，铜质，柄钮	南軍後參軍篆	326
图 8.3.13	永邑信安镇乾字北义合团人等全胜，木质	永邑信安鎮乾字北義合圍人等全勝	326
图 8.4.1	五世达赖金印，金质，如意钮	西天大善自在佛所領天下釋教普通瓦赤拉呾喇達賴喇嘛之印	328
图 8.4.2	七世达赖金印，金质，如意钮	西天大善自在佛所領天下釋教普通瓦赤拉呾喇達賴喇嘛之印	328
图 8.4.3	八世达赖玉印，青玉质，龙钮	西天大善自在佛所領天下釋教普通瓦赤拉呾喇達賴喇嘛之寶	329
图 8.4.4	六世班禅玉印	敕封班禪額爾德尼之寶	331
图 8.4.5	净修觉道，象牙质，佛轮钮	淨脩覺道	331
图 8.4.6	弘善禅师图书，银质，狮钮	弘善禪師圖書	332
图 8.4.7	圆修般若，象牙质，佛光钮	圓脩般若	332
图 8.4.8	如如自在，象牙质，佛光钮	如如自在	332
图 8.4.9	佛法僧宝，铜质，杙钮	佛法僧寶	333
图 8.4.10	文雅堂藏清代西藏铁印，铁质，莲花钮		333
图 8.4.11	清代西藏霍尔康萨家族创建者诺颜和硕齐双面印，铁质		333
图 8.4.12	嘉定县道会司记，铜质，杙钮	嘉定縣道會司記	334
图 8.4.13	玄都万寿之宝，寿山石质，雕人物钮	玄都萬壽之寶	334
图 8.4.14	玄谷帝君金丹之玺，寿山石质，法轮钮	玄谷帝君金丹之璽	335
图 8.4.15	紫极真仙之宝，寿山石质，瑞兽钮	紫極眞仙之寶	335
图 8.4.16	北极驱邪院印，铜质，柱钮	北極驅邪院印	336
图 8.4.17	道经师宝，铜质，方钮	道經師寶	336
图 8.4.18	雷霆司之印，铜质，扁钮	雷霆司之印	336
图 8.4.19	符篆印，铜质，矩钮		336
图 8.4.20	北宋赵昌《写生蛱蝶图》（局部），钤"典礼纪察司印"（半印）	典禮紀察司印	337
图 8.4.21	南宋马麟《层叠冰绡图》（局部），钤"典礼纪察司印"（半印）	典禮紀察司印	337
图 8.4.22	明宣宗《武侯高卧图》（局部），钤"广运之宝"	廣運之寶	337
图 8.4.23	鲁府图书（山东邹县鲁荒王朱檀墓出土），莱阳石质，龟钮	魯府圖書	338
图 8.4.24	《康熙宝薮》钤印"康熙宸翰"	康熙宸翰	339
图 8.4.25	《康熙宝薮》钤印"戒之在得"	戒之在得	339
图 8.4.26	《康熙宝薮》钤印"康熙御览"	康熙御覽	339
图 8.4.27	康熙御笔之宝，碧玉质，龙钮		340
图 8.4.28	万几余暇	萬幾餘暇	340
图 8.4.29	古稀天子之宝，碧玉质，交龙钮	古稀天子之寶	341
图 8.4.30	养心殿精鉴玺，青田石质，光素长方形玺	養心殿精鑒璽	342
图 8.4.31	宜子孙，汉玉质，瓦钮	宜子孫	342
图 8.4.32	乾隆宸翰，昌化石质，随形雕鸳鸯荷花钮	乾隆宸翰	342

续表

图　序	图　名	印面原文	页　码
图 8.4.33	三希堂精鉴玺，青玉质，虎螭钮	三希堂精鑑璽	343
图 8.4.34	嘉庆御览之宝，寿山石质，螭钮	嘉慶御覽之寶	343
图 8.4.35	嘉庆，白玉质，随形雕螭钮	嘉慶	344
图 8.4.36	道光御览之宝，青玉质，瑞兽钮	道光御覽之寶	344
图 8.4.37	宣统御览之宝，青玉质，交龙钮	宣統御覽之寶	345
图 8.4.38	慈禧皇太后御览之宝，寿山石质，随形雕瑞兽钮	慈禧皇太后御覽之寶	346
图 8.4.39	项子京家珍藏	項子京家珍藏	347
图 8.4.40	墨林秘玩	墨林秘玩	347
图 8.4.41	项墨林父秘笈之印	項墨林父秘笈之印	347
图 8.4.42	墨林堂	墨林堂	348
图 8.4.43	梁清标印	梁清標印	348
图 8.4.44	蕉林	蕉林	348
图 8.4.45	蕉林居士	蕉林居士	348
图 8.4.46	士奇	士奇	348
图 8.4.47	澹人	澹人	348
图 8.4.48	竹窗	竹窗	348
图 8.4.49	夏允彝印，象牙质，象钮	夏允彝印	348
图 8.4.50	"锡爵""荆石"玉印，"荆石"，白玉质，螭钮；"锡爵"，白玉质，螭钮	锡爵、荆石	349
图 8.4.51	龚鼎孳印，铜质鎏金，兽钮	龔鼎孳印	349
图 8.5.1	中华民国之玺，玉质，四环钮	中華民國之璽	351
图 8.5.2	国民政府监察院印，牙质，杙钮	國民政府監察院印	351
图 8.5.3	两浙区盐务管理局平海办事处鲍黄两场管理所图记，铜质，杙钮	兩浙區鹽務管理局平海辦事處鮑黄兩場管理所圖記	351
图 8.5.4	中法大学之章，铜质，杙钮	中法大學之章	352
图 8.5.5	中国国民党太湖东南第二期清乡区党务办事处钤记，铜质，杙钮	中國國民黨太湖東南第式期清鄉區黨務辦事處鈐記	352
图 8.5.6	巴林左翼旗旗政府印，铜质，杙钮	巴林左翼旗旗政府印	352